NÉO-NAZIS

MICHAEL SCHMIDT

NÉO-NAZIS

La terrible enquête

Traduit de l'allemand par
Olivier Mannoni

JCLattès

Ce livre est dédié au courage civique.

« J'ai la vérité – la vérité rend libre »

(David Irving, « historien »,
proclamant le *mensonge d'Auschwitz*)

« C'est aujourd'hui un fait éprouvé : c'est ce que l'on n'a pas dont on parle le plus »

(Wilhelm Stäglich, juriste,
dans l'avant-propos du *Mensonge d'Auschwitz*)

« Je veux nous disculper et nous défendre, mais je ne peux pas le faire avec ce que nous avons réellement commis »

(Thies Christophersen, officier SS,
auteur du *Mensonge d'Auschwitz*)

AVANT-PROPOS

Les néo-nazis : A l'automne 1988, je commençais à peine à m'intéresser à ce « sujet ». Six mois plus tard, il n'y avait plus d'autre sujet pour moi. Mon seul objectif : tourner un film qui montrerait les nazis tels qu'ils sont.

Eté 1991 : pour le film *La Peste brune*, nous nous trouvons, dans la salle de montage, face à 110 mètres de matériau brut. Il faut condenser en un peu moins de soixante minutes deux années et demie d'enquête, plus de quatre-vingt-dix journées de tournage. Nous y sommes parvenus. Le film *La Peste brune* a été à ce jour présenté dans seize pays, à plusieurs reprises pour certains d'entre eux.

C'est à Birgitta Karlström que je dois le succès de ce film. La rédactrice en chef de Stockholm m'avait « fait venir » pour travailler avec la télévision suédoise, et m'aida en m'apportant son conseil professionnel et son aide active. Sans son appui, je serais encore aujourd'hui en train de mener mes enquêtes, et d'entendre répéter ce que l'on me répond encore parfois aujourd'hui : « Tout cela n'a rien de nouveau ! »

Le début de l'année 1992 me fournit un autre objectif : écrire un livre, qui pourrait traiter le sujet en profondeur. Ce livre, lui non plus, ne sera « rien de nouveau » pour ceux qui minimisent, qui banalisent, qui montrent les autres du doigt.

Ce livre ne peut pas et ne veut pas prétendre à l'exhaustivité. Ce sont les fragments d'un iceberg. Personne n'a tout vu. Mais ce que j'ai vu, moi, suffit à me donner des cauchemars qui me réveillent la nuit.

Michael SCHMIDT,
Paris, janvier 1993.

I

L'IMMERSION

1.

« La Deuxième Révolution »

La lourde porte s'entrouvre avec un craquement sourd. Je regarde discrètement entre les battants. Un jeune homme vêtu de noir est justement en train de parler devant le tribunal. L'accusé est au milieu de sa phrase :

« ... mais je suis national-socialiste, je le dis publiquement... »

Nous y voilà enfin. Nous ne sommes pas à Munich, en 1924, mais au tribunal correctionnel de Francfort-sur-le-Main, au début de l'année 1989. Je vois apparaître la tête du gardien, et je me dépêche de sortir ma carte de presse. D'un signe, il m'autorise à entrer et m'envoie m'asseoir sur les bancs du public. Il n'y a que deux autres visiteurs dans la salle d'audiences. L'un hoche la tête à plusieurs reprises, l'air désapprobateur, en entendant l'accusé continuer son discours. L'autre prend des notes fébriles.

Il s'agit d'une affaire de propagande nazie – une activité réprimée par le droit pénal allemand. L'accusé est un certain Michael Kühnen. On le soupçonne d'être à l'origine des textes incriminés : des apologies de la violence, des incitations à la haine raciale. Des textes qui vantent les mérites du IIIe Reich et nient aussi bien la responsabilité des nazis dans le déclenchement de la guerre que les crimes qu'ils ont commis. Parmi ces documents, on trouve par exemple l'*Appel au Combat national-socialiste,* où l'on peut lire la prose de Kühnen. Frappé de l'aigle du Reich et de la croix gammée, ce bulletin en forme de journal est présenté comme le « manifeste du Parti Ouvrier national-socialiste allemand, organisation étrangère et constitutive ».

A droite, à côté de la date, le chiffre 100 figure entre parenthèses – une manière de rappeler que l'année de publication aurait été la centième de Hitler. Et l'on peut y lire des propos tels que :

« *Après 1918, des historiens et des chercheurs du monde entier ont très rapidement constaté que l'Allemagne n'avait pas voulu la guerre... Après 1945 et jusqu'à ce jour, les choses ont hélas pris une tout autre tournure... Aujourd'hui, une révision de la " question de la responsabilité de la guerre " et un retrait des ennemis d'Allemagne ne sont ni prévus, ni même évoqués. La morale en vigueur est celle du vainqueur, d'un peuple dont les membres ont pu fabriquer des bombes atomiques et les employer contre des êtres humains... Et que font les historiens? La RFA et les autres Etats allemands sont des structures politiques illégitimes...* »

Que les nazis aient provoqué la Seconde Guerre mondiale est un fait historique. Que les Américains aient utilisé la première bombe atomique en est un autre. Ce que laisse entendre l'auteur de ce texte, c'est que les Américains ont été « immoraux » en agissant comme ils l'ont fait. Mais il se garde bien d'évoquer un détail que l'on cite pourtant fréquemment d'ordinaire : ce sont les Allemands qui ont travaillé d'arrache-pied pour produire les techniques nucléaires et de propulsion qui leur auraient permis, en employant l'« arme de la vengeance » – la bombe atomique – de changer au dernier moment le cours de la guerre.

« *L'histoire ne se répète pas exactement sous la même forme! C'est pour cette raison que nous n'aspirons pas à créer une copie du III*e *Reich, et que nous ne nous laissons pas impressionner par une quelconque allusion aux prétendues atrocités du passé.* »

Ces textes, qui tentent de nier le génocide et les crimes contre l'humanité en les présentant comme de « prétendues atrocités », sont publiés par un mouvement dénommé NSDAP-AO. Son siège se trouve aux Etats-Unis, dans le Nebraska. Les initiales « NSDAP » étaient celles du parti de Hitler : le Parti National-Socialiste Allemand des Ouvriers. « AO » signifie : « *Auslands- und Aufbau- Organisation* » (organisation étrangère et constitutive). Le NSDAP-AO est notoirement connu pour la diffusion massive de propagande à l'échelle mondiale. Mais cclui qui se trouve aujourd'hui sur le banc des accusés m'apprendra bientôt qu'il ne s'agit pas seulement de propagande.

On a installé Kühnen au centre de la salle. Il ne cesse de tripoter ses lunettes de soleil à miroirs, les rechausse tout en parlant. Il est livide, et sa pâleur est encore soulignée par ses cheveux noirs. Mais il parle tranquillement et utilise adroitement chaque possibilité de tenir des propos politiques; on voit qu'il est convaincu de la cause qu'il défend – le national-socialisme.

Le tribunal et le procureur s'efforcent de mener son procès avec objectivité et minutie. Cela n'a rien de simple, car Kühnen est en quête d'effets théâtraux. Quand l'assesseur lui demande pourquoi le « principe du Führer », cette règle totalitaire qui imposait une obéissance aveugle envers le chef, et qui s'appliqua aussi bien au sein du parti national-socialiste que dans l'Allemagne nazie, lui tient tellement à cœur, Kühnen se met à parler de son service militaire.

« Quel rapport avec le service militaire ? » demande l'assesseur, presque désarçonné.

Kühnen ne rate pas l'occasion :

« Eh bien, je ne sais pas comment vous vous imaginez l'armée. Mais quand une compagnie se trouve sur le front, les soldats ne vont certainement pas commencer par voter pour savoir s'il faut attaquer ou pas. C'est le chef de la compagnie qui donnera l'ordre. C'est comme ça dans la vie militaire... »

Rires. Le procureur et les juges tordent la bouche, perplexes. Le greffier, qui était en train de s'endormir, sursaute. Kühnen, savourant sa petite victoire, balaie du regard la salle d'audiences pour voir quel a été son effet. Tout comme Adolf Hitler avait mis en scène chacune de ses interventions lors de son procès, après sa tentative de putsch de novembre 1923, pour transformer en succès politique sa défaite militaire. L'atmosphère se détend. Même l'homme qui hochait la tête tout à l'heure, près de moi, est pris d'un petit rire. L'avocat de Kühnen rit aussi, l'air sardonique. Le rire fait si facilement oublier le passé.

Je compulse mes notes. L'avocat de Kühnen, Loebe, est un personnage intéressant. Des collègues m'ont raconté, sous le sceau du secret, qu'il travaille dans un cabinet également chargé de gérer les biens de Joseph Mengele, le tristement célèbre médecin d'Auschwitz, en Allemagne. Mais sur Kühnen lui-même, j'ai des pages entières d'informations. Né en 1955 dans une bonne famille bourgeoise, il a reçu une éducation catholique; à quinze ans, il a commencé son activité politique. Il a même fait un bref séjour chez les maoïstes. Kühnen ne renie pas son passé :

« Aujourd'hui encore, je considère le maoïsme comme une sorte de national-socialisme chinois », explique-t-il à ce propos au tribunal.

On pourrait croire que Kühnen est un illuminé inoffensif. Malheureusement, le chemin qu'il a suivi jusqu'ici prouve le contraire, et personne, dans le tribunal, ne considère qu'il ne faut pas le prendre au sérieux. Sur ses dix-huit années de militantisme dans le mouvement extrémiste, il a passé sept ans et demi en prison, le plus souvent pour des délits analogues à ceux qui lui sont reprochés aujourd'hui. Outre la propagande nazie et l'incitation à la haine raciale, il a été poursuivi pour injures envers l'Etat et port d'uniforme prohibé (chemise brune de la SA, avec ceinturon à bandoulière et bottes); mais il a aussi été condamné pour complicité de coups et blessures. Dans tous les cas, Kühnen était le meneur. Un homme dangereux. Un homme dont il vaut mieux ne pas trop s'approcher, diraient mes parents.

Que je sois assis là tout de même, avec l'intention de faire sa connaisssance, est le fruit d'une série de hasards. Comme des millions d'autres Allemands, j'avais absorbé en 1988 une quantité d'articles et de reportages sur le cinquantenaire de la nuit du pogrome, prélude à cette persécution impitoyable des juifs qui s'achèverait par le massacre, unique dans l'histoire de l'humanité, de millions d'êtres humains et qui est entré dans l'Histoire sous le nom plutôt anodin de « Nuit de Cristal ». Tout cela me touchait sans doute; mais pour moi comme pour beaucoup d'autres, c'était du passé.

L'un des reportages télévisés que l'on diffusa à l'époque allait tout changer. Un certain docteur Fritz Hippler, un vieil homme à cheveux blancs, y expliquait que les persécutions avaient simplement découlé de la jalousie des nazis envers ceux qui étaient plus doués et plus fortunés qu'eux. Cet homme me parut sérieux.

Quelques minutes plus tard, dans le même programme on présenta un extrait du film que Hippler avait jadis tourné pour Goebbels : *Der ewige Jude* (diffusé en France sous le titre *Le Péril juif*) : un brûlot haineux où l'on comparait les juifs à des rats, l'un des films de propagande les plus célèbres à l'époque de Goebbels. J'eus du mal à y croire. Comment cet homme pouvait-il aujourd'hui parler avec une telle nonchalance, comme s'il n'était pas concerné, de la persécution des juifs? Tout commença ce jour-là. Je cherchai alors, pour m'y plonger, tous les textes que je pouvais trouver sur le IIIe Reich. Mais je n'en restai pas là. Je découvris rapidement d'autres ouvrages dont la lecture me consterna encore plus – notamment un livre de Jörg Friedrich, *Die kalte Amnestie* (« L'amnistie froide ») et une étude d'Ingo Müller, *Die furchtbare Juristen* (« Effroyables juristes »). Le premier ouvrage décrit, en se fondant sur une solide documentation, la réintégration des criminels nazis dans la société allemande d'après 1945. Dans le deuxième, on parle des juges et des procureurs qui ont prononcé des verdicts de terreur durant le nazisme, avant de poursuivre leur carrière sans interruption en Allemagne fédérale, ou du moins d'être traités par leurs « collègues » avec toute l'indulgence possible. Même les grands criminels ont bénéficié de grâces fondées sur des échafaudages juridiques hallucinants. Le Tribunal correctionnel de Stuttgart a condamné ainsi à deux années de prison, en mars 1957, le chef de la Gestapo de Dantzig, le Dr Günter Venediger, poursuivi pour « complicité de meurtre ». Venediger avait assassiné de ses mains quatre prisonniers de guerre anglais. On lit dans les attendus du jugement : « Le responsable de la mise à mort de ces quatre officiers, à Dantzig, était l'ancien Führer et chancelier du Reich Adolf Hitler. Il a ainsi agi en infraction avec le droit et avec préméditation. »

Cette injustice flagrante m'indigna. Je me demandai alors ce qu'étaient devenus les anciens nazis. Je compris que ceux qui criaient, en 1988, « les étrangers dehors », étaient taillés dans le même bois : c'étaient de nouveaux nazis. Et je sus que je me sentirais moi-même coupable si je ne faisais pas quelque chose pour changer tout cela... Mais quoi ?

Quelques mois plus tard, je regarde l'accusé, ici, à Francfort. Pas plus que moi, il n'a connu l'époque de la terreur national-socialiste. Pourtant, son modèle est ce même « Führer » qu'ont suivi des millions de personnes et qui, jadis, fanatique et sans scrupule, a mené le peuple allemand tout entier vers l'abîme. Depuis des mois, je mène des recherches sur les néo-nazis avec mon ami Graeme Atkinson, correspondant en Europe de la revue anglaise *Searchlight*. Graeme est aussi conseiller de la Commission antiraciste du Parlement européen. Il a consacré sa vie à dévoiler les activités racistes et néo-fascistes. Graeme est un expert en la matière. Son travail l'a conduit, à plusieurs reprises, à s'infiltrer dans des groupes néo-nazis. Son expérience me sera encore très précieuse dans les mois qui suivront.

Aujourd'hui, pour la première fois, je me trouve face à un véritable spécimen du genre – face à l'un de ceux dont Graeme sait qu'il est l'un des personnages les plus importants, sinon la figure essentielle de ce mouvement. Comme prévu avec Graeme, j'aborde donc Kühnen lors d'une pause de l'audience suivante. Kühnen ne bronche pas quand je lui parle. J'ai presque l'impression qu'il s'y attendait. Il accepte aussitôt de m'accorder une interview. Ce sera après la prochaine audience, à proximité du tribunal.

Quatre jours plus tard, de nouveau à Francfort. Malgré l'affluence, nous trouvons une bonne place dans un café, près du « Zeil », la rue commerçante. Dans l'arrière-salle, derrière une barrière de fleurs artificielles, on ne nous dérangera pas. Kühnen n'est pas venu seul. Il est escorté d'une véritable « maman », une petite femme aux cheveux bruns et courts, la cinquantaine, le visage sympathique. Elle témoignait au procès, aujourd'hui – on aurait pu croire que c'était simplement une vague relation de Kühnen. La plupart des points sur lesquels on l'interrogeait lui étaient « inconnus ». En réalité, c'est un personnage clef. Elle s'appelle Christa Goerth. C'est la présidente de la « HNG » – l'« Organisation d'assistance aux prisonniers politiques nationalistes et leur famille », une importante organisation de ralliement du mouvement national-socialiste. J'en apprendrai plus, par la suite, sur les missions véritablement assignées à la HNG. Aujourd'hui, c'est plutôt la fonction de Kühnen qui m'intéresse. Mais Christa Goerth sait quels sujets sont susceptibles d'éveiller l'intérêt – et même, peut-être, d'attirer la sympathie.

« Le nucléaire est un crime! C'est tellement irresponsable de faire tourner des centaines de centrales nucléaires qui produisent chaque jour, chaque minute, une telle quantité de poison que l'on ne pourra jamais, jamais plus détruire, que l'on ne maîtrisera jamais. »

Etonnement : les néo-nazis opposés à l'énergie nucléaire. Il faudrait raconter ça aux Verts. Christa Goerth note mon air intéressé.

« C'est donc un tel crime qu'on ne peut intervenir qu'avec toute la violence et toute la force possible... On ne peut plus y aller par la douceur – la seule manière, c'est de frapper à mort. »

Après tout, les Verts ne seraient peut-être pas si intéressés que ça. Kühnen approuve avec ferveur. Il me dévisage attentivement pendant que Christa Goerth débite son méli-mélo écologique. Kühnen me montre ensuite, en bon pédagogue, à quel point il faut les prendre au sérieux, lui et son « mouvement ». En un tour de main, il me prouve que les néo-nazis ne sont pas des illuminés extrémistes. Son extrémisme est mûrement réfléchi :

« Je considère que nous avons de bonnes chances : ce système ne résout aucun de ses problèmes. Et les problèmes que l'on ne résout pas, que l'on ajourne, ne diminuent pas : ils grandissent. Et plus on les ajournera, plus on se trouvera dans une situation qui transformera les conditions de vie de la masse de la population, d'une manière tellement négative et tellement radicale que les masses seront profondément mécontentes. »

Je m'interroge : pourrait-il un jour avoir raison? Kühnen ne s'arrête pas à mon air réservé et poursuit :

« Et les masses, quand elles seront totalement insatisfaites, quand elles aspireront à la rébellion et à la révolution, se dirigeront vers ceux qui auront mené auparavant l'opposition la plus crédible, la plus longue, la plus opiniâtre et la plus dure. »

Kühnen martèle ses mots. Dans le miroir, derrière lui, je peux voir que d'autres clients nous observent. Kühnen regarde autour de lui. Plus doucement, mais en scandant toujours autant ses phrases, il reprend :

« Alors je considère, aujourd'hui, que ma mission est simplement de faire en sorte que chaque personne, pour peu qu'elle s'intéresse un peu à la politique, sache que cette alternative existe. Quand cette situation de crise surviendra, ils se le rappelleront. Ça, j'en suis tout à fait sûr. Mais je ne peux pas dire quand la crise surviendra. »

Souvenirs. En 1923, Hitler et quelques partisans entreprennent une tentative de putsch fort remarquée. La tentative échoue, mais ce coup d'Etat manqué, et surtout la propagande qu'on lui permet de faire durant son procès, attire sur lui l'attention de toute la population allemande. Hitler est condamné à cinq ans de prison. Il est libéré au bout de neuf mois. Dix années plus tard, il est au pouvoir. Kühnen prend ouvertement modèle sur Hitler. Il veut suggérer que la situation des années vingt est comparable à la situation actuelle. On cite souvent en Allemagne une phrase censée réfuter tout parallèle entre la République de Weimar, qui précéda, de 1919 à 1933, le nazisme, et l'Allemagne fédérale, qui lui a succédé en 1949 : « Bonn n'est pas Weimar. » C'est en général ce que l'on répond à ceux qui mettent en garde contre le péril que fait courir l'extrémisme de droite à la démocratie allemande. Mais de telles formules n'ont aucun sens. L'essentiel n'est pas le contexte historique, mais la tactique que l'on utilise. Une tactique habile qui consiste à récolter les fruits politiques de l'insatisfaction de la population. Jadis, on utilisait le « joug de Versailles » et l'influence du « judaïsme ». En 1989, il s'agissait (encore) de la partition de l'Allemagne et du « problème des immigrés ». Et aujourd'hui, on accuse « Maastricht, ce Versailles sans guerre », et le « problème des réfugiés ». Les arguments des partis de droite sont les mêmes. Le REP (Les « Républicains », équivalent du Front National français), le NPD (« nationaux-démocrates ») et le DVU (Union Populaire Allemande), ou le mouvement ouvertement néo-nazi FAP (Parti ouvrier de la liberté) ne se distinguent, dans leurs propos, que par la clarté et l'extrémisme avec lesquels ils abordent les « problèmes ».

« Les " Républicains " disent tout haut ce que beaucoup pensent tout bas dans la population, et moi, je dis tout haut ce que pensent beaucoup de Républicains. »

Kühnen est assis en face de moi. Les yeux scrutateurs, il enregistre chacune de mes réactions. Il se dégourdit de temps en temps les doigts en jouant avec la chaînette d'argent qu'il porte au poignet. Il boit une « *Spezi* », un mélange de Coca-Cola et de soda à l'orange. Il refuse en me remerciant la cigarette que je lui propose. Il fume des « menthols ». La cigarette s'allume, il inhale profondément et continue :

« Il y a tout juste deux jours, à Bielefeld, j'ai tenu une petite réunion; la moitié des participants venaient du NPD, du DVU et des " Républicains ". Un membre très actif des " Républicains " locaux est alors venu me voir. Il me dit : " Je suis Républicain, j'ai ma carte au parti, j'espère que je pourrai obtenir des résultats qui aillent dans votre sens; mais je ne peux pas dire ça, bien sûr, chez les Républicains ". »

En fond sonore, on entend de la musique et des tintements de verres. Kühnen fait tomber la cendre de sa cigarette et me regarde fixement :

« Et ces gens-là sont heureux que des personnes comme moi existent, qu'il y ait des plates-formes, des possibilités de publication, des moyens qui leur permettent de s'exprimer. Notre existence fait que des gens qui, pour le reste, se trouvent dans des environnements plutôt modérés, conservent une sorte d'extrémisme intérieur. Justement parce qu'ils voient que d'autres s'expriment aussi directement. Et nous profitons du fait que la situation sociale se transforme progressivement. Ça n'est pas la même chose, de défendre un idéal quand on est une petite minorité... »

Kühnen a serré le poing sur la table. A présent, il retourne lentement sa main et déplie ses doigts. On croirait voir une fleur éclore. Ou s'ouvrir la gueule de l'hydre.

« ... ou quand on se trouve dans une situation psychologique où 10 % des électeurs votent " national ". »

Kühnen en était déjà convaincu depuis longtemps : une fois que l'on aurait surmonté la partition de l'Allemagne, et après cela seulement, toutes les conditions requises pour mener une politique nationale-populiste « grande-allemande » seraient réunies. Les faits allaient hélas lui donner raison. Un sondage publié par le très sérieux Institut INFAS de Bad-Godesberg le 12 septembre 1992 donnait des résultats alarmants : 51 % des Allemands – plus de la moitié ! – appouvent la formule « L'Allemagne aux Allemands » – en 1989, les néo-nazis étaient encore les seuls à employer ce slogan.

Je raconte à Kühnen que j'ai l'intention d'écrire un roman : c'est pour cette raison qu'il me faut quelques informations sur sa mouvance. Mais j'ajoute que, dans ma profession, je travaille avec le film. Kühnen réagit immédiatement :

« Ah oui, le film, c'est beaucoup plus intéressant ! » dit-il, enthousiaste. Il sait qu'on peut être beaucoup plus efficace en passant à la télévision qu'en figurant dans un roman. Comme prévu avec Graeme, je commence par lui promettre d'y réfléchir. A l'avenir, cela aura toujours un avantage : mon travail cinématographique aura été l'idée de Kühnen. Et cela me permettra d'apaiser certaines méfiances.

A notre rencontre suivante – après l'audience, une fois de plus –, j'apporte une caméra vidéo. Cette fois encore, Kühnen n'est pas seul. Il est accompagné par Thomas Brehl, son adjoint de l'époque. Celui-là était aujourd'hui convoqué comme témoin de la défense; avant toute chose, il lui faut une bière, après cette éprouvante déclaration à décharge. Ça lui va bien. Quand j'apprends qu'il a créé un groupe de combat, je me demande comment il a pu engoncer son gigantesque ventre à bière dans un uniforme. Sa peau est bouffie, rougeâtre – rien d'étonnant : il boit la bière par litres, dès le matin. Brehl n'a rien du niveau ni de l'aura de Kühnen. Tout au contraire : il correspond trait pour trait à l'image du « gros Boche ». Brehl n'a que trente-deux ans, mais il en paraît quarante-cinq. Une moustache revêche, une coupe de cheveux à l'avenant, scindée par une raie : on dirait un Röhm qui n'aurait pas achevé sa croissance – Röhm, ce chef SA très proche de Hitler, mais contesté dans les milieux nazis à cause de son homosexualité, et qui fut au bout du compte victime de ses propres camarades. En juin 1934, lors d'une « opération d'épuration », ce que l'on a appelé la « Nuit des Longs Couteaux », Hitler se débarrassa de son « compagnon de combat », Röhm, et de l'état-major de celui-ci : ils ne répondaient plus aux normes. Aujourd'hui, Kühnen et Brehl vantent les mérites de la SA, présentée comme une troupe « pure » de combattants nationaux-socialistes et sociaux-révolutionnaires, dont ils brossent un tableau romantique. Selon eux, la « deuxième révolution » que Röhm appelait de ses vœux, la révolution « socialiste » est encore à faire. La « première révolution » (la « nationale ») était le « combat » mené par Hitler et Röhm jusqu'à la prise du pouvoir, en 1933. Lors de ce « combat », Röhm et ses SA (*Sturmabteilungen,* sections d'assaut) avaient ouvert la voie au NSDAP d'Adolf Hitler. Mais dans le souvenir de beaucoup de ceux qui ont connu cette époque, les SA n'étaient guère que des bandes de brutes qui matraquaient à mort tout ce qui leur barrait le chemin et se livraient à des batailles de rue sanglantes contre les communistes.

Brehl perçoit mon aversion et décline poliment mon invitation à participer à l'interview.

Pour l'entretien avec Kühnen, j'ai concocté avec Graeme un impressionnant catalogue de questions. Nous nous trouvons à présent dans un parc, à proximité du Tribunal de Francfort. Les yeux vifs de Kühnen ne cessent d'aller et de venir entre la caméra et moi. Il est sûr de son talent rhétorique. Comme Hitler, il a utilisé ses séjours en prison pour s'adonner à ses loisirs préférés : l'écriture de manifestes de propagande, et la lecture. C'est un lecteur « excessif », qui avale tout ce qui lui tombe entre les mains. Mais son auteur préféré n'est pas Hitler : il est passionné par Nietzsche et la science-fiction. Lui-même a écrit un livre, intitulé « la Deuxième Révolution ». Comme *Mein Kampf*, ce livre constitue un « fil directeur » pour ses partisans. Et comme *Mein Kampf*, il a été écrit en prison.

Lors de cette interview, il me confirme ses contacts avec les « Républicains », et m'explique certains éléments du réseau international – que nous analysons, Graeme et moi, juste après l'interview. Mais nous reviendrons sur ce point. Nous constatons avec étonnement, Graeme et moi, que Kühnen est parfaitement informé : c'est en vain que nous cherchons dans ses propos des mensonges ou des altérations. Il en va autrement, bien sûr, lorsqu'il s'agit de la représentation historique du national-socialisme. Kühnen défend ainsi la thèse selon laquelle ce ne sont pas les nazis qui ont déclenché la guerre. La « preuve »? Un fac-similé du quotidien anglais *Daily Express* daté du 24 mars 1933. On y lit, en gros caractères : « *Judea declares war on*

Germany (le judaïsme déclare la guerre à l'Allemagne). Le fac-similé a été publié dans le *Deutsche Nationalzeitung*, l'organe du parti d'extrême droite DVU. Ce titre lui suffit manifestement pour faire porter aux juifs la « responsabilité de la guerre » – en toute mauvaise foi, car le contenu de l'article relativise largement ce titre tapageur. Il s'agit simplement d'un appel au boycott commercial contre l'Allemagne, en réponse aux brimades de plus en plus nombreuses auxquelles sont soumis les juifs.

Kühnen déteste la démocratie. Il reproche aux démocrates d'être hypocrites, menteurs et égoïstes. Il ne cache pas plus ses intentions que ne le fit Hitler dans *Mein Kampf*. Il admet ouvertement que « tous les moyens de la démocratie doivent être utilisés pour l'éliminer ». Il s'efforce d'infiltrer le plus grand nombre possible de ses adeptes au sein des « Républicains » et des autres partis de droite, mais aussi, à l'inverse, de gagner à sa cause des membres de ces organisations. Avec un succès variable. Il est heureux que ces partis, pour des motifs tactiques, se démarquent officiellement de lui. Mais il est déçu par Harald Neubauer, que son siège au Parlement européen a « rendu un peu mégalomane. Lui aussi, quel hypocrite! Parce que tout de même, autrefois, il était bien content de pouvoir faire partie de notre mouvement... »

Qui est Harald Neubauer? Le deuxième homme des « Républicains », le dauphin de leur leader Franz Schönhuber, le député allemand au Parlement européen?

« Oui, c'est bien lui! »

Kühnen se recale sur sa chaise. Une simple allusion : il n'ira pas plus loin. J'en apprendrai plus par la suite. Pour l'instant, je suis simplement autorisé à assister à une « opération » montée par Kühnen.

La gare de Langen est une gare de petite ville tellement stéréotypée qu'elle pourrait être celle de n'importe quelle autre bourgade. La proximité de Francfort et de Darmstadt fait de Langen une province. Les rapides y passent à toute vitesse, mais on salue par leur nom les clients du kiosque de la gare. La triste particularité de la gare de Langen, ce sont les concentrations régulières de créatures patibulaires, vêtues de blousons d'aviateur. Quand on s'y hasarde aux bons moments, on comprend aussi pourquoi Langen est parfois surnommée la « capitale du mouvement » – entre soi, bien entendu, et avec un clin d'œil : car la véritable « capitale du mouvement » demeure Munich, d'où Hitler lança, jadis, ses activités. De l'autre côté de la rue, une auberge; en vis-à-vis, de biais, un restaurant italien où certaines personnes sont aussi, parfois, reçues bras levé par le serveur : Mussolini vous salue bien.

C'est là que je me retrouve, à neuf heures du matin précises, avec une Opel de location et une équipe de cinéma payée pour la journée. Il s'agit de filmer une « opération » menée à l'instigation de Kühnen. Comme celui-ci ne se montre pas, nous décidons d'observer à distance ce rassemblement d'Allemands bottés. En regardant autour de nous, nous découvrons une autre Opel dont les occupants, tout comme nous, observent attentivement la scène.

« C'est sûrement la police! déduit le cameraman, soulagé. S'ils sont là, au moins, il ne pourra rien nous arriver. »

Il a raison. S'ils sont là, je peux commencer à parler aux jeunes qui sont sur place, car l'heure du rendez-vous est largement dépassée. La ponctualité n'est pas précisément leur fort, je le vérifierai constamment au cours des années suivantes.

Le jeune à la chemise brune paraît être un personnage important. Il donne des ordres et ne cesse de regarder, méfiant, autour de lui. Je me présente gentiment; il m'informe que c'est lui qui dirige, ici, et que « l'on ne filme rien du tout avant que le chef ne soit là ». Je reviens donc à ma voiture, comme un chien mouillé. Deux minutes à peine se sont écoulées quand on frappe à la vitre :

« Police. Vos papiers, s'il vous plaît. »

Comme n'importe qui pourrait nous les demander, nous prions l'inconnu de bien vouloir nous fournir une preuve de sa fonction. Et un instant plus tard, nous examinons réciproquement carte de service et carte de presse. J'en profite pour discuter avec le policier. Mais il est muet comme une tombe; j'apprends simplement que l'homme auquel je parlais quelques instants plus tôt est un certain Gerald Hess. Celui-ci est bien connu, me dit le fonctionnaire, les autres ne le sont pas autant; Kühnen va venir, Gerald Hess n'est qu'un second couteau, et lui, le policier, se demande bien ce que nous faisons ici. Cela dit, il disparaît dans son Opel de fonction.

Entre-temps, une vingtaine de nazis se sont rassemblés. Et voilà aussi Kühnen, avec sa voiture, une Opel rouge. Il est en grand attirail, avec sa chemise brune, ses pantalons noirs et ses lunettes à miroirs – les « lunettes des fascistes » – comme le note le cameraman. Tout d'un coup, tout s'accélère. En une seconde, la moitié de la bande disparaît. Ceux-là ne veulent pas être filmés. Puis le groupe, ou ce qu'il en reste, se met en route, en voiture. A l'avant, le véhicule de Kühnen, derrière lui une autre Opel, jaune, venue de Cologne, toutes deux bourrées de partisans de Kühnen, puis nous, l'équipe de cinéma dans notre Opel de location, et, un peu plus loin, « discrète », l'Opel des gardiens de l'ordre, suivie par une autre Opel de la police – elle aussi banalisée. Après toutes ces mesures dignes de conspirateurs, la colonne d'Opel se déplace de village en village : on se croirait dans un mauvais spot publicitaire. Chaque fois, on s'arrête. Mais je ne vois ni agression, ni pillage, ni meurtre : les nazis distribuent leurs tracts (« Allemands, réveillez-vous! Etrangers dehors! »), nous filmons, la police photographie. L'équilibre est presque parfait : dix nazis, trois journalistes et six policiers. C'est à pleurer de rire.

Trois années plus tard, l'envie de rire me sera définitivement passée. A cette date, trente-quatre personnes auront été assassinées par des extrémistes de droite. Les foyers de réfugiés sont en flammes, et ce ne sont plus six ou dix policiers, mais des détachements entiers qui interviendront en hésitant – notamment par crainte d'être eux-mêmes frappés par des brutes haineuses supérieures en nombre.

J'allais assister à tout cela, j'allais voir les cadres du mouvement appeler au combat de rue, endoctriner les adolescents et attiser la haine sans la moindre retenue.

2.

Au royaume de la haine

Le commentaire bourdonne dans le haut-parleur :

« Depuis toujours, les rats sont les parasites qui accompagnent l'homme. Leur patrie est l'Asie. De là, ils migrent par légions gigantesques vers l'Europe, en passant par la Russie et les Balkans. »

Un réseau de lignes inquiétant s'étend sur l'écran. Le rat migrant brun submerge l'Europe. Coupe. Les mêmes lignes, mais cette fois, c'est le mouvement de migration des juifs qui est censé provoquer l'inquiétude.

« C'est pas permis ! » L'adolescent, à côté de moi, est révolté de « l'insolence » des juifs qui osent se propager ainsi.

Le film saute et scintille. Dans la pièce plongée dans la pénombre, les spectateurs se tiennent assis, captivés. De temps en temps, l'un d'entre eux jure à voix haute. Sur l'écran, les rats courent vers nous. Le commentateur nous instruit d'une voix résolue, très sobre :

« *Là où apparaissent les rats, ils portent la destruction dans le pays, ils ravagent les biens et les vivres humains, ils propagent les maladies : lèpre, peste, typhus, choléra, dysenterie, etc. Ils sont rusés, lâches et cruels; la plupart du temps, ils apparaissent en troupes nombreuses. Parmi les animaux, ils représentent l'élément de la destruction perfide, souterraine; il en va de même pour les juifs parmi les hommes.* ».

Suit un fondu qui nous fait passer du grouillement des rats à un groupe de juifs. Puis des gros plans sur les visages. Comme on vient de voir les rats, ces traits paraissent eux aussi un peu « perfides », maintenant. La plupart de ceux qui se trouvent dans la pièce émettent des sons dégoûtés. L'un d'eux s'ébroue même, écœuré. La musique devient désagréable, lancinante. Comme si tout cela ne suffisait pas, le commentaire en rajoute encore :

« Ces physionomies réfutent formellement les théories libérales sur l'égalité de tout ce qui porte visage humain. »

Approbation générale.

L'atmosphère devait être à peu près la même en 1941, quand le film *Le Péril juif* fut projeté à Berlin, dans le plus grand des « palais du cinéma » que comptait la ville. Mais voilà : cette scène-ci se déroule en 1990. Comme *Le Juif Süss* et *Juden sehen dich an* (« Les juifs te regardent »), ce film était à l'époque un pilier du programme d'endoctrinement – et l'est redevenu aujourd'hui. Les spectateurs sont des lycéens, des apprentis, de jeunes ouvriers et employés. A les voir, je leur donne entre quinze et vingt ans. Gerald Hess a rassemblé chez lui les nouveaux sympathisants. Ils se sont présentés lors de distributions de tracts, ou ont été amenés par des « camarades ». Pour quelques-uns, c'est le premier contact. Kühnen, Gerald Hess et son père Wolfgang Hess sont prêts à niveler les doutes éventuels et à transposer à notre époque le message du film. J'ai peine à le croire : ce film d'incitation à la haine fonctionne encore parfaitement.

« Je ne sais pas grand-chose des juifs, dit un jeune dont les joues sont couvertes de boutons, j'ai entendu dire que ce sont des commerçants, c'est tout. Mais que ce soient des gens pareils... »

Un autre n'a pas tout à fait compris les rituels du judaïsme :

« Les juifs abattent des porcs... », affirme-t-il, et il ajoute, indigné : « ... mais qu'ils torturent les animaux comme ça, je trouve ça dégueulasse. »

Il a été impressionné par les passages sanguinolents du film, ceux où l'on abat des bœufs. Un gros plan sur le boucher juif qui sourit à la caméra tout en affûtant son couteau soulignait la prétendue cruauté des juifs : le plan suivant montre une profonde entaille dans la carotide de l'animal. Une scène que même un Goebbels, le ministre raffiné de la propagande de Hitler, qui avait passé commande de ce film, n'autorisa que pour un public choisi.

Le skinhead, à côté de moi, qui prend une pose brutale et vengeresse, me montre quel degré de haine un tel film peut soulever :

« Il faudrait leur couper le cou, aux juifs, jusqu'à ce qu'ils soient complètement saignés, eux aussi... »

Une jeune fille hoche la tête, approbatrice, quand son ami, exaspéré, tire cette conclusion : « Mais c'est de la torture d'animaux, tout simplement ! »

Et l'adolescent maigre au duvet sur la lèvre supérieure résume la leçon qu'il en a tirée : « Ce sont tous des porcs. »

Un autre, qui est resté jusqu'ici sur une réserve timide, me prouve avec quelle perfection cette entreprise d'endoctrinement fonctionne. C'est un garçon d'environ dix-sept ans, qui n'a pas du tout l'air de pouvoir, un jour, commettre des actes de violence. Plutôt timide, gêné, il hésite, rechausse ses lunettes et, d'une voix aiguë, grêle, il commente, presque pour lui-même :

« Au moins, on peut se replonger dans l'époque, même si on n'était pas encore né... »

Gerald Hess renchérit :

« Tu peux transposer à notre époque 90 % de ce qu'on explique là-dedans... »

Son père, Wolfgang, a parfaitement noté la présence de ma caméra. Comme s'il s'agissait d'une séance de formation permanente, il demande à la ronde, d'une voix basse et tranchante :

« Alors, qu'est-ce qu'il vous dit, ce film? »

La question n'était plus vraiment nécessaire.

Wolfgang Hess, un personnage plutôt brutal, la quarantaine, les bras tatoués, une barbe de trois jours, est tantôt chômeur, tantôt couvreur. Il est antisioniste (il insiste sur le fait qu'il n'est pas antisémite), expert en armes, repris de justice, taulard expérimenté. Un vieux renard, méfiant et malin. Mais c'est aussi un camarade et un père de famille. Son petit dernier vient d'avoir deux ans. La mère de l'enfant, son amie, pourrait presque être sa fille. On les retrouve tous les deux partout où apparaît Wolfgang Hess. Il dirige l'AZA (« Action antisioniste ») et a des relations avec les néo-nazis en Afrique du Sud. Accessoirement, il sert de « pisteur » quand il faut trouver des lieux pour les réunions. Aujourd'hui, il tient le rôle d'expert en sionisme. Il est dangereux, parce que suffisamment extrémiste pour être reconnu par ses pairs, et suffisamment malin pour ne pas se faire prendre trop souvent par la police.

Tandis que Wolfgang Hess tempête sur les juifs (« En politique comme en économie : rien que des juifs! »), je sens la résignation s'emparer de moi. Ce film, qui avait été le déclencheur de mes premières recherches sur le passé, continue à faire effet. Ce texte qui dégouline de rage, ce tissu de mensonges, avait été écrit par un certain docteur Eberhard Taubert. Le problème n'est pas seulement que le film n'ait jamais valu la moindre condamnation à son coauteur : après la guerre, il continua, sans le moindre dérangement, à travailler pour le gouvernement fédéral et, à partir de 1980, pour la Bundeswehr *, secteur « défense psychologique ». Quant au « créateur » du *Péril juif*, le Dr Fritz Hippler, il se rengorge dans ses Mémoires de son amitié avec Walter Scheel, l'ancien président de l'Allemagne fédérale. Après la guerre, un propagandiste comme lui ne pouvait exercer un autre métier que celui de directeur de communication. Dans son cas, ce ne fut cependant pas au sein d'un parti de droite extra-parlementaire, mais au FDP, le parti libéral qui fait et défait depuis des décennies les coalitions gouvernementales allemandes; il fut employé à l'Union régionale de Rhénanie-du-Nord-Westphalie, où, entre autres, il fut « un proche collaborateur de Walter Scheel ».

Puis il verse dans la littérature. Un échantillon de son livre, *Meinungsdressur* (« Comment on dresse l'opinion », 1985) :

« *Il est certain que les Noirs d'Afrique ne se sont*

---

* *Cité dans le livre de Kurt Hirsch,* Rechts von der Union, *p. 453. A propos de Taubert, on lit entre autres :*

1938 : Juge au premier sénat de la Volksgerichtshof *(sorte de tribunal populaire institué par les nazis). Il est responsable de plusieurs condamnations à mort.*

1939-1940 : responsable de la propagande nationale-socialiste dans les territoires de l'Est occupés.

1955 : Un haut fonctionnaire du « Ministère fédéral des affaires interallemandes » déclare : « Taubert est l'homme qu'il nous faut. »

1980 : Taubert collabore à l'Académie de défense psychologique de la Bundeswehr.

jamais si mal portés que durant la brève période qui a suivi leur " libération ". Mais là où ils se portent mieux que partout ailleurs, c'est-à-dire en Afrique du Sud, les progressistes leur apprennent que leur misère est insupportable et les incitent à mener le " combat de libération "... »

Aujourd'hui, il écrit de nouveau pour des journaux « nationaux », c'est-à-dire réactionnaires et néo-nazis, comme *Nationalzeitung* ou *Nation.* Ce « magazine politique pour les Allemands » décrit les deux guerres mondiales comme des « campagnes d'extermination contre les Allemands » et se réjouit de la nouvelle domination germanique sur l'Europe :

« *Les Allemands dominent encore, dans leurs derniers spasmes nationaux, cette boutique de sirops qu'est la CEE.* »

Hippler et Taubert, l'intendant du cinéma du Reich et le propagandiste de la haine. Ce sont des ramponneaux du refoulement, comme beaucoup d'autres. Les graines qu'ils ont préparées jadis sont semées; elles croissent et prospèrent. Aujourd'hui, leur œuvre d'incitation à la haine a encore du succès. En toute impunité, cinquante années après le tournage du film. Malgré la guerre perdue. Malgré l'interdiction. Malgré la démocratie.

« Et quel que soit l'ennemi qui vient, fort et rusé, restez fidèles, éternellement, camarades... »

Des sifflements stridents recouvrent le reste du chant. S'y ajoute le vrombissement d'un hélicoptère de la police, juste au-dessus de nos têtes. Le 19 août 1989, quand le « camp national » défile dans une petite ville bavaroise, il y a des réactions.

« Nazis dehors, nazis dehors! » crient ceux qui ne

sifflent pas. Mais les nazis continuent à chanter comme si de rien n'était. Entre les rangées de maisons de cette petite ville se pressent cinq cents « militants de droite » et à peu près le même nombre de « militants de gauche » qui s'opposent aux premiers. Au milieu de la rue étroite défilent les partisans de Hitler, fanion brandi, certains en uniforme – chemise noire ou brune – et s'efforçant de marcher au pas. Sur les côtés, les contre-manifestants, avançant malgré eux au même rythme. Entre les deux, des policiers au casque blanc. Depuis les maisons voisines, les habitants observent le spectacle, une femme âgée s'est installée confortablement, les bras posés sur un coussin au bord de la fenêtre. Elle regarde avec curiosité, en bas, le long cortège de manifestants qui scandent leurs slogans se frayer un chemin dans la bourgade.

« Maintenant, ça suffit, c'est bien compris ? » tonne un policier en uniforme vert, à l'intention d'un skinhead qui voulait sortir des rangs pour frapper un contre-manifestant.

Les échauffourées entre manifestants n'arrêtent pas – chaque fois, des policiers viennent immédiatement les séparer. L'« Antifa », les antifascistes, accompagnent le défilé pour montrer aux nazis que l'on n'accepte pas aussi simplement que cela leur apparition au grand jour. Des « punks » aux vêtements criards et aux coiffures extravagantes et multicolores assument le rôle d'« épouvantails à bourgeois ». Rien d'étonnant à ce qu'ils se télescopent avec les skinheads nazis au crâne rasé. D'autres antifascistes ont l'air plutôt bourgeois. Malgré le rejet réciproque, des « conversations » se nouent ici et là, mais s'achèvent en général par des vociférations. Un jeune antifasciste en parka de la Bundeswehr tente d'entamer le dialogue :

« Mon grand-père a été à la guerre, lui aussi, et il

n'a pas la même version que vous! » crie-t-il à un manifestant aux cheveux blancs, de l'autre côté de la chaîne de policiers. Le vieux agite son mini-drapeau en papier (noir-blanc-rouge, aux couleurs du IIIe Reich), et chante :

« Patrie, nous voilà! »

Le jeune se prend la tête entre les mains, soupire un « mon Dieu! » résigné, et se détourne.

Le slogan du jour est « Rudolf Hess – martyr de l'Allemagne ». Sur les affiches brandies par les participants au défilé, son portrait, cent fois reproduit.

Nous sommes en août 1989, à Wunsiedel, au nord de la Bavière. Bayreuth n'est pas loin. C'est ici qu'est enterré l'ancien adjoint d'Adolf Hitler, Rudolf Hess, l'homme qui, en mai 1941, partit en avion pour l'Angleterre – ce qui permet aux néo-nazis de l'appeler, à tort, l'« aviateur de la paix ». En fait, sa seule intention était de pousser l'Angleterre à conclure un cessez-le-feu afin que l'Allemagne ait les mains libres pour régler le problème russe. Ce plan naïf, qu'il avait conçu tout seul, échoua. Hitler le fit déclarer fou et Hess fut, après cette date, prisonnier de guerre des Alliés. Il mourut en 1987, dernier captif des Procès de Nuremberg, dans la prison militaire alliée de Berlin-Spandau. Suicide, disent les autorités. Meurtre, prétendent les néo-nazis. On fait de meilleures légendes avec un homme assassiné.

Ce qui est sûr, c'est que Rudolf Hess a eu quatre-vingt-douze ans. Aujourd'hui, il repose ici et fait de Wunsiedel un lieu de pèlerinage pour les extrémistes de droite. Ce défilé a une portée internationale. Je perçois des bribes d'espagnol, d'anglais et de français. C'est la première fois que je rencontre des néo-fascistes étrangers; ils utilisent ici la possibilité de rencontrer leurs compagnons d'opinion allemands. On trouve des membres du « British Mouvement », des « FNE » (Faisceaux nationalistes européens) français et de la CEDADE *(Circulo Espanol de Amigos de Europa)* d'Espagne. On aperçoit également les partisans du « VMO » (Vlaamese Militanten Orden) rassemblés autour du Belge Bert Eriksson, et du mouvement hollandais « Front d'Action des Socialistes Nationaux – *Gau* des Pays-Bas » (ANS). Des rencontres analogues ont aussi lieu régulièrement à Diksmuide, en Belgique, et en Espagne.

Au fil des années suivantes, le défilé de Wunsiedel deviendra l'une des plus grandes rencontres internationales; la majeure partie des médias ne s'en apercevra pas. Quand, une année plus tard déjà, on entendra des néo-fascistes espagnols et français tenir des discours lors de cette rencontre, on ne prendra toujours pas conscience des dimensions de la coopération internationale.

Je ne cesse pas d'esquiver, avec ma caméra, les agressions des membres du service d'ordre qui n'apprécient guère les cameramen et les photographes. Ils s'en prennent de préférence à l'objectif, ou se placent le dos contre la caméra. Plus tard, quand nous aurons fait connaissance, ces mêmes membres du service d'ordre me protégeront contre leurs propres camarades. J'aurai alors le sentiment désagréable que les gens me considèrent moi aussi comme un nazi. Plus d'une fois, aussi, j'aurai peur d'être pris dans une bagarre éventuelle. Mais ce sont les risques du métier.

« *J'avais un camarade, il n'en est pas de meilleur...* »

Quelque quatre cents personnes disposées en carré chantent contre l'hélicoptère mugissant qui tourne sans fin autour d'eux. Un homme maigre, aux cheveux noirs, qui marchait aussi en tête du cortège avec Wolfgang Hess (aucune parenté, directe ou indirecte, avec Rudolf) et Thomas Brehl, porte son mégaphone à la bouche. Autour de moi, j'entends le cliquetis des caméras. Un reporter demande à voix basse à ses collègues :

« Mais qui est-ce, déjà, celui-là?

– Worch, je crois.

– Woïch?

– Non, Worch, avec un r.

– Prénom?

– Christian! Il vient de Hambourg.

– Important? »

Ils ne vont pas plus loin : Christian Worch s'impose, la voix amplifiée par l'électronique :

« Voici la troisième année que des Allemands qui ont gardé conscience de leur germanisme, qui ont conservé leur conscience allemande, viennent au mois d'août à Wunsiedel. »

La voix de Worch est aiguë. Comme de l'aluminium, me dis-je. Worch est un clerc de notaire, et une proche relation de Michael Kühnen. Il proteste contre l'attitude des autorités, qui ont voulu interdire le défilé nazi et ont autorisé une contre-manifestation dont les participants sont désignés en ces termes dans le discours de Worch – que la fureur rend un peu confus :

« Cette attitude qui fait que la racaille, dans la rue, ces asociaux alcooliques avec ces faciès dont les meilleurs amis semblent être des rats – blancs, noirs, gris, à deux pattes –, que cette racaille puisse se permettre tout ce qu'elle veut... »

Trois lettres me viennent à l'esprit : « LTI ». *Lingua Tertii Imperii* – un terme créé par Viktor Klemperer pour désigner le jargon du IIIe Reich *. Les « r » tranchant, roulant comme des cailloux, de Worch vont bien à son ton indigné et sans appel. Son auditoire est un curieux patchwork. Skinheads, porteurs de pantalons de montagne, vieux bonshommes à chapeau de feutre et poils de chamois, brutes effrayantes, « petits garçons » blonds et bien soignés en costume traditionnel, qui semblent déborder de sang aryen. Il y a aussi des jeunes filles, certaines en costume bavarois, d'autres en look nazi, avec robe noire et blouse blanche; on en voit même porter la veste d'aviateur, le « bomber » comme leurs amis, les skins. Beaucoup ont renoncé à tout uniforme et leur présence est presque encore plus angoissante : ils ont l'air tellement « normal » ainsi. Anonymes, ils représentent une partie de notre population dont nul ne connaît la proportion, combien ils sont à penser ainsi. Ici, ils sont tous unis dans la haine. Worch, le visage rasé de près, est le « seigneur », l'élite :

« Il me suffit de lancer un regard à la ronde, il me

---

* La terminologie du national-socialisme est caractérisée par l'emploi de comparaisons biologiques (« rats », « tiques », « vermines »), destinées à diminuer le seuil d'inhibition de l'agression contre les êtres « biologiquement inférieurs ». Elle est également marquée par la singularisation (« Le Russe », « le juif », etc.), quintessence de groupes (ethniques) entiers qui simplifient les jugements négatifs généraux (« le Noir sent mauvais », « le Polonais est paresseux »...). Sa troisième particularité est l'emploi de termes cryptés, qui paraissent anodins mais recouvrent le plus souvent des réalités meurtrières (« Traitement spécial » = exécution; « T4 » = euthanasie, « destruction de la vie indigne de vivre », ainsi nommée parce que le bureau chargé de la mettre en œuvre se trouvait au 4, Tiergartenstrasse, à Berlin; « Baron Tzigane » = déportations et exécutions massives dans le cadre de la lutte contre les partisans à l'Est. Un « terme crypté » typique est par exemple « 88 » (la huitième lettre de l'alphabet est H – 88 donne donc « HH », c'est-à-dire « Heil Hitler »). Cf. à ce sujet : Viktor Klemperer, germaniste et romaniste de Dresde, *LTI : Die Sprache des Dritten Reichs.*

suffit de me remémorer les créatures qui jonchaient notre chemin, à droite et à gauche – semblables aux diables du plus profond enfer dans les tableaux de Dürer : ce que je vois ici, c'est un matériau humain décent, positif, profondément humain... »

Gerald Hess me tire par la manche :

« On fiche le camp, tu viens avec nous? »

J'ai suffisamment vu de matériau humain.

« Bien sûr! dis-je. Où va-t-on? »

Gerald, avec qui j'ai des conversations téléphoniques régulières depuis quelques semaines, m'invite à boire un verre. Une bonne idée : tous ces va-et-vient m'ont desséché la gorge.

Un peu plus tard, nous nous retrouvons dans un café plein à craquer. A côté de moi, un skinhead tatoué. Ses favoris lui tombent si bas sur les joues qu'on dirait une barbe. Ses cheveux blonds sont déjà clairsemés, si bien qu'il n'a même plus besoin de se raser pour ressembler à un skinhead. Je lui donne à peu près trente-cinq ans. Gerald me le présente : « Thomas Hainke, de Bielefeld. *Gau* de Westphalie orientale – Lippe. »

Comme Gerald Hess, Hainke est *Gauleiter*. Les néo-nazis ont aussi – en toute logique – repris les vieilles notions du IIIe Reich dans leur structure d'organisation. Un *Gau* est une zone géographique – il y a par exemple le *Gau* de Franconie ou le *Gau* de Hambourg. J'apprends que Hainke n'a que vingt et un ans, et je m'en étonne.

« Eh, tu vois, dit-il en riant, ça rend vieux, un boulot comme ça! »

Nous sentons la tension de la journée s'éloigner de nous. La bière fraîche est délicieuse. Je n'ai rien contre le fait de boire de la bière. Chez les skinheads, se soûler régulièrement est toutefois un rituel. Hainke lui-même ne boit pas excessivement, mais il comprend que ses « garçons fassent du chambard ». Hainke, peut-être ahuri par ma confiance, accepte que je filme ses tatouages.

« Mais j'en ai sur tout le buste! m'indique-t-il en faisant un mouvement circulaire.

– Eh bien, enlève la chemise!

– Quoi, ici, devant tout le monde? Non, non!

– Bien sûr, où veux-tu faire ça? »

Gerald Hess, que cette idée enthousiasme, propose de passer à l'étage supérieur. Aussitôt dit, aussitôt fait. Nous trouvons une petite place dans le couloir, Gerald déniche deux chaises, et l'on tourne. Le *Gauleiter* Thomas Hainke tire sa chemise au-dessus de sa tête et me présente ses décorations multicolores. Des chefs-d'œuvre de tatoueur. Des dragons, des toiles d'araignée, un aigle, la mort et sa faux. Entre tout cela, un blason – en noir-blanc-rouge, bien sûr –, et sur l'épaule une indication relativement superflue : « skins ».

Thomas Hainke se penche en avant, sur sa chaise, quand je m'approche tout près de lui avec ma caméra. Je m'arrête alors subitement. Une cicatrice profonde et circulaire où l'on distingue encore du sang séché lui barre l'épaule.

« Un verre... explique-t-il. Une bagarre. Un punk! »

Cela ne fait aucun doute : Hainke est un militant. Ce n'est pas un hasard si on le considère comme un « chef skinhead ». C'est l'un des activistes qui soutiennent Michael Kühnen, et il ne recule pas devant les « difficultés ». Sa troupe a une organisation rigide; les étrangers et les gens de gauche la craignent pour sa brutalité. Je rencontrerai encore souvent Hainke. Cela deviendra une sorte de rituel : chaque fois, je m'informerai sur les dernières blessures que lui auront infligées ses adversaires. Malgré son goût pour la violence, Hainke est un jeune homme sérieux, conscient de ses contradictions. Plus tard, il jouera un rôle clef dans l'affaire irakienne : le projet d'envoyer une section de mercenaires néo-nazis pour participer à la guerre du Golfe, une idée qui suscitera l'émotion dans le monde entier. C'est Hainke qui nouera les contacts avec l'ambassade irakienne. Il se rendra ensuite à plusieurs reprises en Croatie, comme mercenaire paramilitaire, afin de se battre dans la région d'Osijek, « pour la préservation de la race blanche contre le serbisme ». Il se pavane avec une décoration militaire qu'il a obtenue « pour avoir abattu seize Serbes ».

C'est un national-socialiste profondément convaincu; il l'était déjà à treize ans, quand il entra dans l'une des organisations de Kühnen. Comme la plupart des autres, le rejet de la société le renforce dans ses convictions. Plusieurs fois, on l'a licencié de ses emplois d'ouvrier – il dit même qu'il le comprend. Il veut suivre son propre chemin; il rêve de se trouver un jour du côté du pouvoir. Lui aussi confirme que le milieu souterrain des néo-nazis a tissé des liens avec cet entre-deux-eaux où naviguent les organisations-satellites des partis représentés au parlement.

« Bien sûr, nous avons aussi de bons contacts avec les Républicains et le NPD, le DVU, etc. », déclare-t-il tranquillement, comme l'avait fait Kühnen voici quelques semaines. De temps en temps, il se pince les lèvres ou lève les sourcils, quand il me raconte ses arrestations ou ses bagarres.

« Le plus souvent, il y a des accrochages avec les punks ou les nègres, dit-il avec mépris, quand on se rencontre dans la rue, on ne change pas de trottoir ! Mais après, ça va assez vite. C'est eux ou nous... »

Hainke s'assoit devant moi, chemise rabaissée. Gerald Hess s'est installé par terre, à côté de nous. L'atmosphère est confiante, presque intime.

Quand je demande comment je peux entrer en contact avec lui à l'avenir, il me donne simplement le numéro de téléphone de Christa Goerth – la femme dont j'ai fait la connaissance au début, avec Kühnen. Il ne l'oublie pas un instant : je fais partie de ses ennemis, comme tous ceux qui se trouvent en dehors du mouvement, comme tous les « démocrottes ». Tous ceux qui ne sont pas ses amis.

Le restaurant « Waldfrieden » est une petite auberge rurale retirée, à proximité de Wunsiedel. Quelque trente-cinq personnes se sont retrouvées à la lumière crépusculaire de ce restaurant rustique. On est gaillard : on boit, on fait la fête, on chante. A part les trente-cinq, il n'y a pas beaucoup de clients. Et les quelques personnes qui n'en font pas partie regardent tranquillement toute cette animation. On est tout de même juste à côté de Bayreuth, le sanctuaire wagnérien. Ici, on a encore le goût de la musique, surtout quand elle est allemande. Et ce qu'on chante ici est plus qu'allemand : un Autrichien trapu, la trentaine, lunettes en nickel et cheveux courts, a pris sa guitare et chante une mélodie amusante, celle de la rengaine *Pretty Belinda*. Mais on a transformé son texte, pour en faire un brûlot effroyablement haineux :

« *Le parlement, quelle misère, en vingt ans s'est transformé en chambre à gaz, les discours n'y servent plus à rien, on n'y trouve plus que de jolis corps gazés.*

Alors nous serons le seul gouvernement, ils pleureront tous dans la mort, les juifs, les autres feront de beaux savons.

Attendez, mes frères, car nous revenons et nous allons abattre la racaille rouge, attendez, mes frères, car la vengeance arrive maintenant, juif crève, Allemagne réveille-toi. »

Les néo-nazis rassemblés ici ne veulent pas être dérangés. Le restaurateur, trois autres clients et la serveuse se comportent comme si les scènes d'outre-tombe qui se déroulent ce soir étaient normales. On sert les grands verres de bière, comme d'habitude, et les grandes assiettes de charcuterie bavaroise, avec de la choucroute. Les clients portent la chemise brune des SA, ou d'autres éléments d'uniforme; en général, on a les cheveux courts – le plus souvent, c'est la coupe au bol, dite ici « coupe au casque d'acier », rasée jusqu'au-dessus des oreilles – ou pas de cheveux du tout, la coiffure skinhead. Certains des jeunes ressemblent aux figurants d'un mauvais film. Le menton en avant, les yeux fixes, on dirait des caricatures d'eux-mêmes. Quand ils tapent sur les tables pour accompagner les airs de défilé, si fort que la bière fait des vagues dans leur verre, on pourrait certes se croire dans la Hofbräuhaus, pendant la Fête de la Bière du mois d'octobre à Munich. Mais ceux qui sont réunis ici sont encore plus « allemands » : ce sont des fossiles ranimés du IIIe Reich, avec les caractères runiques sur la manche de chemise, avec des pendentifs à croix gammée, des bretelles de cuir, et l'expression résolue des Jeunes Hitlériens.

Le répertoire des chansons va des pots-pourris de rengaines avec texte transformé jusqu'aux chants de lansquenets médiévaux, en passant par les chants nazis du IIIe Reich. Comme personne ne vient la troubler, l'ambiance est de plus en plus détendue. Je suis le seul corps étranger, et je préfère ne pas me faire remarquer. Pour cette raison, et parce que j'ai été présenté par Gerald Hess, on m'accepte. On m'autorise à tout filmer avec ma caméra vidéo, et l'Autrichien, Gottfried Küssel, m'accorde une interview. Je dépose sur sa table un petit magnétophone. Küssel est le « chef de secteur pour la Marche de l'Est », le nom que les nazis donnaient déjà à l'Autriche. Et son visage replet indique qu'il ne souffre pas de la faim. Mais ce Viennois n'est pas gras : il est massif. L'expression de son visage l'est tout autant. Les joues sont excessivement développées, par rapport au nez et à la bouche dont la courbure légère contraste singulièrement avec son menton puissant.

« Je ne suis pas un fasciste ! m'explique-t-il. Je suis socialiste, mais pas un socialiste international, je suis national-socialiste. »

L'explication est lumineuse. Cela ne m'empêche cependant pas de l'interroger sur ses contacts internationaux. Il évoque ses relations avec des « nationalistes américains ». Il réfléchit brièvement et ajoute :

« Nous avons aussi des contacts avec les représentants des *Blacks Muslims*.

– Des *Black Muslims* ? Mais ce sont des Noirs ? »

Il ne cite pas de nom. Mais il prétend avoir déjà mené des négociations avec le deuxième homme du mouvement noir américain. Les objectifs sont les mêmes : séparation des Noirs et des Blancs, donc pas de « mariages mixtes » – et une séparation intégrale. L'un des traits caractéristiques de l'intégrisme est l'intolérance. La tolérance est présentée comme une faiblesse ; on peut comprendre ainsi le fait que l'extrême droite, dans le monde entier, soutient ceux qui se mettent en valeur par leur intolérance et leur brutalité. En France, Jean-Marie Le Pen, leader du Front National, a soutenu le dictateur Saddam Hussein, comme l'ont fait les néo-nazis allemands. Leurs autres « modèles » sont des personnages aussi sanglants que Pol Pot (*sic!*) et Ceausescu, ainsi que le Libyen Mu'ammar al Kadhafi, fort estimé dans les milieux terroristes. Les Black Muslims, eux aussi, sont connus pour leur extrémisme. Vu sous cet angle, il est tout à fait possible qu'il existe des liens entre ce groupe et les néo-nazis.

Küssel travaille donc avec des gens qu'il considérerait, dans d'autres circonstances, comme « de race inférieure ». « *Politics makes strange bedpartners* » – en politique, il y a d'étranges amours, pourrait-on traduire librement. Et ce n'est pas seulement le cas en Amérique. Son organisation a aussi des contacts et des relations de travail avec des nationalistes en Afrique.

« C'est la même chose en Afrique, l'antisémitisme de la population noire croît à vue d'œil... » affirme-t-il avant de développer la théorie bien connue de « l'exploitation par une clique de conjurés appartenant aux milieux financiers internationaux ». J'ai parfois du mal à voir ses yeux : les verres de ses lunettes en écaille ont un reflet violent. Mais lui me regarde constamment d'un air un peu moqueur. De temps en temps, il lève brièvement la tête et gonfle ses joues quand il doit réfléchir. L'air accumulé lui échappe avec un léger « pff » dès qu'il a trouvé ce qu'il va dire. Il secoue la tête, négatif, quand une question lui paraît déplacée.

« Les Noirs... résume-t-il pour finir, en sont aujourd'hui arrivés à la conclusion que ces messieurs ont le nez plus crochu qu'un citoyen moyen, et qu'ils ont leur patrie en Israël.

– Vous parlez des juifs? dis-je, un peu las.

– Evidemment, des juifs, oui, bien sûr! » répond-il joyeusement.

Je veux savoir s'il connaît des juifs. Küssel me

regarde avec commisération. Puisqu'il vit à Vienne, m'explique-t-il, pédagogue, il est normal de connaître tel ou tel juif. Il ne peut cependant citer aucune mauvaise expérience, ne fût-ce qu'avec un seul d'entre eux. Comme, lors des entretiens à table, je n'ai cessé d'entendre parler de « nez crochu » ou de « crapules juives », sa haine ne peut venir que de sa propre expérience. Je lui pose la question.

« Je suis antisémite », dit Küssel. Il me lance un regard lourd de reproches, comme si c'était quelque chose de normal. Tandis qu'il attend ma réaction, seules ses narines sont encore en mouvement. Le tableau est très amusant, et j'en oublie la prudence :

« Que diriez-vous si j'étais juif? »

Pour un instant, les yeux de Küssel se font minuscules. Je comprends que ma question pourrait n'avoir pas été très adroite, mais il est trop tard. Küssel répond d'une voix tranchante, en un éclair :

« Küssel, enchanté », dit-il comme si nous nous voyions pour la première fois. Et tandis qu'il baisse légèrement la tête sur le côté, comme s'il ne voulait pas trop prendre ombrage de mon existence de sous-homme, il ajoute :

« Normalement, on se présente, avant le début de l'entretien. »

Se présenter : Bonjour, mon nom est Schmidt, juif. Ç'aurait été la bonne manière de l'aborder dans le cas où j'aurais été juif. Mais je ne le suis pas, et je me dépêche de le lui dire. (Plus tard, je me suis demandé pourquoi. Lâcheté, manque de courage civique, peur...) Puis je préfère revenir sur ses contacts en Afrique. Quand je veux savoir qui sont ces Noirs qui travaillent avec les néo-nazis, il ne prononce que la première partie de sa phrase :

« Ce sont des représentants d'organisations politiques nationales, qui avancent dans le sillage de... »

Ici, il s'arrête. Il réfléchit pendant longtemps, trop longtemps, avant de conclure :

« Je ne peux pas le dire maintenant, je ne peux pas donner le nom... C'est un combattant de la liberté connu dans le monde entier. »

Il sait ce que je vais demander et ajoute :

« Ça n'est pas Mandela! »

Quand, dans les années qui suivirent, j'entendis parler de massacres et de combats sanglants en Afrique du Sud, où étaient impliqués les partisans de ce « combattant de la liberté » dont la triste réputation a fait le tour du monde, le chef zoulou Bouthelezi, j'avais déjà cessé de m'étonner de quoi que ce soit.

Des heures passent. Il est tard, la plupart des personnes présentes sont déjà ivres. Je constate alors que la cassette a disparu du magnétophone. Comme j'ai, moi aussi, absorbé une certaine quantité d'alcool dans l'intervalle, je deviens audacieux. Je prends Gerald Hess à part et je me plains de la disparition de la bande. Il me promet que l'affaire va être immédiatement élucidée. Moins de deux minutes plus tard, Berthold Dinter, un ancien SS, se lève et tient un discours. Je me rappelle l'avoir déjà remarqué parmi les organisateurs du défilé de Wunsiedel. Il annonce que l'on a volé une bande magnétique au journaliste Schmidt. Que Monsieur Schmidt est invité, qu'il doit être traité comme un hôte. Et que, d'une manière générale, Monsieur Schmidt est un garçon honnête, presque un camarade, maintenant qu'il a mangé et bu avec eux (pas encore chanté, mais cela pourrait aussi venir); et on ne vole rien à un camarade. Oui, il s'agit « d'un vol à un camarade, et de mon temps, ce genre de cas était très clair; celui qui vole un camarade, on le pend! »

Holà, me dis-je. Ça promet. Qu'on me rende la cassette discrètement me suffirait bien. Je regarde dans la pièce, autour de moi, et me demande qui pourrait bien être le voleur. Ce n'étaient sûrement pas les quatre Hollandais, devant à droite. Ils n'ont même pas remarqué que j'avais fait un enregistrement. A côté, le groupe de « SA » en uniforme. Ils étaient tout à fait amènes. Maintenant, bien sûr, ils sont ivres morts, mais plus tôt ils ont même salué quand je filmais. A gauche, à la longue table, le groupe d'imitateurs des Jeunesses Hitlériennes au regard résolu – c'était peut-être l'un d'entre eux, mais pourquoi? Je me tourne vers la gauche, où mon regard s'était déjà porté un instant plus tôt. Il n'y a plus personne à la table de Küssel. Seul le magnétophone vide se trouve encore, accusateur, au milieu de la table. Küssel a rejoint ses amis à l'autre bout de la salle, d'où ils observent la scène, intéressés. Küssel, lui aussi, a jugé que ce vol « n'était pas bien ». Les deux skinheads, à ma table, n'ont apparemment aucune opinion. Je me dis que le mieux serait de glisser sur cette histoire, pour ne pas créer une mauvaise ambiance.

Mais les choses tournent autrement. Tout à fait autrement. Peter Ziehl, dit « Pit », se lève et tient lui aussi un discours. Pit est déjà passablement éméché, comme la plupart de ceux qui se trouvent dans la salle et l'écoutent, grognons, l'œil vitreux. Cette histoire devient pénible. Et puis qu'est-ce que ce démocrate à la noix vient faire ici? Pit ne fait qu'attiser cette atmosphère.

« Le journaliste que voilà est notre invité. D'accord! Mais ici, il faut s'adapter à nous. Le journaliste filme ici. D'accord aussi. Mais est-ce qu'il a demandé à chacun de nous si ça lui convenait ? Ensuite il enregistre tout. Et maintenant il lui manque une bande. Ça, pas d'accord. Mais bon, ça n'est pas si grave, Gerald vient de dire que c'était un camarade. Mais un camarade ne se plaint pas ! »

Mon ventre se serre. Qu'est-ce que c'est que cette histoire ? Pit en arrive au fait.

« Ça n'est pas un camarade, il veut nous dresser les uns contre les autres. Et celui qui fait cela, *on le pend* ! »

Tout se déroule au ralenti. Je remarque la haine avec laquelle certains me regardent. D'autres continuent à bavarder comme si de rien n'était. Je sens battre mes tempes. Je glisse lentement la main dans la poche de ma veste pour prendre la clef de ma voiture. Et c'est à ce moment-là que je comprends mes erreurs. J'ai garé la voiture dans le mauvais sens. Je suis trop loin de la porte. Je suis seul, personne ne sait où je me trouve. Où est passé Gerald Hess ? Pas la moindre trace. Pit s'allume un nouveau cigare et attend l'effet de son appel. Vais-je seulement parvenir jusqu'à la voiture ? Dois-je faire comme si je voulais juste aller y chercher quelque chose, ou le mieux est-il de partir en courant, aussi vite que possible ?

Mon avocat m'avait dit : « Moi, je n'irais jamais seul là-bas ». « *Don't trink too much!* » Graeme m'avait bien préparé, mais pas à cela. Le silence se fait, les regards se concentrent sur moi. Je dois dire quelque chose. Et tout de suite. Et ce qu'il faut.

« Mais moi aussi, j'aurais quelque chose à dire à ce sujet… »

Je sens la sueur me couler dans le dos. Je me mets presque en colère, parce que je ne maîtrise pas la situation. Qu'est-ce qui peut m'arriver ? Ils ne vont tout de même pas me pendre ! A moins que ? Trop de témoins, et tout cela pour une bande magnétique... allons, soyons sérieux ! Mais je pourrais bien me retrouver à l'hôpital si je ne trouve pas d'idée maintenant. « *Don't be intellectual !* » m'avait dit Graeme. Pour cela, au moins, je n'avais pas de mal :

« Je suis venu seul ici et, si je voulais vraiment vous monter les uns contre les autres, je m'y prendrais certainement autrement. Mais soyons sérieux... »

Et flûte, me dis-je, peut-être que je les amuse ? Les deux skins, à ma table, n'ont toujours aucune réaction. Comment peut-on avoir l'air aussi abruti ? A moins que cela ne soit simplement le fruit de mon imagination ? Peut-être réagiront-ils si je chatouille leur « honneur ». Je déclare donc, aussi solennel que possible :

« ... Je suis seul ici parce que j'avais acquis la conviction que l'on peut vous faire *confiance* ! Et s'il s'avérait maintenant que vos ennemis ont raison, et qu'on ne peut pas vous faire confiance, je serais très déçu ! » (Déçu, ça, c'est bon !)

Ma petite allocution fait effet sur quelques membres de l'assistance qui hochent à présent la tête, songeurs ; tout d'un coup, Gerald Hess réapparaît. Il annonce qu'on va régler cette histoire entre soi, et me prend à part. Dehors, dans le couloir, il me promet de faire tout son possible, ne serait-ce que pour préserver son prestige et celui de ses camarades (« si la chose est encore possible »). Je dois attendre devant la porte ; je me rappelle à ce moment-là que ma caméra est encore à l'intérieur, avec la totalité des prises de vue. Si cela disparaît aussi, tout mon déplacement aura été inutile.

Gerald revient au bout de quelques minutes, qui me semblent une éternité. Il paraît soulagé et me montre une cassette.

« Est-ce qu'il se pourrait que ce soit ta bande ? »

Il me la glisse dans la main et ajoute, presque confus :

« Mais je ne peux pas te dire qui te l'avait prise...

– Je ne tiens pas du tout à le savoir », fais-je pour tenter d'exprimer ma joie. J'ai de toute façon compris que Küssel était le seul coupable possible : il ne tenait pas à ce que ces chansons soient enregistrées pour la postérité (« *Un juif est dans la forêt, tout tranquille, tout muet, un tank allemand arrive et l'écrase...* », chanté sur une mélodie de chanson d'enfant : c'était à peu près le sommet de sa création à la guitare). Mais Gerald Hess ne m'écoute pas.

« J'avais bien une idée de qui ça pouvait être, mais je ne te le dirai pas, tu comprends? Il avait ses raisons, et je lui ai repris la bande. »

Gerald me réserve une autre surprise : il s'est débrouillé pour que je puisse passer la nuit à l'hôtel. Tout le groupe y dort. Moi aussi, je suis déjà dans un tel état, et je me sens subitement pris d'une telle fatigue, après avoir regardé ma montre – deux heures du matin –, que j'accepte son offre avec reconnaissance. Mais bien entendu, on n'a pas de chambre simple à me proposer. Je dois donc partager la chambre de Gerald et d'un autre « camarade ». Cela me convient : je vais ainsi pouvoir continuer mes discussions avec lui. Nous buvons une dernière bière avant de monter dans notre chambre. L'autre s'est déjà couché et ronfle bruyamment.

Mais quand je le regarde de plus près, je fais une découverte qui me glace le sang : c'est Pit. Après que je me suis remis du choc, je réfléchis un peu : à présent, je ne peux plus revenir en arrière. J'entasse donc mon matériel dans l'armoire, et je m'allonge sur le lit. Gerald a emporté deux bouteilles de bière supplémentaires, qu'il ouvre à présent. En trinquant, j'ai pour la première fois le sentiment de rencontrer dans ce milieu quelqu'un pour lequel tout ne tourne pas autour du « peuple et du Führer ». En fait, Gerald n'est pas du tout assorti à ses « camarades ».

On ne s'endort pas. Pit pourrait se réveiller. Il est quatre heures, j'ai enlevé mes chaussures et nous parlons. Depuis deux heures, je suis pris dans une discussion passionnante. Un jeu de questions-réponses où nous sommes à la fois adversaires et partenaires. Gerald veut en savoir plus sur moi, je veux en savoir plus sur lui. Nous avons les idées claires, tous les deux, sur le rôle que nous tenons. Aucun ne peut en dire trop, on n'a jamais le droit d'accorder sa confiance à l'ennemi. Car nous le savons tous les deux : nous sommes des ennemis. Ceux qui ne sont pas pour eux sont contre eux. Mais nous cherchons des points de contact, des jugements communs. Gerald me demande sur quoi je travaille, d'habitude. Je lui mens, parce qu'il ne doit pas savoir que cette enquête est ma première expérience de journaliste. Je brode quelque chose autour d'une recherche sur l'expérimentation animale. Il s'en contente.

Gerald a vingt ans. Comme son père Wolfgang, il exerce le métier de couvreur. A douze ans, déjà, Gerald était membre de la « Jeunesse Viking ». Dans cette organisation, on utilise les techniques des scouts pour placer des enfants et des adolescents sur l'orbite néonazie. Comme il s'agit de mineurs, on le fait de telle sorte que le public n'en sache strictement rien. Depuis deux ans, Hess est l'un des partisans de Michael Kühnen; et comme il est travailleur et fiable, il est déjà « chef de secteur » (patron des « *Gaue* ») en Hesse. Pourquoi est-il néo-nazi? Qu'est-ce qui l'attire? Est-ce l'habitude, l'endoctrinement ou une disposition naturelle? Je sais que Gerald participe assez souvent aux bagarres. Aime-t-il la violence? Il ne veut pas répondre à cette question. Il esquive, ressort des slogans politiques sur l'esprit national et le fascisme. « Sois obéissant, sois brave... Crois, obéis, combats. » Gerald remarque que les slogans verbeux ne servent à rien à cette heure-là. De toute façon, ce n'était qu'une vague tentative. Je veux savoir qui il est réellement.

« Pourquoi as-tu autant de haine en toi ?

– Qu'est-ce que tu entends par " haine " ?

– Tout à l'heure, vous avez chanté que les juifs et les Noirs n'étaient pas des hommes, qu'il fallait les " bousiller "...

– Mais c'était pour rire ! »

Le ronflement régulier en provenance du lit de Pit a un effet apaisant.

« Ça ne te ferait pas rire si tu considérais les juifs et les Noirs comme des êtres humains !

– Ça n'est pas la question.

– C'est exactement la question ! »

Gerald se tait. Je crains un instant d'être allé trop loin. Mais ça n'est pas le cas. Au contraire. Sa réponse jaillit, faite d'émotions longtemps contenues. Il se met en colère, tout d'un coup, et veut que je le comprenne vraiment :

« Mais on ne nous accepte pas, personne ne nous accepte ! »

Gerald me raconte qu'il se sent constamment en butte à la répression. Il cherche des amis, des camarades, parce qu'il aime la compagnie. C'est justement ce qu'il a trouvé à la Jeunesse Viking. Et c'est là aussi qu'on l'a familiarisé avec l'image de « l'ennemi » : les communistes et, bien pire encore, les démocrates. Il a appris qu'il n'était pas « libre » : les « démocrottes », lui a-t-on expliqué, oppriment tous ceux qui pensent autrement, notamment ceux qui aiment leur peuple – les

« nationaux ». En guise d'exemple de cette oppression à laquelle il croit dur comme fer, il m'explique :

« Nous n'avons aucune possibilité de donner notre opinion ! »

Je ne comprends pas tout à fait.

« Comment cela?

– Eh bien, par exemple, si j'estime qu'il n'y a pas eu de chambre à gaz au camp de concentration d'Auschwitz. Ça, je n'ai pas le droit de le dire. Je suis puni si je le dis. »

Je bois ma bière du bout des lèvres. Je dois faire attention à ce que je dis maintenant. Mais il *faut* que je réponde à cette ineptie :

« Et à juste titre. Parce que rien qu'en affirmant cela, tu causes une nouvelle souffrance, profonde, aux survivants de l'holocauste. Mais réfléchis donc : c'est plus qu'une vexation. C'est comme si quelqu'un te disait : tes parents n'ont pas existé. Tu es le produit d'un mensonge !

– Il n'y a pas eu d'holocauste, tout cela c'est de la propagande », répond Gerald, rapide, mécanique, comme un automate.

Je remarque que lui-même a des doutes, mais il ne veut pas s'en rendre compte. Il veut croire, tout simplement, que les chambres à gaz n'ont jamais existé. C'est bien plus tard, seulement, que je comprendrai pourquoi lui et ses semblables nient aussi farouchement le génocide. Et nous reviendrons aussi, dans ce livre, sur cette question. Pour l'instant, la seule chose claire à mes yeux, c'est qu'il est pris dans un cercle vicieux. Nazi d'un jour, nazi toujours. Non pas que ce soit si beau que cela : mais on ne peut pas quitter la spirale de la violence et de la répression. Les interdits attirent. Suivent les arrestations, les interrogatoires, la frustration, la violence, et de nouveau la frustration, de nouveau la violence... Les fronts sont nets et définitifs. Les « gauchistes » – les adversaires politiques. La police, les services de la Sûreté de l'Etat, l'Office de Protection de la Constitution (La « *Schmutz* », la crasse, par un jeu de mots sur le mot *Schutz,* la protection) sont pour eux les exécutants de cette démocratie haïe qui laisse, affirme-t-il, les mains plus libres aux gauchistes qu'aux gens de droite. Il refuse de voir que, dans la réalité, c'est exactement l'inverse. Il se sent victime du mensonge et du mépris : bref, il se croit incompris.

Gerald est fasciné quand je lui parle de mon film préféré, *L'Age d'Or* de Luis Bunuel. Il ne sait pas que peu après la première du film, dans les années trente, le cinéma a été dévasté par les extrémistes de droite. Et je ne le lui dis pas non plus. Mais, dans le récit que je lui en fais, Gerald distingue immédiatement les traits anarchistes et anticléricaux du film. La scène où les prêtres catholiques « prient jusqu'à en devenir des squelettes » lui plaît particulièrement.

De mon goût pour ce film surréaliste, il déduit tout d'un coup que je suis « moi aussi », forcément, contre cet Etat. Et il veut que je l'admette. Devant mon silence, il se donne à lui-même une explication.

« Tu ne peux pas le concéder, ça va de soi. Mais tu penses un peu comme nous. Si un film comme ça est ton film préféré, c'est que tu penses un peu comme nous! »

Comme je ne lui réponds pas, il se renfonce sur son lit. Après un moment de silence, je lui dis :

« Je veux savoir comment vous êtes vraiment. Je n'ai aucune sympathie pour le national-socialisme et je crains que vous ne soyez dangereux. Mais je me laisserai convaincre du contraire si je me suis trompé. »

Gerald est déstabilisé. Bien sûr, il veut qu'on le

craigne, lui et ses hommes. Mais d'autre part, chacun a besoin de sympathies...

« Tu sais, avoue-t-il, il n'y a pas beaucoup de reporters qui parlent avec nous autant que toi. Je veux dire : qui prennent autant de temps que toi... »

Pit, qui s'était tenu silencieux quelque temps, ronfle de nouveau comme une chaudière emballée. Gerald me regarde, ses yeux deviennent de plus en plus grands, presque comme s'il voulait m'hypnotiser. D'une voix calme et pénétrante, il demande :

« Pourquoi fais-tu cela? »

Il me posera encore souvent cette question. Et obtiendra toujours la même réponse :

« Parce que cela m'intéresse. Je crois qu'il est important de déterminer qui vous êtes, et comment vous êtes réellement!

Son regard semble à présent me transpercer. Et les mots qu'il prononce ne sont pas une question :

« Tu es un sacré curieux, hein! »

Désormais, Gerald Hess sera, avec Kühnen, mon principal contact dans le milieu nazi. Je lui rends fréquemment visite, et nous avons de longues conversations; je découvre ainsi qu'il n'est pas aussi borné, sur le plan idéologique, qu'il s'en donne l'air. Il abhorre la violence, qui n'est à ses yeux qu'une expression de l'impuissance. Il voudrait que tous les hommes vivent en paix. C'est un véritable idéaliste, obligé de faire des concessions à son entourage. Un beau jour, une idée fixe s'empare de moi : le tirer de là. Non pas le « convertir », mais l'aider à transposer dans les faits son respect de l'être humain, et à sortir du milieu.

Je n'y parviendrai pas : Gerald Hess ne survivra pas à l'année suivante.

campagne, lui et ses hommes. Mais d'autres qu'il [illegible] besoin de sympathie...

— Tu sais, reprend-il, je n'ai pas beaucoup [illegible] qui [illegible] avec nous autant que [illegible] des [illegible] en même temps [illegible]

[illegible] silencieux quelque temps, lorsque, de nouveau calme, [illegible]. [illegible] de plus en plus grands, presque comme [illegible] hypnotisée. [illegible]

— Pourquoi fais-tu cela ?

[illegible] cette question obtiendra toujours la même réponse :

— Parce que cela m'intéresse. Je crois qu'il est important de déterminer qui vous êtes, et comment vous êtes réellement...

[illegible] à présent une [illegible]. Cette [illegible], il prononce [illegible] :

— Tu es un [illegible], hein ?

[illegible] Hess sera, avec Nahman, [illegible] dans le milieu [illegible] et nous avons de longues conversations [illegible] qu'il n'est pas [illegible], où il se donne [illegible]. Il souhaite que tous les hommes vivent [illegible] un beau jour, une idée [illegible] le Roi est le [illegible] du trône. [illegible] suivants.

3.

L'Allemagne est devant nous

L'ancienne zone du « Congrès du Parti du Reich » à Nuremberg est aujourd'hui un but d'excursion pour promenades en famille. Autour des bâtiments s'étend, comme un parc, un vaste paysage, avec un petit lac, des terrains de jeux et des promenades. Un lieu chargé d'histoire. Aujourd'hui, maintenant que la ville n'en est plus fière, plus d'un aimerait cacher ces bâtiments. Mais la tribune de pierre, colossale, avec ses tours latérales et l'espèce de gigantesque balcon, au centre, sont trop gros pour cela. Et puis ces reliques gigantesques d'un pouvoir défunt ne se dégradent que lentement – elles ont tout de même été construites « pour mille ans ». Quand on connaît un peu les lieux, on y trouve même un mémorial, et des panneaux d'information placés sous le slogan : « Plus jamais de fascisme, plus jamais la guerre ». Devant la tribune gigantesque se trouve le terrain de défilé disproportionné, où l'on pourrait installer plusieurs terrains de football. C'est là, voici plus d'un demi-siècle, que Hitler faisait célébrer l'apogée des congrès annuels du parti nazi. Aujourd'hui, le silence règne. Mais avec les dimensions écrasantes de toute cette installation, on n'a pas de mal à s'imaginer quel vacarme les foules rassemblées ici pouvaient provoquer avec leurs « Heil! » répétés dès que le « Führer » apparaissait.

C'est ce même bruit qui résonne dans le haut-parleur de l'installation vidéo installée dans la salle située à l'arrière de la tribune. Aujourd'hui, ce petit hall est utilisé comme lieu de commémoration. On y présente une exposition intitulée « Fascination et violence ». Le film didactique tourne en boucle, toute la journée. Sans arrêt, la voix de Hitler, les explosions de bombes et les sirènes, les foules en liesse et la musique de marche font résonner cette pièce haute, parcourant les murs d'un long écho. Entre deux fracas, le silence est tel que même les pas des visiteurs semblent glisser dans la lumière tamisée de l'exposition. Un père explique en chuchotant à son petit garçon la signification des images. D'autres visiteurs regardent le film un moment avant de se tourner vers les autres éléments de l'exposition. Un employé municipal présent est là pour répondre aux questions; autrement, il veille à ce que le lieu conserve sa tranquillité et son atmosphère de méditation.

Mais ce jour-là, comme s'il avait reçu une décharge électrique, il se rue vers le téléphone : il vient de découvrir le groupe de visiteurs qui s'est installé en arc de cercle autour de l'écran vidéo et regarde le film, intéressé. Il compose le numéro de la police et chuchote hâtivement dans le combiné.

« Vaincre pour l'Allemagne... » gronde Hitler.

« Alors, je le sais : vous vous joindrez aux colonnes! Et nous le savons; l'Allemagne est devant nous, l'Allemagne défile en nous, et l'Allemagne vient derrière nous... »

Les derniers mots ne sortent pas seulement du haut-parleur. Quelques-uns des néo-nazis rassemblés ici les ont prononcés eux aussi, comme un écho. Ils connaissent par cœur les paroles de leur idole. Leur récitation ne laisse plus aucun doute à ceux qui n'étaient pas encore certains du sens de la tenue uniforme de ces jeunes gens. La mélodie du film, que l'on diffuse dans un but de mise en garde et d'information, se retient aussi facilement qu'un tube à la mode.

« A l'avenir, nous irons en rangs serrés. Nous marchons pour Hitler, dans la nuit, dans la détresse... »

Avant même la fin du deuxième vers, les voix des jeunes rassemblés devant l'écran se sont jointes à celles du film; le père de famille de tout à l'heure prend son petit garçon par la main et quitte rapidement la pièce. Le bruit le poursuit jusqu'à l'extérieur :

« ... avec le drapeau de la jeunesse, pour la liberté et le pain. Notre drapeau flotte devant nous, notre drapeau est l'ère nouvelle. Notre drapeau nous mène dans l'éternité, oui le drapeau est plus que la mort... »

Dix minutes plus tard, la police arrive. Dans le procès-verbal, que je pourrai lire par la suite, on trouve entre autres :

« Le 20/08/89, vers 15 h 45, le commissariat de Nuremberg-Sud a été averti. L'équipe de Pegnitz 12/15 a appréhendé le groupe d'individus derrière la tribune de pierre. Ces individus ont été retenus à fins d'identification, et maintenus en détention jusqu'à ce que leur identité soit parfaitement établie. Les individus étaient de nationalité allemande, autrichienne et néerlandaise. Ni les individus ayant fait le " salut hitlérien " ni le meneur n'ayant pu être identifiés, les individus ont été relâchés entre 16 h 45 et 17 h 20. Parmi les individus interpellés se trouvait aussi... Schmidt, Michael... »

Je n'ai encore jamais été arrêté. C'est en soi un sentiment étrange que de devenir, subitement, un « suspect ». Les policiers me fouillent pour trouver des armes. J'ai dû faire une fausse manœuvre à un moment donné : je suis le premier à être fouillé, après avoir décliné mon identité de journaliste (ce qui amuse beaucoup Küssel et ses « hommes »). Pendant ce temps-là, ils vérifient mes papiers et finissent par demander : « Vous êtes monsieur Schmidt... qu'est-ce que vous faites ici... ? »

L'interpellation n'a pas impressionné les néo-nazis. D'une part, ils sont habitués à ce genre de choses. Et puis ils savent ce qui en découle d'ordinaire : strictement rien. (Ce sera aussi le cas cette fois-là.) Et même s'ils passent devant un tribunal, ou s'ils sont condamnés, les néo-nazis peuvent en règle générale s'attendre à être traités avec la même indulgence que celle accordée – on pourrait déjà dire : traditionnellement – jadis aux criminels nazis. On constate avec tristesse, après des recherches intensives, que seuls quelques verdicts prononcés contre des extrémistes de droite atteignent, dans la dureté de la peine, ceux prononcés contre des extrémistes de gauche*. Il semble que, pour beaucoup de juges, l'époque de Weimar soit plutôt un modèle qu'un avertissement. Car en ce temps-là, déjà, la justice était aveugle de l'œil droit.

On peut sans doute s'attendre à ce qu'après les exactions de Rostock, en 1992, la justice suive les recommandations des hommes politiques, qui demandent que « l'on se décide enfin à frapper durement ». Mais si l'on s'en tient à ce qui s'est pratiqué jusqu'ici, on est contraint de constater avec un certain étonnement que l'on trouve toujours des circonstances atténuantes aux extrémistes de droite – influence de l'alcool, jeu-

---

* Michael Kühnen est une exception : ses délits dans le domaine de la propagande lui ont valu des condamnations pénales assez lourdes.

nesse malheureuse, par exemple. Il arrive aussi fréquemment qu'on considère leurs délits comme des « actes isolés », sans tenir compte de leurs liens avec le milieu néo-nazi organisé. Nous reviendrons sur ce point.

Mais ce sont précisément ces relations qui constituent le moteur de la terreur. S'ils sont condamnés à des peines de réclusion, c'est toujours un honneur, pour eux, d'être enfermés pour la cause. (Adolf Hitler lui-même n'a-t-il pas lui aussi été en prison, où il a pu tranquillement dicter *Mein Kampf* à Rudolf Hess ?)

Il n'y a donc rien d'étonnant à ce que les néo-nazis ne se cachent plus. Leurs apparitions publiques, lorsqu'elles n'ont pas lieu d'une manière plutôt fortuite, comme celle de Nuremberg, sont le plus souvent des « opérations » et des manifestations ciblées, d'où les partisans tirent force et motivation. Ce sont ces événements dont on entend parler à la télévision, le plus souvent à propos d'incendies volontaires ou de profanations de tombes – les leaders nazis espèrent aussi se faire connaître avec ce genre d'actions. Leurs espoirs sont d'ailleurs partiellement justifiés, même si la vue d'uniformes et d'orateurs d'extrême droite ne suffit pas, il s'en faut de loin, à transformer les spectateurs en adeptes, comme le redoutent certains journalistes de télévision.

Il y a aussi des événements pour lesquels on ne souhaite pas autant la présence de journalistes, dont on n'espère pas d'effet de propagande, et où les participants deviennent nerveux quand quelqu'un a l'air d'être « de la presse ». Où le monsieur à l'air sérieux et aux tempes grises déplie à toute vitesse son journal devant son visage quand quelqu'un est présent avec une caméra. C'est exactement ce qui va m'arriver, quelques semaines plus tard.

L'auberge « Au cheval noir », dans un village proche de Fulda, en Hesse du Nord, semble avoir été faite pour une réunion comme celle qui se déroule aujourd'hui. Sa situation centrale en facilite l'accès. Le village est assez grand pour abriter les véhicules des participants sans attirer l'attention. Et il est suffisamment petit pour que l'on puisse repérer à temps d'éventuels visiteurs indésirables. Il existe une vaste salle à côté du restaurant, équipée de tables et de chaises. On y mange bien, pour pas cher, et l'aubergiste n'a rien contre une telle réunion dans ses murs. Il faut bien qu'*ils* se retrouvent quelque part, dit-il en faisant couler sa bière.

Eux, ce sont les membres de presque tous les groupuscules néo-nazis, qui se sont rencontrés aujourd'hui pour tenir une réunion « au calme ». Kühnen est là, Wolfgang Hess aussi, bottes et ceinturon à bandoulière, Thomas Hainke a fait le voyage avec Christa Goerth, Berthold Dinter a déjà une discussion animée avec un monsieur à l'air sérieux en costume sombre, Christian Worch arrive avec son ami Thomas Wulff, dit « Steiner ». Les autres personnes – une soixantaine au total – me sont totalement inconnues, alors que cela fait déjà plus d'une année que je mène des recherches intensives dans le milieu. J'en connais tout de même certaines de nom. On pourrait qualifier cette réunion de « sommet » : j'apprends que des activistes de premier plan, issus de toute la mouvance d'extrême droite, sont présents.

C'est le HNG qui invite, l'une des principales organisations néo-nazies. Christa Goerth fait partie de son directoire. D'une part, le HNG est une association déclarée, avec un nombre de membres variable. Mais ici, le nombre de membres ne signifie strictement rien.

Car de l'autre côté, le HNG est une organisation de liaison : lors de ses réunions (le plus souvent clandestines), les différents groupes, même rivaux ou hostiles, profitent des possibilités de se rencontrer « sur terrain neutre » pour convenir, au nom de la « cause commune », d'opérations et de stratégies conjointes. Officiellement, le HNG s'occupe de parrainer « ses » prisonniers. On écrit des lettres, on fait des visites en prison pour prouver aux personnes incarcérées sa solidarité et sa fidélité, mais aussi pour les garder sur la bonne ligne, notamment en leur envoyant du matériel de propagande. Pour les néo-nazis, c'est un honneur de purger une peine de prison due « au combat pour la restauration du national-socialisme ». Je me rappelle alors Kühnen assistant au procès de l'un de ses partisans, le frère de son amie Lisa, et le réconfortant en ces termes : « Après la révolution, une condamnation politique sera du meilleur effet... » Les anciens se souviendront : plus bas était le chiffre figurant sur la carte du NSDAP, plus le nazi était important. Et plus ils avaient subi de lourdes peines dans le « combat politique », plus on rendit honneur aux « vieux » militants après la prise du pouvoir.

Le HNG a des membres et des contacts dans la quasi-totalité des partis et des organisations d'extrême droite. L'assistance aux prisonniers étant considérée comme une activité tout à fait respectable, le HNG est inscrit au registre des associations; et comme cette « assistance » constitue un remarquable moyen d'entrer en contact avec des criminels incarcérés, cette organisation tient un rôle clef. Kühnen me racontera plus tard qu'on a aussi établi d'importantes liaisons au niveau international : il existe des organisations-sœurs (3) aux États-Unis, en France et en Belgique. Les correspondants du HNG ont aussi obtenu des soutiens financiers en Allemagne et à l'étranger pour des « opérations isolées ». On soutient ainsi des membres allemands et français de l'organisation secrète « Ku Klux Klan » qui se trouvent en prison, mais aussi des terroristes avérés de l'extrême droite clandestine.

J'attends avec impatience ce qui se dira lors de cette réunion. Je suis surtout étonné de voir un aussi grand nombre de dames et de messieurs d'un certain âge entrer dans la salle les uns après les autres. Ils paraissent en outre s'entendre admirablement avec ces skinheads à l'allure brutale.

Pendant que le cameraman qui m'accompagne prépare son matériel, j'entre. C'est Christa Goerth qui m'a invité. Mais je vais vite comprendre que ma présence n'est tout de même pas souhaitée. Un homme assez âgé se plante tout de suite devant moi :

« Vous êtes le monsieur de la presse? demande-t-il en faisant étinceler ses dents en or.

– Oui, dis-je, sans me douter de rien.

– *Raus.* »

C'est d'une telle clarté que je cède aussitôt à sa « demande ». Je n'ose même plus protester. Le cameraman que j'ai emmené avec moi me raconte, inquiet, une conversation qu'il vient d'entendre à la table voisine. L'un de ces vieux messieurs à l'air sérieux a promis 250 marks – un peu moins de 1000 francs – à un skinhead s'il « neutralisait » la caméra et « le personnel ». Nous décidons donc de sortir, et nous notons au moins les signes particuliers des véhicules, pour avoir, en cas « d'incident », des points de repère qui nous permettront d'en établir l'origine. Heureusement, il n'arrive rien de tel.

Tout cela est « très pénible » à Christa Goerth. Son

explication – « ce sont des gens qui ont eu de mauvaises expériences avec la presse » – correspond si fidèlement à celles que donnent Christian Worch et d'autres que je n'en crois pas un mot. Je parviens tout de même à prendre, sur le chemin du retour, Michael Kühnen dans notre voiture. Je pensais déjà avoir perdu ma journée, mais Kühnen est loquace. Il est surexcité : il vient de passer un accord avec l'un de ses principaux rivaux. Dorénavant, son groupe et celui de l'autre collaboreront plus étroitement.

Au cours des deux heures que nous passons en voiture, j'apprends certaines choses qui vont transformer l'idée que je me faisais du « milieu ». Plusieurs éléments réfutent l'image du « combat purement politique » que l'on m'a présentée jusqu'ici.

Le soir est tombé. Le cameraman conduit, Kühnen est installé sur le siège avant droit, et je suis assis sur la banquette arrière, de telle sorte que je peux constamment voir son profil. Kühnen apprécie d'être piloté. Il est décontracté et fume avec délectation ses cigarettes mentholées, tout en expliquant :

« Officiellement, bien sûr, nous n'avons pas de dépôts d'armes. Mais tu peux partir du principe que chaque camarade chargé de responsabilités a une planque où l'on trouve aussi des armes.

– Et à quoi donc doivent servir les armes? » demandé-je, aussi ingénu que possible. Cela l'amuse :

« Tu es plus malin que ça, d'habitude. Tu te doutes tout de même que nous ne sommes pas une association de jardiniers du dimanche. Mais, pour l'instant, il n'y a pas de nécessité de ce côté-là : les choses, étonnamment, vont toutes seules dans notre direction. Au contraire : pour l'instant, j'ai donné l'ordre aux camarades de ne pas se promener avec des armes à feu ou des choses du même ordre. »

Cet aveu fait de bon cœur me donne le courage de l'amener sur un sujet que nous n'avons pas encore abordé. J'interroge, comme si de rien n'était :

« Et l'argent ?

– Qu'est-ce que tu veux dire ? Pour les armes, ou bien... ?

– Non, en général ! »

Kühnen hésite. Mais il finit par m'expliquer que le financement est un « chapitre délicat ». Je le crois sur parole : j'ai souvent vu Kühnen heureux d'être invité à déjeuner. Au quotidien, son organisation dépend des cotisations de ses membres et des dons. Kühnen me raconte qu'il y a aussi des gens qui vendent de la drogue. Cela aussi contraste singulièrement avec les paroles officielles de ses partisans, censés vouloir « combattre » le commerce de la drogue. Kühnen n'y voit pas de contradiction :

« S'ils veulent se piquer à mort, nous ne les en empêcherons pas. Et si c'est utile à la cause, peu m'importe d'où viennent les fonds. »

Car il y a également des « camarades » fortunés qui peuvent parfois accorder des dotations plus substantielles – le riche héritier qu'est Christian Worch, par exemple. D'autres fonds proviennent d'autre part du NSDAP-AO aux Etats-Unis et « d'autres milieux », mais dans ce dernier cas, explique Kühnen, c'est uniquement « quand ces milieux sont convaincus que ces fonds peuvent être utilisés efficacement ».

« De quels milieux s'agit-il ?

– Je ne peux pas te le dire.

– ODESSA ? L'Amérique du Sud ? *

---

* Après la Seconde Guerre mondiale, beaucoup de SS se sont entraidés et ont obtenu l'assistance du Vatican et de la Croix-Rouge Internationale,

– Je ne peux vraiment pas te le dire. »

Comme me l'a expliqué Graeme Atkinson, une autre organisation a succédé à l'ODESSA en Allemagne. Elle se nomme HIAG (Communauté d'assistance mutuelle). Nous en reparlerons. En tout cas, beaucoup de rumeurs et de mythes tournent autour de cette société secrète. Les nazis en nient l'existence, comme si c'était une pure chimère. Peut-être Kühnen peut-il m'en dire un peu plus ? Je lui demande, comme si cela allait de soi :

« Odessa ? L'Amérique du Sud ?

– Je ne peux vraiment pas te le dire », répète-t-il en s'excusant presque. Après un bref silence, il ajoute tout de même :

« L'ODESSA n'existe plus. Mais... » Kühnen hésite. Je décide de l'aider un peu :

« Il reste encore certainement des fonds de ce côté-là...

– Hum... mais nous n'avons pas une grande influence sur leur répartition. Il y a là-bas des gens qui sont sortis de ces rangs-là. Mais quand ils nous accor-

---

mais aussi le soutien du service secret américain CIC (Center Intelligence Corps) pour échapper à l'arrestation et à l'inculpation, non sans avoir auparavant mis de côté l'argent de poche nécessaire. Le chemin de la fuite menait en Amérique du Sud et au Proche-Orient, en passant par l'Autriche, l'Italie et la Suisse. Mais il débouchait également en Espagne et en Scandinavie. Comme cet itinéraire avait été préparé avec l'aide de hauts dignitaires de l'Eglise catholique, les criminels de guerre eux-mêmes la baptisèrent « ligne du Vatican ». Les services secrets américains, qui utilisaient les connaissances des anciens SS et Gestapistes contre le communisme et les protégeaient de l'arrestation, l'appelaient pour leur part la « ligne des rats ». Les SS ainsi mis à l'abri fondèrent à leur tour une organisation d'assistance, que l'on appela parfois « l'araignée ». Mais l'ODESSA (Organisation Der Ehemaligen SS-Angehörigen : organisation des anciens membres de la SS) a été rendue célèbre par le roman de Frederik Forsyth, fondé sur des faits réels, *Le Dossier ODESSA*.

dent des fonds, c'est uniquement pour des opérations ciblées dont ils espèrent un succès.

– Ce sont des sommes de quel ordre de grandeur ?

– Pour une opération, par exemple pour un affichage et une distribution de tracts de grande ampleur, on peut compter entre 10 000 et 15 000 marks (de 35 000 à 50 000 francs). Il n'y a jamais plus de 40 000 marks (150 000 francs).

– Pour des armes, par exemple ? »

Kühnen se retourne vers moi. Il vient de me confirmer qu'il existe une organisation ayant succédé à la légendaire organisation de criminels de guerre ODESSA, et qu'elle verse de temps en temps des fonds aux néo-nazis. Le trafic de drogue et les entrepôts d'armes ne concordent pas non plus avec l'image qu'il aimerait qu'on donne de son « mouvement ».

Il estime tout de même que son travail est important. Pas pour informer l'opinon publique du danger, bien sûr, mais pour un tout autre motif : « Après la prise du pouvoir, m'explique-t-il, ce que tu auras tourné prendra une valeur inestimable. Personne n'a encore réalisé autant de prises de vue sur nous, et on réclamera sûrement beaucoup des images d'avant la prise de pouvoir », dit Kühnen, pour plaisanter. Je ris. Je n'avais encore jamais considéré la chose sous cet angle. Mais comme Kühnen sait que les « chances » que cela se produise ne sont pas vraiment énormes, il devient grave : « Mais tout ce que tu as filmé pourrait aussi prendre de la valeur par un autre biais. Qui sait, il est bien possible que, dans quelques années, il ne soit plus aussi facile de filmer ceux que tu as filmés ici.

– Pourquoi ? demandé-je, étonné.

– Parce qu'ils seront devenus des terroristes, et qu'ils seront passés dans la clandestinité », dit Kühnen, avant de réfléchir un instant et d'ajouter : « Oui... Ce serait tout à fait concevable. Mais heureusement, nous n'en sommes pas encore là. »

Bien entendu, je veux savoir à qui il pense, mais Kühnen ne dit rien. Il comprend qu'il m'en a déjà trop dit et tente de changer de sujet. Alors, il poursuit, presque moqueur : « C'est une bonne chose, que tu fasses seulement un film. Si tu projetais d'écrire un livre, je ne verrais pas ça d'un bon œil. Tu es un peu dangereux : peu à peu, tu en sais beaucoup sur nous. Peut-être trop. »

[illegible] réflexion [illegible] instant et à [illegible]. Or, ce serait tout [illegible]. Mais il [illegible] [illegible]

[illegible] il pense [illegible] [illegible] et [illegible] de [illegible]. Alors, il pourrait [illegible]. Si [illegible] je ne [illegible] pourrait [illegible] beaucoup [illegible] Peut-être ? [illegible]

4.

Quoi de nouveau à l'Est?

« *Mais par là même, le mouvement est antiparlementaire. Et même sa participation à une institution parlementaire ne peut viser que sa destruction, l'élimination d'une institution où nous voyons les pires phénomènes de décadence de l'humanité.* »

C'est ce qu'écrivait Adolf Hitler dans *Mein Kampf*. Il y annonce, sans la moindre ambiguïté, qu'il éliminera la démocratie après s'en être servi pour accéder au pouvoir. Ce qui, on le sait, survint effectivement.

Après le naufrage de la dictature nazie, on institua en Allemagne fédérale une loi fondamentale, censée rendre le retour du règne de la terreur définitivement impossible. On pourrait cependant facilement être passé à côté de l'objectif : un article offrirait une « issue » parlementaire. Il s'agit de l'article 146. On y lit :

« *Cette loi fondamentale perd sa validité à compter du jour où entre en vigueur une constitution adoptée par le peuple allemand au terme d'une libre décision.* »

Janvier 1990. Une centaine d'extrémistes de droite se sont rassemblés à proximité de Bonn, dans un café discret. L'acheminement des participants a été effectué selon le principe des écluses. On se rencontre sur un parking d'autoroute, on y prend les instructions, et l'on se fait communiquer le prochain point de rencontre. Avec ce procédé, il faut certes des heures avant que le rassemblement puisse commencer. Mais les organisateurs peuvent être relativement sûrs qu'ils sèmeront, ou du moins qu'ils repèreront des suiveurs indésirables. Christian Worch est un expert en la matière. Son modèle n'est-il pas Richard Heydrich, le chef des Services de Sécurité du Reich? Worch, dans ce genre de cas, donne ses instructions par écrit, dans un style à la précision toute militaire, en joignant plan de situation et carte de la région. « *Si vous vous êtes perdu... Appelez l'un des numéros-relais. Donnez votre nom et le chiffre de reconnaissance qui lui correspond. Si vous arrivez en convoi : prenez garde à ne pas perdre le véhicule de tête. Si vous avez derrière vous, en queue de cortège, l'un de nos véhicules-radio, il ne vous sera pas nécessaire d'émettre un signal, dans la mesure où celui-ci perdrait le contact. Mais il serait bon tout de même, dans un tel cas, que vous preniez garde de ne pas être filé. Bonne route!* »

Le prétexte de cette comédie conspiratrice : le « congrès du parti » d'un « parti national de protestation » fondé en mai 1989 : l'« Alternative Allemande » (DA) est une nouvelle « organisation avancée » du NSDAP-AO. Une organisation étrangère du NSDAP existait déjà sous le IIIe Reich, comme le dit fièrement Kühnen. Il m'explique le principe : aussi longtemps que le NSDAP est interdit en tant que parti, il reste à l'état d'organisation clandestine et souterraine – le

NSDAP-AO (organisation étrangère et constitutive). Son siège officiel se trouve à Lincoln, au Nebraska, aux Etats-Unis. L'« AO », comme on l'appelle, est « cloisonnée ». Cela signifie que, la plupart du temps, ses membres ne se connaissent pas les uns les autres. Comme dans une société secrète, chaque cellule a aussi un contact avec la « centrale » à Lincoln. On travaille avec des numéros de code et des pseudonymes. Les contacts très importants disposent même d'adresses « propres », c'est-à-dire d'adresses que la police ne connaît pas pour leur lien avec le mouvement. Tout cela rend difficiles, et même le plus souvent impossibles, une infiltration et une surveillance par les autorités.

Le NSDAP (et donc également l'AO) est interdit. Mais comme il s'agit de constituer ce parti, on a besoin d'« organisations avancées » qui n'ont aucune autre utilité que de contourner l'interdiction. Si l'une de ces organisations du front est elle aussi interdite, on se replie sur une autre, fondée, le plus souvent, avant même l'interdiction de la première. Parmi ces organisations avancées, on trouve par exemple le FAP (Parti ouvrier de la liberté), la DA (Alternative Allemande), la NL (Liste Nationale), etc. Quand, par exemple, l'ANS (Front d'Action des Socialistes Nationaux) fut interdit en décembre 1983, on retrouva plus tard les mêmes activistes au sein d'un mouvement nommé « NS » (Rassemblement national) * qui fut interdit à son tour. Aujourd'hui, c'est la DA qui a repris cette fonction; elle est beaucoup plus active, notamment dans l'ancienne RDA. Elle a elle aussi été interdite en décembre 1992, ce qui n'est pas

* Les initiales « NS » désignent, dans le langage courant allemand, le national-socialisme. (NdT)

bien grave : même dans le cas d'une interdiction de toutes les organisations, il existe encore un autre palier intermédiaire qui, faute de membres inscrits, ne peut pas faire l'objet d'une interdiction. Ce palier porte le nom de « Communauté d'opinions du Nouveau Front » (GndF), une « communauté de nationaux-socialistes convaincus et affichés, qui vise à dépasser l'interdiction du national-socialisme et la refondation du NSDAP sous forme de parti légal », comme l'affirme l'autoprésentation du mouvement dans la revue clandestine *Die Neue Front*.

Beaucoup d'observateurs du « milieu » tentent d'opérer une distinction entre les diverses organisations, pour porter sur chacune un jugement spécifique. La confusion que cela provoque correspond exactement à l'intention des organisateurs. Cette tactique s'inscrit aussi dans le cadre des arguties juridiques qui, lors des procès, décident de l'acquittement ou de la condamnation, de la légalité ou de l'interdiction. Mais la simple logique suffit à faire comprendre, si on le veut vraiment : l'organisation des nazis est et demeure le NSDAP. « AO », « NS », « NL », « NO », « FAP » et autres organisations-écrans, auxquelles nous avons donné ici le nom d'organisations avancées, n'existent que parce que le NSDAP est clandestin et qu'on peut ainsi le maintenir en activité. C'est pour cette raison que la simple interdiction de ce type ne sert à rien. Car si cela ralentit un peu le « travail », cela ne change rien aux structures.

Avec des organisations avancées comme le FAP, qui ont des statuts de parti, le chemin « démocratique » vers la prise de pouvoir pourrait même s'ouvrir un jour. On se débarrassera alors de cette loi fondamentale embarrassante. La « volonté du peuple » le permet. Il existe par conséquent une organisation avancée dénommée

« Initiative Volonté Populaire ». Unique membre : Michael Kühnen.

La plupart des personnes présentes aujourd'hui sont membres de plusieurs organisations-front. Celui qui est membre du NSDAP-AO clandestin ne sait donc pas si son voisin dans la salle en est membre lui aussi, à moins que celui-ci ne le lui raconte lui-même.

Beaucoup de visages me sont déjà connus. Je remarque cependant l'un des plus âgés, qui, deux tables plus loin, a une conversation animée avec son voisin, un adolescent. Un personnage extraordinairement repoussant, avec de gigantesques oreilles décollées et de grosses lunettes qui font paraître disproportionnés ses yeux bleus. Ses cheveux bruns ne sont pas clairsemés, mais coupés très courts. La moustache, elle aussi, est taillée en filet. Sur le menton, il n'a plus qu'un morceau de barbe, qui rappelle la barbiche d'un mousquetaire, en plus large. Il est mince, ses vêtements sont soignés, certainement chers. Je me redresse pour pouvoir l'observer plus précisément, entre la tête des autres. Il n'arrête pas de se retourner, comme un agent secret. Quand nos regards se rencontrent, je détourne le mien et je sens que lui aussi me dévisage avec curiosité, à présent. De qui s'agit-il? Mon voisin de table ne le connaît pas, lui non plus. Je pose donc la question à Kühnen.

« C'est un camarade des Pays-Bas, Et Wolsink. »

Wolsink! Graeme m'en a déjà dit beaucoup sur ce Hollandais. Et il n'a pas manqué, chaque fois, de me mettre en garde : « *Whenever you meet him – be carefull, he's bad news* » – « Attention, danger! » Graeme a déjà écrit pour *Searchlight* plusieurs articles sur Wolsink. Mais jusqu'ici, personne n'est parvenu à obtenir une interview de lui ou à le filmer. Je pourrais donc, à l'improviste, faire la connaissance de l'un des principaux manipulateurs du milieu nazi. Mais Kühnen doit m'arranger cela.

J'ai un petit magnétophone sur moi; je le prépare pour qu'il puisse servir. J'ai toujours cet appareil sur moi, « au cas où ». Voilà un cas. Je tente de ne pas me faire remarquer plus que nécessaire, et je me promène avec mon magnétophone comme si c'était la chose la plus naturelle du monde : après tout, je viens juste de discuter avec le « chef ». Je m'assois plus loin, vers l'avant. Heinz Reisz est là. Lui aussi, je le connais depuis assez longtemps. Des cheveux gris, une grosse moustache, les épaules larges. C'est un matador local, venu de Langen. Sa fonction principale : « faire progresser les journalistes ». Un relais pour bon nombre de reporters qui « veulent faire quelque chose sur les néo-nazis ». La plupart des interviews avec Michael Kühnen ont par exemple lieu dans l'appartement de Reisz. Un véritable nazi de spectacle. Il me voit, le microphone à la main, et me fait un clin d'œil. Très bien. A présent, les enregistrements sont officiellement autorisés, et il y a fort à parier que personne ne viendra plus m'embêter. Le discours de Reisz est, comme toujours, « vigoureux », une parodie de soi-même, une caricature d'orateur nazi, tel que se l'imagine le profane, bruyant, agressif, gueulard :

« Mes amis, je voudrais être clair. On peut marcher séparés, mais il faut frapper unis... »

Puis il cite aussi Bismarck :

« " La condition de toute politique nationale est d'avoir le courage de la vérité ". Et la vérité, la voilà : nous sommes un peuple, nous restons un peuple et... »

Le reste de sa phrase est englouti sous les applaudissements et les cris de joie de la centaine d'adeptes. Roué, Reisz lance un clin d'œil à ses camarades. Alors, tout d'un coup, retentit le « *Sieg Heil, Sieg Heil, Sieg*

Heil, Sieg Heil... ». Les nazis le scandent, comme une machine devenue folle, en rythme, agressifs en insistant sur le « Sieg », ce qui lui donne un aspect totalement différent du « Heil » bien connu scandé par les foules sous le IIIe Reich.

Le discours de Heinz Reisz ne contient pas le moindre message, c'est une simple collection de citations. Mais il se rattrape par la vivacité de sa prestation. Quand Reisz parle, l'ambiance monte.

« Qui ne s'est pas encore retrouvé en prison, qui n'a pas encore subi de régime sec pour le judaïsme mondial? Qui n'a pas encore été exposé à la terreur de la persécution? »

Les skinheads hochent la tête, enthousiasmés. Car Reisz les revigore :

« Tout cela ne doit pas nous ébranler. Nous répondons d'une phrase : " Beaucoup d'ennemis, beaucoup d'honneur! " »

A présent, Wolsink s'est levé. Tandis que Reisz répond à l'applaudissement du Hollandais en esquissant un salut nazi, Wolsink s'avance. Quelqu'un hurle :

« Pour nos camarades des Pays-Bas un triple *Sieg... Heil... Sieg... Heil, Sieg Heil*! »

Je n'aurais jamais cru que cent personnes puissent faire autant de bruit. On a bien fait de choisir un lieu retiré pour cette réunion.

Wolsink, lui, parle d'une mince voix de fausset.

« Chers camarades, après la tempête que mon camarade Heinz Reisz a déclenchée, mes mots sont ceux d'un piètre orateur. »

Sur ce point, il ne se trompe pas. Wolsink a l'accent typique d'un Hollandais et mélange fréquemment les mots. Mais on voit bien qu'il est tout à fait sûr de son affaire. Graeme m'a raconté que Wolsink était officier dans la SS; comme Wolsink est à moins de cinq mètres de moi, à présent, il me semble tout de même très jeune pour cela – soixante-cinq ans, tout au plus. Cela signifierait qu'il avait tout juste quinze ans en 1941, trop jeune pour servir dans la SS. J'apprendrai par la suite qu'il s'était porté volontaire pour la SS à l'âge de seize ans, en se faisant passer pour plus vieux qu'il ne l'était.

Pour l'instant, je ne peux faire qu'une chose : vérifier que mon magnétophone tourne correctement tandis que Wolsink parle. Il évoque une série de perquisitions que la police néerlandaise a entreprises peu de temps auparavant. On a alors trouvé des armes et du matériel de propagande. Une partie du groupe néo-nazi a été arrêtée.

« Vous savez à peu près ce qui nous est arrivé, mais ce n'était rien de grave ! »

Cela semble être son style. Est-ce de l'exagération, ou bien trouve-t-il réelleent que ça n'a pas d'importance ? Wolsink rapporte l'épisode avec un sourire cynique.

« Mais je peux vous le raconter. Nous n'avons pas tant souffert que cela. On a vidé nos maisons, on nous a placés sept jours dans une cellule froide, et l'on n'en a tout de même pas tiré grand-chose : c'était beaucoup de bruit pour rien... le *Gau* des Pays-Bas, au sein de ces Pays-Bas totalement sionisés, oui, l'ANS-Pays-Bas reste debout, fidèle à Michael Kühnen. »

On l'applaudit. Il est donc membre de l'ANS. Le « Front d'Action des Socialistes Nationaux » a été interdit, mais en Hollande, le NSDAP-AO est toujours représenté sous ce nom. Wolsink doit s'interrompre. Les applaudissements se transforment en un cri de joie, « Kühnen, Kühnen, Kühnen », et Wolsink doit attendre qu'il se soit apaisé pour pouvoir reprendre :

« J'entends dire avec le plus grand plaisir que

l' " Alternative Allemande " connaît à présent une floraison que nous n'avons jamais espérée, et que nous n'obtiendrons peut-être jamais aux Pays-Bas, sauf par une révolution! Mais ce soir ou demain matin, nous reviendrons renforcés dans notre pays, tous les deux, et nous le jurons : Nous restons fidèles au chef, jusqu'au dernier! *Heil* Hitler! »

Wolsink fait à présent le salut hitlérien. Les jeunes hurlent de nouveau leur *Sieg Heil* agressif. Sans arrêt, constamment. Ce n'est pas du spectacle : il effectue ce mouvement comme par réflexe. Je suis impressionné de voir avec quel naturel ce vétéran prolonge les rites du IIIe Reich. J'ai soudain le sentiment d'être dans un autre univers. Un monde dont je ne soupçonnais pas l'existence un an auparavant. Ici, on vénère Hitler, et avec le plus grand sérieux. Dans le cercle secret des conjurés, on ne poursuit qu'un seul objectif : la destruction de la démocratie et le rétablissement de la dictature. Par tous les moyens, de toutes ses forces. Tout cela n'a rien à voir avec le romantisme : c'est de la conviction, inébranlable.

Mais je n'ai pas encore tout entendu. Après Wolsink, c'est à un autre activiste de parler. Walter Matthaei (« Capitan Walter »), un ancien membre de l'Ordre SS, qui joua un rôle de leader en Espagne, au sein de la CEDADE, après la guerre – le « *Circulo Espanol de Amigos de Europa* » est l'une des organisations européennes néo-nazies les plus influentes.

Matthaei, mince, presque maigre, parle avec l'accent rhénan. Ses lèvres sont d'une taille surprenante – sa lèvre inférieure est arrondie, si bien qu'on a constamment l'impression qu'il sourit. Malgré les rides qui le creusent, son visage a quelque chose de juvénile. Matthaei est déjà très vieux; il est en outre malade. Malgré ses efforts pour paraître cinglant, son discours est plutôt lassant. Jusqu'à ce qu'il finisse par exprimer avec énergie son jugement sur la situation du moment :

« Et voilà que se reforme ici, au cœur du continent, ce qui a toujours agi comme une puissance d'ordre dans l'histoire. Je veux parler du Saint Reich, de notre Reich. »

Matthaei vibre de tout son corps, quand il s'exclame, invocateur :

« Ce que nous voulons, c'est cette notion mythique d'une force d'ordre au cœur de l'Europe, et c'est la première chose qui nous anime. Peu importe si cela coûte beaucoup d'argent, ou si cela coûte aussi de la douleur et du sang à certains d'entre nous. Le Reich est notre religion, c'est pour cela que nous nous sommes conjurés. »

Ce genre de paroles est très prisé par les jeunes. Moi aussi, je perçois la force du groupe, la dynamique de la conjuration, et je me sens mal. A la table voisine, une délégation de cinq skinheads en provenance de RDA (qui existait encore à l'époque) : les contacts étaient établis avant même la chute du Mur. Ils viennent de Dresde, et c'est la première fois qu'ils participent à une manifestation à « l'Ouest ». Comme dans un film de Leni Riefensthal, ces jeunes se tiennent immobiles, les yeux enthousiasmés.

J'observe les visages des adeptes du national-socialisme rassemblés ici (ils ne sont pas nombreux à correspondre à l'idéal de la « race aryenne des seigneurs »). Mais mon regard s'arrête toujours sur Wolsink. Tout cela paraît le laisser de marbre. Il sait exactement ce qui se passe, et j'ai le sentiment qu'il n'apprécie guère tout ce ramdam. Ce n'est pour lui qu'une pesante obligation.

Mon sentiment se renforce quand, après le meeting, j'ai une conversation avec Wolsink et que l'un des camarades intervient, sans qu'on lui ait rien demandé. C'est Pit, le couvreur. Celui-là même qui, à Wunsiedel, avait proposé de me pendre parce que je tentais de semer la discorde. A présent, emporté par la bière et le mysticisme, dans cette atmosphère de clandestinité, il a de nouveau une idée de génie :

« Bon, mais ce que je ne comprends pas, c'est ce que nous avons toujours après les juifs. Ce sont quand même des êtres humains. »

Avec son gros accent du fond de la Hesse, il énonce la logique pure. Un seul point reste obscur : est-ce malgré son ivresse manifeste, ou à cause d'elle, qu'il a posé cette question? Même Wolsink a l'air impressionné. Il regarde Pit d'un air mi-étonné, mi-écœuré, et presque amusé tout de même. Ses yeux deviennent gigantesques et fixent le couvreur à travers les gros verres de ses lunettes. Wolsink réplique immédiatement et coupe la parole à Pit – le ton de sa voix est bas, mais tranchant.

« Mon cher... »

Wolsink hésite avant de continuer.

« ... camarade, vous parlez ici le langage d'un libéral, d'un humaniste. Ce que vous dites là, c'est de l'humanisme. Mais écoutez-moi bien : chez nous, vous êtes très mal tombé. »

Tout le monde a remarqué que Wolsink lui donne du « vous » à la place du « tu » habituel. Il scrute fixement Pit, qui ne soutient pas longtemps son regard, se tait et, perplexe, prend un cigare dans la poche de sa veste. Un silence lourd s'instaure. Puis Wolsink se tourne vers moi et me demande, étonné :

« Que voulez-vous de moi? Je suis totalement inintéressant!

– Vous êtes de l'ancienne génération, un témoin de

l'époque. Et vous êtes vénéré par les jeunes. Rien que pour cela, je vous trouve très intéressant. »

J'essaie de me montrer aussi ingénieux que possible.

« Il y en a de bien plus intéressants que moi. Je suis vieux et malade. Je ne vous serai pas bien utile. »

Wolsink est courtois, mais il refuse. Est-ce qu'il se fait prier, ou bien est-il vraiment prudent ? Je dois passer à l'offensive.

« Mais vous êtes tout de même le contact avec l'Angleterre. C'est un sujet très intéressant. »

Wolsink me dévisage, méfiant. Ses yeux s'écarquillent, et j'ai l'impression qu'il se crispe autant que moi. Sans me quitter des yeux, il parle à présent en hollandais avec Tony Douma, assis à côté de lui. Tony et moi sommes de vieilles connaissances (nous avons été arrêtés « ensemble » à Nuremberg) et il est apparemment en train de glisser un mot en ma faveur. Je ne sais pas vraiment de quoi il s'agit : je ne comprends pas un traître mot à ce qu'ils disent. Mais j'entends le mot *Searchlight*. Wolsink est vraiment malin. Sa méfiance est fondée, et je dois le convaincre du contraire, le plus rapidement possible. Je lui explique que je veux faire un reportage de longue durée.

« Je ferais volontiers une interview avec vous. Ce serait très important, pour mon reportage, d'interroger quelqu'un comme vous. »

Wolsink ne me quitte pas un seul instant du regard, heureusement qu'il ne lit pas dans mes pensées. Nous nous évaluons l'un l'autre, comme dans un roman d'espionnage. Mais nous sommes dans la réalité. Et il tord la bouche, moqueur, quand il me répond :

« Oui, pour vous, peut-être, mais voyez-vous, je n'ai pas la moindre importance. Quant à ma relation avec l'Angleterre, *I won't talk. Do you speak english? It's so hard for me to speak german.* »

La courtoisie exige que l'on parle anglais, à présent. Mais je dois prendre garde à ne pas parler trop couramment pour ne pas renforcer en lui l'idée que je pourrais être en relation avec *Searchlight*.

Kühnen m'a déja expliqué le « problème de *Searchlight* » – sans se douter, bien entendu, que je travaille effectivement avec un journaliste de cette organisation. Les leaders du mouvement (eux seuls sont autorisés à donner des interviews) distinguent trois types de journalistes : d'abord, les « chasseurs de sensationnel ». Ils sont particulièrement appréciés en temps de vaches maigres, parce qu'ils paient pour avoir des informations, des interviews et pour pouvoir filmer ou photographier des opérations. Comme ils se contentent d'aller d'un scoop à l'autre, leurs recherches sont en général si minces qu'« *en plus, ils se laissent admirablement manipuler* ». En deuxième lieu, il y a les « connus ». Ils travaillent sur le sujet depuis longtemps déjà et publient régulièrement des articles; chacun est un « expert » à part entière; chacun est, à sa manière (et pour des raisons tactiques), « neutre » ou « objectif », ayant des contacts plus ou moins bons avec le « milieu ». « On se connaît ». C'est dans cette catégorie que l'on me classera pendant mon enquête. Le troisième type, ce sont les « fouille-merde » : les journalistes qui ne censurent pas leurs reportages pour épargner les nazis. Pour eux, la « neutralité » n'a pas cours. Il n'y a pas de neutralité envers les fascistes : on écrit contre eux, sans équivoque. C'est pour cette raison que leurs articles, la plupart du temps, « ne servent absolument pas la propagande ». Et si ces collègues-là se présentaient ouvertement chez les nazis, leur vie, ou du moins leur santé, serait sérieusement mise en péril. Kühnen me cite quelques exemples :

« Günter Wallraff*, et ce Gerhard Kromschröder et surtout les gens de *Searchlight.* Ceux-là sont vraiment contre nous. Avec eux, pas de pitié ».

Wolsink craint manifestement que je ne sois l'un des « fouille-merde ». Il faut donc lui expliquer pourquoi je sais qu'il est le contact avec l'Angleterre. Je me rappelle avoir vu, dans je ne sais quelle revue nazie, un article sur Wolsink. Et il est possible qu'on y ait mentionné son lien avec le *British National Socialist Movement.* Voilà la solution :

« J'ai lu suffisamment de choses intéressantes à votre propos dans *Neue Front.* Il vous suffirait de me confirmer ce qui a, de toute façon, déjà été publié. Comme vous le savez, cela fait déjà longtemps que je travaille à ce film, sur Michaël Kühnen, etc. »

Wolsink réfléchit un instant. Nous sommes courtois l'un envers l'autre. Et il ne voit manifestement aucune raison de battre froid à un journaliste :

« Monsieur... Schmidt : je ne donne pas d'interviews, mais si le chef le désire – soit. Mais je ne parlerai pas de mes relations ! »

C'est le moment : on peut toujours essayer :

« Mais quelles sont ces relations dont vous ne voulez pas parler ?

---

* G. Wallraff : Journaliste spécialiste de l'infiltration, auteur, notamment, de reportages vécus au sein de la presse Springer et de l'industrie allemande. Son ouvrage le plus connu en France est *Tête de Turc.* G. Kromschröder, lui, travaillait entre autres pour le magazine allemand *Stern.* Lui aussi se glisse de temps en temps dans différentes peaux – entre autres, justement, dans celle d'un néo-nazi. C'est sur la base de son article sur une rencontre d'anciens SS que l'un des participants, Otto-Ernst Remer, a été inculpé pour injures à la mémoire de personnes défuntes, et condamné. (Voir p. 172)

– Je ne parlerai pas de mes contacts en Amérique du Sud, en Afrique du Sud, en Australie ou en Angleterre. »

Incroyable : il m'a livré la liste des pays avec lesquels il est en contact. Il n'a vraisemblablement pas l'intention de me donner le nom de ses correspondants. Mais si nous savons où mènent les pistes, le reste sera plus facile à découvrir.

Cela dit, il ne cesse de répéter qu'il n'a aucune responsabilité réelle. Peut-être à cause de *Searchlight*? Que va dire Wolsink de ce mouvement? L'insolence paie : allons-y.

« Tout à l'heure, vous avez mentionné *Searchlight*. J'en ai déjà entendu parler. Connaissez-vous les gens de *Searchlight*? »

Wolsink fait la grimace.

« Des sionistes. Pas plus importants que ça.

– Est-ce qu'il n'y avait pas aussi ce type du National Front, qui était à *Searchlight?*

– Hill. Nous pourrions le liquider, mais il n'est pas suffisamment important. »

Pendant des années, Ray Hill a dirigé l'organisation néo-nazie « National Front » (NF) en Angleterre. Au début des années quatre-vingt, il changea de camp et travailla avec *Searchlight*. Mais il demeura officiellement un activiste de haut niveau. Pendant des années, Ray Hill a été une « taupe », qui fournissait aux autorités, ainsi qu'à *Searchlight*, des informations importantes. Puis il fut informé d'un plan qui prévoyait un attentat à la bombe dans le style de ceux qui avaient eu lieu à Bologne (85 morts) et à Munich (13 morts). Cela devait avoir lieu au cœur de Londres, pendant le carnaval de Notting Hill. Le projet fut éventé, mais Ray Hill prit la fuite à cette occasion : lui seul pouvait être le « traître » qui avait informé les autorités. Ray Hill et

Searchlight sont depuis l'objet de la haine toute particulière des nazis. Le fait d'avoir eu dans leurs propres rangs un antifasciste semble avoir piqué au vif les anciens « camarades » de Ray Hill*.

Les groupes nazis anglais ne furent pas les seuls concernés par ses révélations. Le réseau clandestin du milieu européen était tout d'un coup devenu transparent. Et les nazis ignorent encore à ce jour si d'autres « taupes » « retournées », à l'époque, par Ray Hill, ne continuent pas à œuvrer au sein du mouvement.

Wolsink parle de « liquider ». Quand je l'interroge sur ce point, il se hâte de m'expliquer que le terme « liquider » ne signifie pas « tuer », dans son esprit. Je me demande cependant ce que cela peut vouloir dire d'autre : dans le langage des nazis, « traitement spécial » signifiait déjà « exécution secrète ».

Pour l'instant, je le sens, cela doit suffire. Mais je conviens tout de même avec Wolsink de reprendre ultérieurement cette conversation « intéressante ». Je me rendrai donc plus tard à Amsterdam, et « si c'est la volonté du chef » (Kühnen), mènerai avec lui une interview vidéo. Il me tend sa carte de visite, avec son numéro de téléphone, et nous convenons d'un mot de

---

* Ray Hill et Andrew Belle : *The other face of terror* (1988), et reportage télévisé du même nom (*Channel 4*, 1984). Extrait d'une lettre reçue par Ray Hill après la publication : « *" A Hill – Vous n'êtes qu'un bâtard lâche traître et nauséabond, j'ai toujours pensé qu'il n'y a rien de plus bas sur la terre que le juif malfaisant et puant. Pourtant vous me prouvez que j'ai tort. Je ne sais pas ce que les N.O.W. [News of the World,* Journal anglais. NdA] *et la télévision vous ont payé pour trahir vos amis, mais quelle qu'ait été la somme, je sens (d'une manière ou d'une autre) que ça n'aura pas valu la peine.*

On dit que vous vous apprêtez à écrire vos mémoires. Si j'étais vous, je me dépêcherais, parce que je sens que l'on écrira bientôt votre nécrologie. Avec un profond dégoût, vôtre, Robert Relf.

passe que je devrai donner si je l'appelle. Le mot de passe est la date de notre première rencontre : « 13 janvier ».

Février 1990. Le mur de Berlin est tombé depuis trois mois. La « République Démocratique Allemande » est en route vers la démocratie. Un chemin difficile. L'euphorie de la liberté tout juste conquise va bientôt laisser place à l'abattement : le nombre de chômeurs croît très rapidement et, après une « réunification » menée au pas de charge, les promesses mirobolantes des hommes politiques au pouvoir se révèlent irréalisables.

Michael Kühnen, qui fonde sa stratégie sur l'insatisfaction de la population, a discerné à temps le « potentiel contestataire en RDA ». Il veut aujourd'hui que l'on progresse sur deux points : d'une part, la mise en place d'une « troupes de cadres » à l'Est, et d'autre part la reconnaissance en RDA de son mouvement, l'« Alternative Allemande » comme parti politique officiel, qui servira de collecteur pour tous les déçus, les insatisfaits et les désorientés.

Nous sommes le 14 février 1990. Les principaux activistes des groupes néo-nazis de RDA se retrouvent à Fechenheim, un faubourg de Francfort. Une rencontre secrète, qui ne se déroule cependant pas en RDA, à Francfort-sur-l'Oder, une ville située près de la frontière polonaise : nous sommes bien à l'Ouest, à Francfort-sur-le-Main.

Le plus étrange, dans cette réunion, c'est que la plupart de ses participants ne se sont encore jamais rencontrés. Ils proviennent de diverses villes de la RDA : Magdebourg, Halle, Dresde, Rostock, Cottbus, Francfort-sur-l'Oder ou Berlin. Jusqu'ici, la coopération entre les divers groupes a été minime, sinon nulle. C'est précisément cela qui doit maintenant changer.

Dans l'annexe du « Napoléon », un café connu pour accueillir ce genre de convives, quelque quarante jeunes gens venus prendre les consignes de Michael Kühnen attendent autour d'une rangée de tables. Ils sont presque tous vêtus de blousons d'aviateur et de rangers, certains portent une raie inélégante sur le côté, à la mode des Jeunesses Hitlériennes. D'autres sont des skinheads. Ils ont tous en commun la même allure brutale. Le blond, par exemple, celui qui a la peau abîmée, ne cesse d'avancer sa mâchoire inférieure, comme s'il lui fallait imiter Mussolini. Et les tatouages que le skinhead assis à la même table porte sur le cou ne laissent aucun doute : on y lit *HASS* – haine –, les deux « s » en forme d'éclair, comme les runes de la SS.

Il s'agit, je l'ai dit, d'une rencontre secrète; je suis certes autorisé à tourner quelques plans, mais la moitié des personnes présentes quittent la pièce ou me tournent le dos quand j'utilise ma caméra. Je n'obtiens pas non plus beaucoup plus d'informations que celles que je viens de donner.

Les sujets abordés lors de la « Première Rencontre de Coordination Est » sont tellement confidentiels que je dois attendre à l'extérieur avant qu'on ne m'autorise cinq minutes de tournage. Contraint et forcé, je joue le jeu et je quitte la pièce. Il est clair, de toute façon, que le but de la réunion est de convenir d'une collaboration, d'échanger des informations et d'envisager la mise en place d'une structure souterraine.

A un moment ou à un autre, j'en suis persuadé, j'apprendrai moi aussi quels étaient les points abordés lors de cette « conférence », sans que je paraisse trop « curieux ».

Mais comment était-il possible qu'une telle rencontre puisse avoir lieu si peu de temps après la « chute du Mur? » Et pourquoi les néo-nazis de l'Est ne se connaissaient-ils pas encore les uns les autres? Qui a fait la jonction? Comment a-t-on pu en arriver là, dans un pays qui affirme dur comme fer, dans sa constitution, que le « *militarisme allemand et le nazisme sont abolis sur son territoire* »?

Pendant des années, les milieux dirigeants de la RDA n'ont pas tari d'éloges sur leur jeunesse, elle qui s'était montrée « digne du legs des meilleurs fils et filles du peuple allemand, de la quête de liberté et du droit contre la guerre et le fascisme ». L'épouse d'Erich Honecker, Margot, en sa qualité de ministre de l'Education populaire, n'avait-elle pas elle-même déclaré avec fierté et conviction, en juin 1989 – cinq mois avant la chute du Mur – que « la graine qu'ont arrosée nos pédagogues, et qu'ils arrosent de nouveau chaque jour » avait « germé? »

Quel type de graine a-t-il donc germé à l'Est – à moins que toute la semence ne soit venue de l'Ouest?

Je me rappelle vaguement des nouvelles parues dans les journaux, qui évoquaient, bien avant la chute du Mur, des graffitis antisémites à Berlin-Est. J'avais entendu, de temps en temps, parler de peines draconiennes contre des skinheads, une répression que l'on utilisait pour prouver l'antifascisme de l'Etat est-allemand dans son ensemble. Il allait falloir attendre longtemps pour que ces petites mosaïques s'assemblent en une image qui ne correspondait pas du tout à celle de « forteresse antifasciste » que voulait se donner la RDA.

En 1987, le gouvernement est-allemand dut admettre pour la première fois que, sur son territoire aussi, des skinheads militants perpétraient leurs méfaits contre ceux qui avaient une autre allure ou d'autres opinions.

Il dut s'y résigner après une attaque brutale contre un concert, dans l'église de Sion, à Berlin-Est. Cette église, située dans le quartier du Prenzlauer Berg, n'abritait pas seulement la bibliothèque de l'environnement, rassemblée par les mouvements d'opposition : c'était aussi un point de rencontre apprécié des punks de Berlin-Est. Le soir du 17 octobre 1987, un concert punk eut lieu dans cette église, mais on interrompit brutalement le plaisir musical. Quelque 25 skins, venus de Berlin-Ouest et Est, enfoncèrent les portes avec leurs grosses bottes, se ruèrent dans l'église en criant « *Sieg Heil* », « Salauds de juifs », « Il faut gazer ces types-là ». Armés de chaînes de vélo, ils détruisirent les objets présents et blessèrent, parfois grièvement, quelques auditeurs. La *Volkspolizei*, la police de RDA, était au courant depuis longtemps. Elle avait, à titre préventif, et à cause du concert, installé trois estafettes et cinq voitures radio sur le lieu de l'action. Mais avant qu'elle n'intervienne, les skins avaient pris la poudre d'escampette.

Les médias est-allemands ne dirent rien, pendant plusieurs jours, sur le contexte de cette attaque. On parla simplement de *rowdytum*, le terme officiel pour désigner les casseurs, mais jamais des slogans qu'ils avaient scandés, ni de leur origine politique. Cet incident mena finalement au premier procès contre des skinheads qui ait jamais été présenté dans la presse en RDA. Six semaines plus tard, quatre participants, tous âgés d'une vingtaine d'années, furent condamnés à des peines situées entre un et deux ans – pour « déprédations » et « attroupement ». Ces verdicts, très cléments pour la RDA, provoquèrent de vives critiques. Le procureur fit appel *a minima* contre le jugement, et les peines prononcées en deuxième instance furent aggravées de huit mois.

A peine ces condamnations étaient-elles prononcées

que le cimetière juif de la Schönhauser Allee, dans le même quartier, était l'objet d'une profanation. Entre cette date et mars 1988, il subirait à cinq reprises, au total, la visite des profanateurs. Deux cent vingt-deux tombes furent détériorées, certaines rendues méconnaissables. Là encore, la police n'intervint pas, bien que le poste de la *Volkspolizei* de Prenzlauer Berg se soit trouvé juste à côté du cimetière. Toutes les fenêtres situées à l'arrière du commissariat donnent directement sur le cimetière. Dans l'acte d'accusation, le procureur écrivait avec une franchise étonnante que « sous l'emprise de l'alcool, ils s'étaient entraînés les uns les autres à proférer des slogans fascistes et antisémites ». Et personne ne les aurait entendus?

Les peines infligées le 5 juillet 1988 aux auteurs de ces actes – certains avaient quinze ans – étaient sévères. La condamnation la plus lourde était de six ans et demi. Mais les juges ne s'arrêtèrent pas longtemps au fond de l'affaire. Pour eux, le cas était clair : les jeunes s'étaient laissé influencer « par les idéaux fascistes et néo-nazis transmis par les médias occidentaux ». Point à la ligne.

Les médias est-allemands déployèrent un luxe de détails inconnus jusqu'alors dans les articles qu'ils consacrèrent au procès; c'est qu'à la même époque, la direction de l'Etat est-allemand négociait avec le *Jewish Claims Comittee* le paiement de réparations symboliques, afin d'ouvrir la voie à une aide économique américaine.

Mais, parallèlement à ces procès volontairement spectaculaires, on releva une série d'incidents et d'actes de violence racistes et antisémites; ils permettent de comprendre pourquoi la chute du Mur n'a pas seulement permis d'unifier deux Etats, mais aussi deux milieux néo-nazis.

A Oranienbourg, par exemple, un groupe avait pu, pendant trois ans et en toute impunité, agresser les gens dans les trains, les restaurants et dans la rue. A Wolgast, dans l'arrondissement de Rostock, existait une « Division SS Walter Krüger » où l'on trouvait entre autres des notabilités de la ville, des professeurs et des fonctionnaires. A Erfurt, une jeune fille avait été marquée de l'étoile juive. A Königs-Wusterhausen, des skinheads avaient tenté d'arracher à coups de poing à l'une de leurs victimes l'aveu qu'elle était juive. En mai 1988, deux Africains furent pris à partie dans le train de voyageurs reliant Riesa à Elsterwerda, dans l'arrondissement de Dresde. Un Mozambicain fut jeté du train en marche et grièvement blessé. Les jeunes qui avaient commis cet acte furent simplement poursuivis pour non-assistance à personne en danger et tentative de coups et blessures, et condamnés à des peines avec sursis.

Depuis que la RDA, au début des années soixante, avec l'accueil des partisans grecs, avait mis un terme à sa « phase sans étrangers », on signalait des attaques xénophobes. Depuis 1983, la police connaissait l'existence de skinheads organisés ou de ce que l'on appelle les « punks nazis »; elle savait que les fans de football du club berlinois de la Stasi, le BFV Dynamo, scandaient des slogans antisémites. Depuis les lourdes condamnations subies, les néo-nazis agissaient plus prudemment, en respectant mieux les règles de la clandestinité. Ils changèrent d'aspect et de stratégie. On vit apparaître un réseau de petits groupes, qui se déploya comme une toile d'araignée sur la RDA. Avec leur allure correcte, leur discipline, leur volonté de réussir dans leur emploi comme dans leurs loisirs, les néo-nazis étaient des membres appréciés de l'organisation de jeunesse du SED, le FDJ – Jeunesse allemande libre –, et notamment dans son service d'ordre. Celui-ci avait pour mission de veiller, « partout où la jeunesse passe ses loisirs ou se rassemble pour de grands moments de politique de la jeunesse, à ce que règnent une atmosphère saine, l'ordre et la discipline ». C'est ce que stipule un document officiel, le *Manuel des Organisations sociales en RDA*.

Afin de pouvoir assurer l'ordre efficacement, ces jeunes messieurs s'entraînaient au sein de la « Société pour le sport et la technique », une association paramilitaire, ou dans les gymnases de l'« Union allemande pour la gymnastique et le sport ». C'est là qu'on s'exerçait au combat rapproché contre les étrangers, les punks et la gauche. Tandis que la Sécurité d'Etat serrait de près des forces d'opposition – les pacifistes, par exemple, ou les groupes antifascistes –, elle était très satisfaite de voir ce que l'on appelait les « fachoskins » assurer la propreté et l'ordre dans les rues de la RDA et terroriser, accessoirement, les punks et autres jeunes « inadaptés ».

Ils pouvaient en outre être sûrs de l'appui de la population. Le manque de maîtrise de son propre passé, le racisme latent alimenté par le mauvais traitement réservé aux étrangers vivant en Allemagne, et surtout aux travailleurs venus, pour des missions à durées déterminées, des pays socialistes amis, mais aussi l'antisionisme officiel, constituèrent un terreau fertile pour les menées racistes et antisémites.

Les néo-nazis de RDA furent soutenus dans leur tâche par leurs camarades de l'Ouest – et pas seulement d'un point de vue idéologique. Leur équipement – battes de base-ball, rangers, bannières du Reich – franchissait la frontière sans problème, acheminés par des courriers. C'est ainsi que se créèrent ces contacts qui, après la chute du Mur, serviraient de fondement à une bonne coopération entre l'Est et l'Ouest.

Beaucoup des néo-nazis déjà actifs dans la RDA communiste, prolongèrent leur activité après le mois de novembre 1989 – toujours les continuités allemandes. Deux des accusés au procès de l'église de Sion apparaissent parmi les dirigeants de l'« Alternative Nationale », un mouvement actif à Berlin-Est et qui coopéra rapidement avec les partisans de Kühnen. A Cottbus, des skinheads de l'Est, déjà condamnés pour ce genre d'activités, constituent le noyau de l'« Alternative Allemande » locale.

Mais c'est un autre groupe illustre qui constitue le véritable maillon entre l'Est et l'Ouest : les prisonniers « politiques » de la RDA, rachetés par le gouvernement ouest-allemand, ou encore, pour reprendre le jargon officiel, les prisonniers qui avaient été « libérés dans le cadre des efforts particuliers du gouvernement fédéral dans le domaine humanitaire ».

C'est en 1963 qu'avait débuté ce vaste négoce : l'échange, contre de bons marks de l'Ouest, de ce que l'on appelait les prisonniers « politiques ». Au cours des vingt-six années qui séparèrent cette date et 1989, le gouvernement de RFA dépensa 3,5 milliards au titre de ces « efforts particuliers ». Un peu moins de 38 000 prisonniers furent ainsi rachetés, 2 000 enfants retrouvèrent leurs parents et 250 000 personnes purent partir pour l'Ouest. Dans son livre *Freikauf* (rachat), l'ancien secrétaire d'Etat aux Affaires interallemandes, Ludwig Rehlinger, donne quelques détails sur ce « marché aux hommes ». Rehlinger sait de quoi il parle : c'est lui qui, depuis le début, a mené les tractations avec la RDA. Il a négocié le cours prisonnier à 40 000 marks par tête (au cours de 1963), et a mis au point un système de règlement par livraison de marchandises. « Ceux qui croient en la morale doivent parfois avaler des couleuvres », dit Rehlinger en commentant ce commerce.

Au fil des années, le prix n'est pas demeuré constant : à partir de 1977, déjà, il fallait déposer plus du double (un peu moins de 96 000 marks) par prisonnier sur la table de négociations. Rehlinger raconte en détail les obstacles qu'il lui a fallu surmonter à chaque rachat. Parmi les délits les plus souvent reprochés aux personnes ainsi rachetées, il cite simplement « fuite de la République », « activités subversives », « agitation contre l'Etat socialiste », « comportement asocial » et « attroupements hostiles au système ». Le secrétaire d'Etat évoque « une large palette de toutes les actions imaginables que les régimes ayant une idéologie monolithique, où qu'ils se trouvent, peuvent considérer d'un mauvais œil, qu'ils redoutent et poursuivent pour préserver leur pouvoir ». Jusqu'au dernier moment, le rachat de prisonniers a tourné à plein régime. En 1986, ce sont 1450 prisonniers qui ont été rachetés, en 1989 : 1840. Aujourd'hui encore, le Ministère fédéral compétent refuse de révéler la liste précise des délits reprochés aux prisonniers en provenance de RDA.

On ne peut pas affirmer que ce sont de préférence des nazis qui ont été ainsi « mis à disposition ». Mais, c'est un fait, plus d'une biographie de néo-nazis actifs à l'Ouest débute en RDA. Etiquetés « criminels », ils furent expulsés à l'Ouest ou rachetés. Quelques-uns, les plus rares, avaient passé la frontière clandestinement. La troupe rassemblée autour du néo-fasciste Karl-Heinz Hoffman, fondateur du groupe de sports de combat du même nom, était par exemple un collecteur d'anciens prisonniers de la RDA. Le chef de la sécurité de Hoffmann, Ralf Rössner, vient de Sondershausen, en Thuringe. En 1971, sa tentative de fuite de la RDA lui valut trois ans et demi de prison. Il en passa les neuf derniers mois en cachot obscur, avant d'être expulsé en Allemagne fédérale, en décembre 1974, alors qu'il venait juste d'avoir dix-huit ans.

La même année, le futur bras droit de Hoffmann, Uwe Behrendt, fut racheté 50 000 marks par le gouvernement fédéral, en tant que prisonnier « politique ». Il avait été condamné à vingt mois de prison pour tentative de fuite hors de la RDA. Peu après son arrivée, il se rallia, à Tübingen, à l'« Association Universitaire des Etudiants de Tübingen », autour d'Axel Heinzmann, lui aussi racheté à la RDA où il purgeait une peine de réclusion criminelle. Behrendt entra ainsi en contact avec Hoffmann, au bout du compte, en décembre 1980, il assassina – « sans complice », selon l'instruction – un éditeur juif et sa compagne.

Les activistes du groupe Hoffman que sont Uwe Mainka et Rudolf Klinger proviennent eux aussi de RDA. Mais on n'a pas encore élucidé par quel chemin ils se sont retrouvés à l'Ouest.

En revanche, la biographie d'Arnulf Winfried Priem n'a rien de mystérieux. En 1968, à vingt ans, alors qu'il est en prison, Priem est racheté par l'Allemagne fédérale. Il a été condamné en RDA pour menées néofascistes. A peine parvenu à l'Ouest, il est investi par le parti d'extrême droite NPD pour les élections régionales du Bade-Wurtemberg; en 1971, il passe à l'« Union populaire allemande » (DVU). Mais le travail de parti ne suffit pas à ce rocker néo-fasciste à cheveux longs et bandeau noir. En 1974, il fonde à Fribourg son « groupe de combat Priem », avec lequel il voulait lutter pour la « restauration du Reich allemand ». Trois ans plus tard, il part pour le quartier de Wedding, à Berlin, et y devient « chef d'action » à la direction locale du NSDAP clandestin. Dans son « programme de combat » publié en 1980, il exige la « stérilisation des personnes souffrant de maladies héréditaires ». Après plusieurs peines avec sursis, il est enfin condamné, en 1983, à dix-huit mois de prison. Aujourd'hui, Priem est le chef du gang de motards « Le Peuple de Wotan ». Priem était le contact de Kühnen avec les néo-nazis de Berlin-Est et Ouest. On l'a vu pratiquement à chaque défilé dans les nouveaux Länder.

Aujourd'hui, Priem est le président régional de l'« Alternative Allemande ». Sans la collaboration de néo-nazis actifs de la RDA, de néo-nazis de l'Est rachetés et formés à l'Ouest, ou de néo-nazis de l'Ouest, ce mouvement n'aurait jamais pris l'importance qui fut la sienne jusqu'à son interdiction, fin 1992. Son président fédéral avait été arrêté en 1984 en RDA pour « prise de contact illégale ». Sa correspondance avec le journaliste de télévision ouest-allemand Gerhard Löwenthal, un anticommuniste notoire, avait été trouvée par la « Sécurité d'Etat » (Stasi). Hübner passa quatorze mois à la prison de Bautzen avant que le gouvernement fédéral ne le rachète, le 3 avril 1985. On rachètera en même temps que lui son frère Peter, son aîné de vingt ans, qui purgeait une peine de prison pour fondation d'un groupe paramilitaire néo-nazi.

Les chemins des frères néo-nazis suivent à peu près la même trajectoire. Ils commencent par fonder à Francfort la section de jeunesse d'une « union de soldats ». Frank Hübner, qui suit une formation commerciale, adhère au DVU. En tant que tel, il s'engage avec son frère dans le « Rassemblement National » de Langen, la troupe de Heinz Reisz, Gerald Hess et Michael Kühnen. Tous sont enthousiasmés par Frank Hübner, son allure, sa prestation. La chute du Mur le catapulte tout en haut de la hiérarchie néo-nazie. Avec son frère, il profite de la première occasion pour se rendre à Cottbus, chargé de grandes quantités de matériau de propagande. Là-bas, il rencontre les néo-nazis est-allemands Karsten Wolter et René Koswig. Dès le mois de décembre 1989, ils fondent un groupe local de la DA à Cottbus. Frank Hübner invite les militants de Cottbus à Francfort pour y élaborer, avec ses camarades de l'Ouest, les bases de la future stratégie.

Avec Rainer Sonntag, que la RDA a expulsé à l'Ouest pour activités criminelles, qui a lui aussi pris pied au « Rassemblement National » et qui reprend ses activités néo-nazies à Dresde après la chute du Mur, les frères Hübner constituent les maillons essentiels entre les néo-nazis de l'Est et leurs semblables à l'Ouest. Peter Hübner deviendra chef de groupe local à Langen, et son frère Frank deviendra le chef incontesté de l'« Alternative Allemande ». Un autre ancien citoyen de RDA deviendra le bras droit de Hübner et président régional du mouvement pour la Saxe : Roman Dannenberg, âgé de vingt-six ans.

Dannenberg, lui aussi, a de l'expérience à l'Ouest. Cet habitant d'Hoyerswerda est arrêté pour activités d'extrême droite avec des amis et expulsé en RFA. Là, il adhère au NPD et est investi pour les élections au Bundestag. Par l'intermédiaire de Hanz Reisz, Dannenberg entre à la DA, repart pour Hoyerswerda après la chute du Mur et organise l'activité des néo-nazis dans sa ville natale. Avec succès. En septembre 1991, dans la ville de la lignite, les néo-nazis attaquent un foyer de réfugiés sous les applaudissements des riverains. Après plusieurs jours de siège – au cours desquels la police n'intervient que timidement –, les réfugiés sont transportés hors d'Hoyerswerda, non sans qu'on fasse éclater les vitres de leur bus. Dannenberg et ses camarades ont réussi ce que Kühnen, Hess et Reisz prévoyaient de faire depuis longtemps à Hoyerswarda : « débarrasser » la ville de ses étrangers. Tout comme maints *Gauleiter* purent annoncer fébrilement à leur « Führer », jadis, que sa région était « libre de juifs », Dannenberg peut se vanter, lui et ses camarades, d'avoir « libéré Hoyerswerda de ses étrangers ».

Les étapes des néo-nazis de RDA « rachetés » ou expulsés à l'Ouest prouvent à quel point les frontières étaient floues entre les partis d'extrême droite et les groupuscules d'activistes. On a pu aussi se demander à quoi songeait le gouvernement fédéral en rachetant des néo-nazis actifs pour des sommes situées entre 50 000 et 90 000 marks. Et en tolérant que ceux-ci poursuivent sans la moindre interruption leurs activités d'extrême droite à l'Ouest, avant de pouvoir les organiser à l'Est.

C'est que l'Allemagne fédérale pouvait faire un très bon usage idéologique de ces extrémistes de droite qui, en provenance de RDA, reprenaient leurs activités à l'Ouest. Dans les années soixante-dix, déjà, on avait lancé dans le quotidien conservateur *Die Welt* la théorie selon laquelle la RDA avait, en fin de compte, posé les fondations de l'extrémisme de droite en Allemagne de l'Ouest, et qu'elle le téléguidait pour nuire au prestige de la République fédérale. Les néo-nazis d'Allemagne de l'Ouest étaient ainsi des agents de l'Union soviétique, le Bloc de l'Est manipulait les nazis en RFA : c'était un nouvel exemple de l'ignominie du socialisme.

Bien sûr, ces considérations ne suffisent pas, il s'en faut de beaucoup, à expliquer pourquoi l'on a racheté des prisonniers de ce type. Ce qui est sûr, c'est que la base d'une coopération efficace des néo-nazis de l'Est et de l'Ouest existait. Elle serait constamment consolidée au cours d'autres réunions de coordination, dont la majorité se déroulèrent dans les nouveaux Länder allemands.

16 mars 1990. Berlin, l'ancienne et nouvelle capitale de l'Allemagne. Le quartier de Steglitz était un bastion du NSDAP. C'est précisément cet endroit que choisissent les nouveaux nazis pour se rencontrer. Le restaurant « L'Eléphant » sert, ce jour-là, de lieu de rassemblement pour les activistes du « mouvement », venus de tous les coins de l'Allemagne et de l'Autriche. Une « rencontre de coordination ». Comme de coutume dans ce genre d'occasions, la bière coule à flots. C'est la seule chose susceptible de rassurer le propriétaire de l'auberge, qui attendait une réunion politique et qui a vu, bouche bée, des voitures pleines de skinheads déverser leur contenu dans sa salle. Tous ne sont pas venus en voiture. Comme d'habitude, il y avait des points de rencontre et des « écluses », y compris aux gares, où l'on apprenait la direction à suivre après un contrôle de faciès. Pour ce genre de manifestations, on dispose d'un numéro de téléphone de secours, « au cas où ». Si l'on appelle le numéro berlinois, on entend d'abord le répondeur :

« Vous êtes bien au centre d'éducation central *Le Peuple de Wotan*. On vous rappelle. Parlez après la salve de mitraillette. »

Puis on entend les tirs d'un engin à répétition. On est en liaison avec Arnuld-Winfried Priem. Si celui qui appelle donne son nom ou le bon mot de passe, on l'aide, par téléphone, à « poursuivre son chemin ».

Aujourd'hui, à « L'Eléphant », on trouve une partie des cadres du mouvement, autour de Michael Kühnen et Gottfried Küssel. Il y a aussi de nouveaux partisans. On compte à peu près 150 personnes, dont beaucoup en tenue SA, avec chemise brune et ceinturon à bandoulière. Il y a là des skinheads tatoués, et des jeunes filles du « Front des Femmes Allemandes », robe noire et regard inflexible. Et la moitié d'entre eux, 70 environ, viennent de la RDA.

Sont également présents Heinz Reisz, de Langen, et Gerald Hess. La petite amie de Kühnen, Lisa, me salue, tout heureuse. En fait, elle s'appelle Esther, mais dans ces milieux-là Lisa fait plus convenable. C'est une joyeuse jeune fille aux cheveux bruns, mi-longs, elle a environ dix-neuf ans et c'est une « nationale-socialiste enthousiaste ». C'est qu'elle aussi a le titre de « Führer » : elle dirige le « Front des Femmes Allemandes ».

En fait, le « milieu néo-nazi » est une société purement masculine, avec tout ce que cela implique : chauvinisme, militarisme et homosexualité. L'anti-homosexualité latente du mouvement provient souvent d'une simple rivalité. Dans ces cas-là, la dénonciation de l'homosexualité (supposée ou réelle) des autres est une manière de camoufler sa propre avidité de pouvoir en discréditant le rival – une tactique qui réussit souvent, avec l'esprit petit-bourgeois qui caractérise bon nombre des adeptes. La proportion non négligeable d'activistes homosexuels, notamment aux postes de direction, devrait approximativement correspondre à celle des fonctionnaires du IIIe Reich ayant les mêmes goûts. Et comme sous le IIIe Reich, le rôle de la femme est volontairement limité à certains domaines. Le « Front des Femmes Allemandes » se situe donc dans la lignée des associations féminines nationales-socialistes. Outre la « politique familiale » et le « maintien de la pureté de la race » (deux sujets traditionnels), l'« énergie nucléaire » fait partie de ses « thèmes de travail » depuis l'accident du réacteur de Tchernobyl. Les quelques membres de ce mouvement sont le plus souvent les compagnes d'activistes néo-nazis, comme Ursula Worch, l'ancienne épouse de Christian Worch. L'organisation existe, bien sûr, ne fût-ce que pour servir d'alibi (les nazis ne sont pas des misogynes!), mais dans les faits elle n'a pratiquement aucun rôle. Les femmes ne représentent que 20 % environ des néo-nazis. Ce sont les hommes, homosexuels ou non, qui décident de la direction à suivre.

Le mot *Terror* se détache en lettres rouge sang, orné d'une tête de mort, sur la chemise d'un type au crâne rasé. A côté, Frank Hübner porte la cravate noire sur une chemise blanche. Quelques-uns se sont habillés ainsi, en chic bourgeois. Mais on voit aussi des écussons portant l'inscription « *Gau* de Hesse » ou « *Gau* de Vienne », cousus sur des chemises brunes uniformes. Certains portent simplement l'une de ces chemises à carreaux en coton que nous connaissons sous le nom de « chemise de bûcherons ». Eux l'appellent la « chemise des ouvriers ». Ils la portent avec des casquettes de trafiquants ou des bonnets de la Wehrmarcht, avec de longues visières.

« Berlin, nous sommes là, nous sommes dans la capitale du Reich », tonne Gottfried Küssel avec son accent autrichien – voilà au moins un trait commun avec le « Führer ». Il « chauffe » les partisans, installés devant lui sur de longues banquettes. A ces jeunes qui sont arrivés jusqu'ici par le système de l'écluse, il rappelle la rude réalité du « soldat politique ». Sous le IIIe Reich, déjà le « soldat politique » était l'idéal d'un combattant prêt à sacrifier sa vie, censé justifier l'absurde bain de sang de la guerre. C'est cette image d'eux-mêmes qu'ils veulent encore donner aujourd'hui.

La rude réalité pourrait s'abattre sur eux à n'importe quel moment : les « Antifa » – la gauche – se sont mobilisés et sont plusieurs fois plus nombreux qu'eux. S'ils débusquaient cet endroit, la bagarre serait violente.

Le patron le sait aussi : il sert nerveusement ses palettes de bière et tente de ne pas laisser voir sa peur, tandis que Küssel hurle :

« Nous savons que nous n'avons pas que des amis dans ce monde. Le monde est fait d'ennemis. Et s'ils ne veulent pas être nos amis, alors ce sont nos ennemis. C'est normal. Alors ils doivent s'attendre à ce que nous concentrions nos forces. Alors ils doivent s'attendre à prendre des coups. Alors il ne faut pas rester dans la rue et crier " mort au fascisme ", et jouer les indignés si nous arrivons et si nous leur tapons sur la gueule. »

La voix de Küssel manque s'étrangler. Il se tient là, une masse de chair, puissant, brutal, violent. Son index, qu'il brandit de temps en temps pour renforcer son propos, ne cesse de monter et de descendre. Puis il serre le poing et chasse les mouches avec tout son avant-bras, comme s'il boxait des ombres. Ses auditeurs brament de reconnaissance. Voilà qui est à leur goût. Et Küssel continue à attiser la braise :

« Quand cette âme allemande sera vraiment en ébullition, elle est encore si tiède, aujourd'hui ! Elle doit être brûlante, elle doit bouillir, elle doit brûler, pleine d'amour... »

Voilà Küssel pris d'extase à son tour. Il martèle à présent son discours :

« Ensemble, nous sommes insupportables, nous sommes insupportables pour le système, à l'Est comme à l'Ouest. Faites en sorte que nous restions insupportables. Faites-nous tenir bon, laissez-nous avoir faim de la victoire, que nous ne soyons pas rassasiés, laissez-nous tenir bon, durs comme du fer : vous à l'Est, nous à l'Ouest, nous dans la Marche de l'Est et – qu'est-ce que ça peut faire – ça ira aussi de l'autre côté, à Breslau, à Königsberg, et je veux avoir Gorbatchev à mes genoux ! »

Un crieur de marché? Un clown? Un dément? Un comédien? Ou un agitateur dangereux qui joue avec la haine et les angoisses de personnes désorientées*? Mais Küssel n'est pas un cas isolé, ce n'est qu'un exemple.

Qu'avait-on dit de Hitler? Un crieur de marché. Un clown. Un dément. Un comédien. Un agitateur. On ne l'a considéré comme un homme d'Etat qu'au moment où il a dirigé la politique de l'Allemagne. S'il a pu en arriver là, c'est précisément parce que ceux qui auraient pu le freiner ne l'ont pas pris au sérieux.

En mai 1990, les néo-nazis travaillent déjà avec ardeur à la mise en place des organisations qui doivent servir de couverture au NSDAP-AO, les « organisations de front ». Et notamment de l'« Alternative Allemande ». Je découvre de plus en plus d'indices indiquant qu'il existe un plan secret prévoyant cette mise en place. A cette époque, je rencontre une nouvelle fois Gerald Hess.

« De toute façon, ça va sortir au grand jour à un moment ou à un autre. Mais jusque-là : ne dis à personne que c'est moi qui te l'ai donné! »

Gerald Hess me glisse une enveloppe dans la main. Après de longues recherches, j'ai enfin un document qui prouve la tactique du travail souterrain. Je lui fais un clin d'œil.

---

* Certains sociologues, et ceux qui tentent de banaliser le nazisme, présentent trop volontiers la prétendue « désorientation » comme la source de tous les maux. Et les actes terroristes et meurtriers commis par des hommes adultes sont simultanément réduits, par des euphémismes hallucinants, à des « péchés de jeunesse ». Un exemple : le *Spiegel* (50/1992) relate : « L'attaque la plus brutale à ce jour doit elle aussi, sans doute, être mise sur le compte de jeunes gens. La semaine passée, Lars Christiansen, 19 ans, et Michael Peters, 25 ans, ont avoué avoir allumé l'incendie de Mölln, où trois Turques ont trouvé la mort. Aucun doute : la nouvelle violence de droite est avant tout l'œuvre d'enfants, et de jeunes gens ». De 25 ans!

Nous sommes assis dans son logement, à Langen. Gerald nous a posé deux bouteilles de bière sur la table basse.

Son studio se trouve au treizième étage d'un immeuble hideux, à Langen. Il y a des photos aux murs : Gerald et Kühnen. Gerald et Lisa. Gerald en uniforme. Gerald et ses camarades. Souvenirs. Puis, obligatoire, le visage d'Adolf Hitler. Parfois, il y a aussi, suspendu à côté, un drapeau à croix gammée, quand on n'en a pas besoin « ailleurs », ou quand il n'a pas été confisqué par la police. Face au canapé d'angle, une gigantesque armoire à tiroirs, avec des étagères de livres et des portes en verre fumé; à côté, une kitchenette et les portes vitrées qui donnent sur le petit balcon.

Entre-temps, mes relations avec Gerald Hess sont presque devenues amicales. Je le trouve vraiment sympathique et je me demande depuis assez longtemps comment faire pour le tirer de ce milieu. J'attends qu'il me fasse signe. Mais aujourd'hui, c'est plutôt lui qui attend de moi un signal lui indiquant que je souhaite entrer dans son organisation. Il risque d'attendre longtemps.

Je tire le document de son enveloppe. Sur la première page, un « W » en lettre runique, pour *Widerstand* – résistance. En dessous, en caractères gothiques, « Le nouveau front ». Le reste du document est tapé à la machine. Il est daté du « 21 janvier 1990 / 101 » – une fois encore, le « 101 » indique le 101e anniversaire après la naissance de Hitler. Sous la date, on peut lire :

SECTEUR EST

Plan de travail Est

Je dévisage Gerald et lui demande, sceptique :

« Et pourquoi me donnes-tu ça maintenant, si c'est tellement confidentiel? Ça n'a pas été publié depuis longtemps? »

Gerald allume une cigarette.

« Tu en veux une? » demanda-t-il, et il me tend le paquet. « En principe, oui, c'est confidentiel, mais c'est plutôt quelque chose d'interne. C'est bien toi qui me répètes sans arrêt que je peux te faire confiance! »

C'est exact. Je lui posais simplement la question dans le cas où il voudrait quitter les néo-nazis. Je continue ma lecture. On y parle de la « mise en place du mouvement » en RDA. On y stipule par exemple, à propos de l'organisation des cadres, que « *derrière toutes les activités légales doit se trouver une troupe de cadres consolidée, dure comme de l'acier* ».

Et plus loin :

« *A l'extérieur du mouvement, on en dira aussi peu que possible sur le cadre et son attitude idéologique. Le cadre demeure dans l'ombre.* »

L'organisation avancée du NSDAP-AO, « Alternative Allemande » doit constituer la superstructure légale. Dans ce but, « *un programme de parti spécifique à la RDA sera élaboré pour la DA en Allemagne centrale; il devra être formulé en termes suffisamment modérés pour qu'un enregistrement comme parti politique légal soit possible* ». Les extrémistes de droite donnent à la RDA le terme général d'« Allemagne centrale », pour rappeler que l'on ne veut pas abandonner les territoires « est-allemands » – la Pologne actuelle. Le fait de rédiger un programme de parti en termes modérés n'a rien de nouveau. Si on lit, par exemple, le programme des partis d'extrême droite « légaux » allemands, celui du « DVU » ou des « Républicains », on y trouve – mais entre les lignes, bien sûr – une analogie certaine avec le programme du parti de Hitler, le NSDAP*.

Le « Plan de travail Est » révèle aussi les petites dimensions du mouvement à cette époque :

« *Le premier objectif de la mise en place est d'atteindre les cent membres du parti en RDA (ils sont neuf à ce jour...)* », lit-on dans le texte.

Il suffira d'une année pour qu'ils soient des centaines; le nombre des membres d'autres groupuscules d'extrême droite connaîtra lui aussi une croissance fulgurante. Le décompte de la police et de l'Office de Protection de la Constitution n'a pas atteint les 1500 quand, en juin 1991, 2 000 néo-nazis défilent dans

---

* Dans le « Programme en 25 points », le document de base du NSDAP de Hitler, on lisait par exemple : « Quiconque n'est pas citoyen ne doit pouvoir vivre en Allemagne qu'en simple invité, et doit être placé sous le coup de la législation réservée aux étrangers. Dans le programme du DVU, parti d'extrême droite actuel et légal, cela devient, sur un ton très démocratique : « La liste DVU est partisane d'une politique permettant aux jeunes étrangers de préserver leur identité nationale et culturelle, de demeurer une partie de leur peuple, et de garder ainsi ouvert le chemin du retour dans leur patrie. »

On peut s'imaginer la peine qu'ont dû se donner les inventeurs de cette formulation : il fallait tout de même que l'objectif proclamé dans ses discours par le chef du DVU, le docteur Gerhard Frey, demeure compréhensible : « L'Allemagne aux Allemands ! »

La même idée s'applique aux « Républicains ». Ils réclament globalement « la fermeture de l'accès au pays pour les étrangers. Les exceptions devront être strictement limitées ».

L'« Alternative Allemande », quant à elle, pense pouvoir affirmer : « Il y a trop d'étrangers dans le pays. La DA se dresse contre toute xénophobie primitive, mais se défend – en accord avec la grande majorité de notre peuple – contre l'installation massive de groupes ethniques repliés sur eux-mêmes. »

Pour remédier à cette « situation anormale », on exige « non pas un " blocage des étrangers " ou une " limitation de l'afflux des étrangers ", mais un rapatriement des étrangers, humain, mené avec cohésion et persévérance. »

Dresde parce que l'un d'entre eux a été abattu lors d'une bagarre entre souteneurs. Et l'on ne compte pas dans ce nombre celui des membres des « Républicains » et du « DVU », qui dépasse déjà, à l'Est, les 50 000 en 1992.

La suite du « plan de travail Est » est faite d'instructions précises visant à utiliser des manœuvres de camouflage et d'illusion pour mettre en place des partis légaux, trouver de nouveaux membres, faire de la propagande. Entre autres, on y conseille de « ... participer à des manifestations et de tenter de les radicaliser, sans s'isoler de la foule ». De telles instructions joueront plus tard un rôle décisif dans les exactions contre les demandeurs d'asile, qui, à Hoyerswerda, et à Rostock, dégénéreront en véritables pogromes.

Gerald Hess a mis en route son lecteur de cassettes. Le *Horst Wessel-Lied* retentit. Avec la mauvaise qualité sonore et le haut-parleur qui bourdonne, tout paraît plat, presque comique. Mais tout d'un coup, je m'effraie moi-même : je viens moi aussi de fredonner ce vieux chant de marche nazi.

Je comprends alors que je ne tiens plus compte du contexte de ces musiques et de ces chansons quand je les entends. En plus, certains de ces airs agissent comme de véritables rengaines. Cela va parfois si loin que je me surprends à siffler sous la douche la mélodie d'un autre chant nazi, « *Vorwärts! Vorwärts!* »

Depuis plus d'un an et demi, je travaille exclusivement sur ce sujet. Je sens aujourd'hui que je suis en train de perdre le recul. C'est précisément ce contre quoi m'ont mis en garde tous ceux qui connaissaient mon projet. Je constate que cela me fait plaisir d'aller rendre visite à Gerald. Certaines de ces visites n'ont aucune utilité réelle. L'effroi que m'inspirait au début ce « monde de la haine » se mue lui aussi, parfois, en un frisson presque agréable. C'est un effet d'accoutumance, qui a transformé ma personnalité. L'amabilité avec laquelle je traite les nazis n'est plus feinte : elle est sincère. On se connaît, on se respecte. Mais je prends aussi conscience que mon propre cercle de relations s'est réduit à une poignée de personnes dignes de confiance.

Il est grand temps de réfléchir à ma situation. Un autre problème se pose : le financement du reportage. Toutes mes réserves, toutes mes économies sont épuisées. Comme je ne tiens pas non plus, pour des raisons de sécurité, à aller faire du « porte à porte » avec mon projet, je n'ai pas encore trouvé de producteur pour tourner le « grand film ». Les rares personnes auxquelles nous avons, Graeme et moi-même, demandé un soutien, ont refusé. Un contrat avec la chaîne privée allemande « Spiegel-TV » pour un reportage de trois mois me permet sans doute de passer huit ou douze semaines. Mais même les enquêtes que les chaînes de télévision étrangères me confient de temps en temps, par l'intermédiaire de Graeme Atkinson, ne peuvent rien changer à ma piètre situation financière. Je suis forcé d'emprunter constamment de l'argent à des amis et à des parents. Et la fin n'est pas en vue. Dois-je, comme me le conseille un ami, placer tout mon travail « au réfrigérateur » et attendre que le sujet soit devenu « suffisamment actuel » ?

Gerald me regarde avec curiosité. Je ne sais pas depuis combien de temps je me tiens assis, songeur, à sa table. Il a coupé la musique et trie le courrier qu'il a reçu. Quand je prends mes cigarettes, il me donne du feu, muet. Nous restons là, un bon moment, à fumer sans rien dire.

Finalement, il se ressaisit et demande :

« Mais toi non plus, ça ne va pas si bien que ça, en ce moment ? »

Je hoche la tête et décide de faire une pause d'un mois.

Quatre semaines plus tard, en juin 1990, je me retrouve à Cottbus. On peut déjà constater les premiers résultats du « plan de travail Est ». Dans l'arrière-salle d'un restaurant à l'air confiné, l'« Alternative Allemande » tient une réunion pour ses camarades.

Karsten Wolter se mord les lèvres. Ses traits réguliers, qu'on croirait sortis d'une brochure publicitaire pour l'« opération Lebensborn * », sont de plus en plus décomposés. Certes, la tête de cet homme de vingt ans est encore bien dressée, toute fière, au-dessus du col de sa chemise brune parée d'une tête de mort SS; mais plus bas, son corps parle déjà un autre langage. Pour l'heure, il tente aussi discrètement que possible de faire régner le calme et la « modération » dans la salle : il ne cesse d'agiter vers le sol sa main écartée – celle qui ne se trouve pas face à l'objectif. Mais cela lui sert tout aussi peu que son regard implorant.

A travers le viseur de ma caméra, je vois Wolter abandonner la partie. Pour un instant, son regard se porte au plafond. La commissure de ses lèvres tressaille.

---

* L'« Aktion Lebensborn » (opération source de vie) était, sous le IIIe Reich, une organisation de la SS, qui entretenait – essentiellement dans les territoires « nordiques », des maternités et des pouponnières pour les mères mariées ou célibataires. Pour élever une descendance « de haute valeur raciale », on ne mettait en contact que des jeunes filles blondes aux yeux bleus et des SS présentant les mêmes caractéristiques. Mais on enlevait aussi les enfants « adéquats », par des méthodes criminelles, aux mères vivant dans les « territoires occupés ».

Il prend son souffle et... ne dit rien. Lentement, je dirige la caméra loin de Wolter, vers le centre de la salle. Assis à une longue table, les partisans de Wolter ne veulent surtout pas se modérer. Au contraire. Les expressions de la quarantaine de néo-nazis deviennent plus dures, leurs voix plus fortes, ils ont l'air encore plus colériques. Il s'agit pourtant simplement de me démontrer que tous ceux qui sont ici combattent pour le droit et l'ordre – un spectacle dans lequel, pour un moment, le programme officiel de l'« Alternative Allemande » doit jouer un rôle. Mais un spectacle qui est précisément en train de sortir de ses rails. Car pour les adeptes, le programme du parti est trop mou. L'apprenti aux grosses lunettes se moque bien qu'il ait été formulé avec « modération », comme l'ordonnait le « plan de travail Est ». Il crie à travers la salle du restaurant :

« Vous pouvez raconter ce que vous voulez. " Nous ne nous livrons pas à la violence ", ben voyons! je suis le premier qui casse la gueule aux nègres quand ils abordent ma nana. »

Wolter lance un regard implorant aux trois collègues qui composent avec lui la direction du mouvement. René Koswig, né en 1966, est le *Kameradschaftsführer* (*chef de section*). Un grand gaillard aux lèvres épaisses et aux épaules larges. Il hurle, dans le dialecte de la région du Brandebourg :

« Silence, maintenant! »

On obéit. Wolter tente de sauver les meubles. Avec la force du dogme, il récite ce qu'il doit dire dans de tels cas :

« Nous intervenons pour la protection de notre peuple! »

Il regarde un instant vers moi-même et ma caméra, et constate que le voyant de prise de vue est allumé. Il ajoute alors :

« Certains l'interprètent de travers...

– Comment ça? mugit quelqu'un dans la salle.

– Chacun sait que nous ne nous livrons pas à la violence », dit Wolter, et l'on peut voir sur son visage qu'il n'en croit pas un mot. Mais son voisin, son « collègue de la direction », pense avoir trouvé la voie médiane pour sortir de la « question de la violence ».

« Si nous sommes attaqués, dit-il en dévoilant ses mauvaises dents, nous pouvons naturellement nous défendre! » Les autres ont compris. Hilarité générale. Il fait un large sourire et présente le même spectacle troublant, résultat d'une combinaison d'avanies : mauvais dentiste, mauvaise nourriture, mauvaises dispositions et mauvais soins.

Cottbus est une ville de l'est de l'Allemagne, proche de la frontière polonaise, « juste à côté d'Hoyerswerda ». La RDA existe encore, mais la fin s'annonce déjà. C'en sera fini, alors, de l'antifascisme prescrit par l'Etat. On le voit, il n'aura de toute façon servi à rien.

René Koswig, le « Führer » des camarades, a une « image du monde entièrement national-socialiste ». C'est ainsi que les experts et les psychologues désignent ce que l'on peut aussi dire, plus simplement, en ces termes : c'est un nazi convaincu.

Il l'était d'ailleurs bien avant d'avoir la possibilité d'entrer en contact avec ce que l'on appelait « l'ouest impérialiste ». Son casier judiciaire en RDA en témoigne. Mais après le « Tournant », la chute du Mur, lui et Karsten Wolter utilisèrent, durant l'été 1990, la présence d'une équipe de télévision du Süddeutsche Rundfunk pour confondre la juge « de l'époque », celle qui avait prononcé la « sentence inique ». La juge et le condamné se retrouvent dans la salle d'audiences du tribunal de Cottbus – le rendez-vous a manifestement été organisé par les cinéastes. Koswig et Wolter peuvent lancer un regard lourd de reproches quand la juge explique quelle procédure a été engagée contre les deux néo-nazis. Mais tout d'un coup, les rôles sont inversés. La juge se voit soudain contrainte de défendre son verdict. Et la caméra fait un gros plan sur ses mains jointes quand elle explique, incertaine :

« Je ne veux pas nier que nous n'avons pu totalement mettre cette idée de côté en prononçant la condamnation : il faut arracher la mauvaise herbe avant qu'elle ne pousse. »

Comme si elle devait en avoir honte.

Cet épisode fut une belle affaire pour les néo-nazis de Cottbus. Et une bonne opération de propagande : l'impression qu'une injustice communiste a été commise contre ces hommes n'a pas disparu au montage du film : « Allemagne réveille-toi ».

Selon Frank Hübner, les reporters auraient aussi mis 750 marks sur la table pour obtenir la coopération du groupe nazi de Cottbus, « pour les boissons et le reste... » Je n'en crois pas un mot, bien sûr, mais Michael Kühnen me dit la même chose deux semaines plus tard. « Ça arrive assez souvent », dit-il, en me remerciant pour le déjeuner que je viens juste de lui offrir. Je secoue la tête. Je ne me doute pas que je vais moi-même, un peu plus tard, mettre la main à la poche pour obtenir une interview avec un homme sous le coup d'un mandat d'arrêt.

Frank Hübner et René Koswig sont les manipulateurs de l'« Alternative Allemande » à l'Est. Ils apprennent vite leur métier. Et l'on peut penser qu'ils prendront moins de précautions à l'avenir quand il s'agira d'utiliser la violence et de l'avouer.

Koswig se considère comme une élite. Il nie l'holocauste et il hait les juifs. Je lui demande ce qu'il dirait s'il était établi que du « sang juif coule dans ses veines ».

Koswig se cale sur le dossier de sa chaise, ses mains tatouées de toiles d'araignée s'ouvrent légèrement. Ses yeux se rétrécissent quand il place la tête sur le côté et me répond avec conviction :

« Eh bien, si quelqu'un me disait que je suis juif, je lui tordrais le cou. »

20 octobre 1990. Le ciel est couvert au-dessus de Dresde. Quelques jours seulement se sont écoulés depuis la réunification de l'Allemagne. Aujourd'hui, j'ai décidé d'investir mes toutes dernières réserves financières et de louer les services onéreux d'une équipe de tournage. Il s'agit du premier défilé néo-nazi à l'est de l'Allemagne après la réunification. Cela ne sera malheureusement pas le dernier, mais les premières ont toujours quelque chose d'historique, même – ou surtout – lorsqu'il s'agit de manifestations fascistes. Je veux aussi voir comment réagiront la population et les autorités. Le défilé aura-t-il vraiment lieu ? Car s'il s'agit bien entendu – comme toujours, quand Christian Worch est de la partie – d'une opération soigneusement préparée sur le plan juridique, je suis tout de même curieux de voir ce que diront les chefs de section de la police en constatant qui défile réellement. La déclaration de manifestation a été déposée par un certain Edgard Meyer, qui ne joue aucun rôle réel dans l'organisation. Dans ce genre de déclarations, la tactique est toujours la même : un activiste encore inconnu des autorités déclare une manifestation pour un motif parfaitement neutre – « Nous manifestons pour la justice sociale », par exemple. Il ajoute qu'une « personnalité » y tiendra un discours – ce sera donc un meeting. Le nom de la personnalité n'est

pas encore fixé. On prétend attendre des confirmations. Dès lors, la manifestation est autorisée.

Si les autorités de Dresde ne sont pas informées à temps par leurs collègues de l'Office de protection de la Constitution, les forces de sécurité vont donc constater avec surprise, aujourd'hui, que le slogan ne sera pas « la justice sociale » mais « L'Allemagne aux Allemands », et que la « personnalité » chargée du discours sera tout simplement le directeur de l'organisation du NSDAP-AO, Michael Kühnen.

La tension monte. Mais il nous reste un peu de temps avant le début de la manifestation proprement dite : nous sommes partis beaucoup trop tôt, pour ne pas arriver en retard. Nous en profitons pour tourner des plans généraux sur la ville, et faire quelques micro-trottoirs.

La dernière personne que nous interviewons est un homme trapu qui doit avoir quarante ans. Nous lui demandons :

« Avez-vous peur des néo-nazis?

– Non.

– Pourquoi?

– Pourquoi aurais-je peur? Je suis allemand, tout de même! »

Et il nous laisse sur place. Le cameraman, le preneur de son et moi-même nous regardons ahuris.

Un peu plus tard, la gare centrale grouille de skinheads, de hooligans et de néo-nazis. Nous apprenons qu'il y a aussi un match de football, d'où les hooligans. La police est là, elle aussi, elle est en train de cerner le parvis de la gare. Dans le hall, en revanche, pas un policier, mais le noyau dur des nazis. De l'extérieur, on entend déjà brailler « L'Allemagne aux Allemands, Etrangers dehors », et tout aussi souvent « *Sieg Heil, Sieg Heil, Sieg Heil...* »

Et quand Michael Kühnen arrive à son tour, avec son amie Lisa et deux gardes du corps, il ne peut plus subsister aucun doute sur la nature de la manifestation. Christian Worch, Thomas Hainke et Gottfried Küssel sont déjà en train de passer les consignes à leur service d'ordre. Je serais curieux de savoir ce que le chef de section de la police pense de tout cela.

Je le trouve à quelque trente mètres, devant l'entrée principale du hall de gare où les skinheads étaient justement en train de lever le bras en criant « *Sieg Heil* ». Le commissaire principal Wunsch a un visage aimable, rondelet, mais pâle. Il a déjà passé son casque et mis en marche son walkie-talkie quand je l'aborde :

« Je trouve ça étonnant, tout de même, que les néo-nazis puissent manifester aussi simplement, ici, à Dresde... »

Wunsch s'en tient au droit, et à la nuance :

« Vous avez devant vous une manifestation autorisée. Selon les termes de la loi sur les rassemblements. Elle est donc parfaitement légitime. Et puis pour l'instant, il faudrait être précis : où sont les néo-nazis ? »

Je crois mal comprendre. Ils grouillent tout autour de nous, et cet homme me demande où sont les néo-nazis ! Je repars à la charge.

« Je n'ai pas bien compris. Comment l'entendez-vous ?

– Comme je viens de vous le dire. »

J'essaie lentement de comprendre si ce policier me prend pour un imbécile. Mieux vaut donc poser une question de principe :

« Vous trouvez donc qu'il n'y a pas de néo-nazis ? Ou bien est-ce qu'on va le constater plus tard... ? »

Wunsch ne saisit pas la perche que je lui tends. Il s'en tient à l'inexistence de ce qui se déroule devant nos yeux.

« Personne ne s'est encore manifesté dans le sens... »

Dans quel sens? Il faut le lui expliquer :

« Mais enfin, on n'arrête pas de faire des saluts nazis...

– Où? » demande-t-il. Il se retourne, gonfle un peu les joues et hausse les épaules, comme s'il ne voyait pas parfaitement qu'à trente mètres de nous, on lève le bras pour faire le « salut allemand ». Frénétiquement photographiés par la presse, les skinheads donnent leur spectacle en toute quiétude, comme s'il n'y avait pas le moindre policier en vue. Il faut tout de même rappeler que le salut hitlérien est interdit par le code pénal en Allemagne. Je vois que le cameraman continue à filmer le commissaire principal; je commente donc, à la place de la caméra, ce que nous voyons ensemble :

« Là, devant... pour les photographes, en plus, il y a des photographes et eux font le " salut allemand ", le salut hitlérien... c'est tout de même une attitude clairement néo-nazie, non?

– Je n'ai encore rien constaté! Je suis navré de vous le dire! »

Coupe. Cela suffit. D'autant plus que ce même commissaire principal Wunsch se trouvait un instant plus tôt avec Michael Kühnen et un autre néo-nazi, un certain Rainer Sonntag. Dans le hall de la gare, j'avais relevé ce dialogue, tenu alors que Wunsch était entièrement entouré de partisans de Kühnen. Le commissaire informait aimablement Kühnen :

« Vous pouvez tenir votre rassemblement ici. Dans ce cas, nous vous conseillerions de revenir par le même chemin. Si cela vous convient. »

Cela convient à Michael Kühnen. Et Wunsch lui recommande ses propres services :

« Alors, vous pouvez vous tenir à côté de moi, et nous... »

Face à tant de prévenances, Kühnen tient tout de même à savoir à qui il pourra confier sans crainte des missions plus élevées en cas de prise de pouvoir :

« Rappelez-moi votre nom? demande Kühnen, intéressé.

– Mon nom est Wunsch...

– Wunsch, c'est un beau nom! se réjouit le chef néo-nazi.

– Tout à fait, commissaire principal Wunsch », ajoute le fonctionnaire. Rainer Sonntag se mêle alors à la conversation. Cet homme au visage rond, un peu courtaud, le cheveu clairsemé, quelques doigts plâtrés à sa « main d'attaque », n'a pas du tout l'air d'un karatéka. Mais il espère qu'il y aura de la violence, et ne s'en cache pas :

« Si les gauchistes deviennent trop agressifs, nous ne l'accepterons pas. »

Wunsch le tranquillise :

« Si vous craignez des exactions, nous sommes là aussi pour cela. »

Mais Sonntag ne veut pas se laisser priver de son plaisir :

« Très bien, dans ce cas on fera ça ensemble. »

Wunsch accepte sans se formaliser les manières cavalières de Rainer Sonntag. Il faut mentionner ici le fait que Sonntag a de bons contacts avec la police : on saura plus tard qu'il sert, de temps en temps, d'informateur à la police judiciaire de Dresde. En langage courant : c'est un indic.

Le commissaire principal Wunsch, lui, paraît n'avoir qu'un seul souci : que la manifestation nazie se déroule sans incidents.

Il se tourne de nouveau vers Kühnen :

« Vous êtes d'accord ?

– Nous sommes d'accord », confirme Kühnen, manifestement étonné de la bienveillance du traitement. Mais le commissaire principal Wunsch ajoute encore une phrase, que le terme de « bienveillance » ne suffit déjà plus à qualifier :

« Dans ce cas, nous allons nous tenir à distance, et je vous prie de ne pas vous formaliser de la présence des policiers... »

Et l'on voit ainsi cinq cents néo-nazis défiler vers le Semper-Oper de Dresde ; les bonnes manières de monsieur Wunsch sont directement transposées dans les faits. En parfaite harmonie, une rangée de policiers marche devant le cortège, tandis que Kasten Wolter avance avec sa bannière du Reich, si près des policiers qu'on pourrait croire que le drapeau est porté par les gardiens de la paix en uniforme vert. Cette provocation, qui donne des scrupules même à Christian Worch (« Tout de même, je me demande si ça n'est pas un peu trop gros... ») n'est pas remarquée par les forces de l'ordre – ou bien, ce qui serait encore pire, elles ne la considèrent pas comme une provocation.

« L'Allemagne aux Allemands, les étrangers dehors », entend-on au centre ville de Dresde. Ou encore : « Breslau, Königsberg, Stettin – Villes allemandes, comme Berlin ». Il ne s'agit pas seulement de " regermaniser " l'Allemagne : on réclame aussi les « territoires perdus » – ceux qui appartiennent aujourd'hui à la Pologne ou à la Tchécoslovaquie.

Certains des skinheads transposent aussitôt dans les faits la première revendication. Ils se détachent de la manifestation et vont « casser du fidji ». Cela signifie qu'ils frappent indistinctement toute personne ressemblant à des Vietnamiens – des punitions qu'ils « administrent » presque sans être dérangés. La police marche bien avec monsieur Kühnen !

C'est ainsi, précisément ainsi, que le ressent le spectateur. Comment pourrait-il le comprendre autrement ? Quand on entend, dans les mégaphones, « Nous ne voulons pas de porcs juifs ! », lorsque les policiers marchent tranquillement autour du cortège sans intervenir. On ne donne même pas d'avertissement à ceux qui incitent à la haine raciale. Je ne cesse de me répéter que c'est une bonne chose de tout pouvoir filmer avec la caméra vidéo.

Voilà donc comment, peu de temps après la réunification, Kühnen et Küssel ont pu tenir un meeting à Dresde, devant le Semper-Oper. Les fameuses manifestations du lundi à Leipzig, qui permirent aux citoyens de RDA d'obtenir pacifiquement la fin du régime est-allemand, ne datent pas d'un an. Déjà, dans son discours adressé aux néo-nazis, Gottfried Küssel entreprend son travail de falsification de l'histoire :

« C'est cette jeunesse allemande révolutionnaire qui est descendue dans la rue dans l'ancienne RDA. Elle qui, ici aussi, à Dresde, a lancé ces manifestations qui ont, au bout du compte, mené à l'unification de la RDA et de la RFA. »

Comme si les néo-nazis avaient provoqué la chute du Mur. C'est toujours la même manière de réécrire l'histoire. Ou toujours les mêmes moyens quand il s'agit de celle du IIIe Reich.

Si la démocratie a une chance, dit-on, c'est uniquement celle d'être défendue par des citoyens majeurs. Ce jour-là, mon dernier espoir se porte donc vers les citoyens de Dresde. Comment la population réagit-elle à ce défilé ? La plus grande partie observe ce cortège bruyant d'extrémistes bottés avec une étonnante impassibilité. Leur réaction est tellement faible qu'on ne peut même pas deviner si elle est due à la peur, au rejet ou même à une sympathie muette. Ils sont épouvantablement peu nombreux à s'exprimer. Un antifasciste inlassable ne cesse de crier « nazis dehors ». Il porte une veste de cuir brune. Ses cheveux longs et sa barbe de trois jours suffisent à le distinguer des autres badauds. Mais le plus frappant est que personne ne le soutient. Il est le seul, sur cent passants rassemblés à ce coin de rue, à dire quoi que ce soit à voix haute contre les nazis. Et bien qu'il soit seul, les skinheads qui défilent devant lui répondent à plusieurs voix : « Gauchistes salauds! »

Juste après, je remarque une jeune fille portant une veste de daim, manifestement agacée d'entendre répéter dans les mégaphones, le slogan « Etrangers dehors ». Elle secoue sa chevelure teinte en roux; je crois mal entendre quand elle crie aux fascistes, furibonde :

« Est-ce que je ressemble à un nègre, peut-être? »

Si elle est en colère, c'est donc parce qu'elle se sent mise dans le même sac que les étrangers. Le terme choisi, « nègre », montre qu'elle n'est pas insensible au racisme, et je me dis un instant qu'elle pourrait parfaitement prendre sa place dans le défilé des nazis.

Et puis il y a aussi ce vieux monsieur qui a certainement vécu le national-socialisme « réel ». Cela n'a pas été sans séquelles, comme on le voit au commentaire qu'il lance en voyant passer devant lui cette « jeunesse actuelle » :

« Quelle racaille! » grogne-t-il. Et il conclut : « Il faudrait envoyer tout ça en camp! »

Plus tard, beaucoup plus tard, à la table de montage de la télévision suédoise, quand nous assemblons cette séquence prise à Dresde, je décide de n'intégrer aucune de ces trois réactions. Dans le contexte, toutes trois donneraient une image assez frustrante (et peut-être, aussi, erronée), c'est le moins qu'on puisse dire, de l'opinion publique. Nous nous rabattons sur une exception : la réaction d'une passante – qui fut hélas la seule de son genre. Je voudrais ici remercier cette dame que nous appelâmes, dans la salle de montage, « notre trésor ». Sa réaction spontanée contribue à ne pas donner l'image totalement déprimante d'une germanité abrutie :

Elle surgit tout d'un coup devant moi, les cheveux blond châtain, l'air horrifié. Elle a la quarantaine, l'homme qui l'accompagne, apparemment son époux, est un peu plus âgé. Tous deux regardent le cortège de manifestants qui sont en train d'exiger : « L'Allemagne aux Allemands, étrangers dehors. » La passante se tourne le doigt sur la tempe pour montrer aux nazis qu'elle les considère comme des fous. Son mari qui, sans doute par peur des représailles des nazis, ne veut pas qu'elle soit filmée, tente en vain de l'entraîner plus loin. C'est certainement le même réflexe qui, voici cinquante ans, a permis que des centaines de milliers de juifs soient battus, emmenés et déportés sous les yeux de voisins qui regardaient volontairement ailleurs. C'est la peur pour sa propre peau qui rend si rare le courage civique. Les plus âgés pourraient encore avoir ce sentiment oppressant : le besoin de « ne surtout pas se faire remarquer », qui réduisit à néant le courage de protester, et qui fut d'abord provoqué par la vision des troupes de brutes de la SA, avant la prise du pouvoir, puis par les arrestations opérées par la Gestapo chez les voisins.

« Nous vous aurons tous ! » scandent les nazis à de multiples reprises. Les jeunes pourront sans doute comprendre toute la portée de cette menace quand je leur aurai cité le commentaire d'une autre dame, âgée d'à peu près soixante-dix ans, qui me dit sans se faire voir :

« Si je proteste maintenant, et s'ils arrivent un jour au pouvoir, je serai déjà " suspecte ". Ils peuvent bien parler de " courage civique ", nos politiciens : ils ont fait leur pelote, eux. Ils peuvent ficher le camp. Mais moi, où voulez-vous que j'aille ? »

« Nous vous aurons tous ! » – cette intimidation agit avant même qu'ils ne soient au pouvoir. C'est le principe abject, la condition du pouvoir totalitaire. Il ne faut pas beaucoup de courage pour insulter la démocratie. Pourtant, les nazis qui défilaient, jadis et aujourd'hui, font taire le brave bourgeois – une réaction qui n'est que trop humaine et que l'on utilise sans vergogne. Même les nazis ont ainsi l'impression d'être soutenus par une « majorité silencieuse ». Les manifestations contre l'extrémisme de droite et la xénophobie qui ont, durant l'été 1992, rassemblé des centaines de milliers de citoyens allemands, montrent que la véritable « volonté populaire » n'est pas celle que s'imaginent les nazis.

C'est pour cela que la passante de Dresde était tellement à part. « Notre trésor » ne se laissa pas entraîner par son mari, et dit haut et fort ce qu'elle pensait :

« C'est de la folie ! Comment les jeunes qui ont grandi ici peuvent-ils être aussi déments et dire des choses pareilles ? Je n'arrive pas à le comprendre ! »

5.

Comment on devient un martyr

Gerald Hess est assis juste en face de moi. Nous avons trouvé une place tranquille dans le coin le plus reculé du restaurant. La salle est pleine à craquer d'extrémistes de droite de toutes les obédiences. Le tenancier du « Vieux Moulin », à proximité de Hambourg, n'est pas franchement heureux d'avoir une telle clientèle. Mais la vue de la mine pincée d'un restaurateur trompé sur le chaland m'est devenue familière.

« Ecoute, Gerald, dis-je en chuchotant à celui qui me fait face, tu le sais, ce que je veux, c'est montrer comment vous êtes réellement. »

Gerald plisse le front.

« Et alors?

– Et alors je ne peux pas le faire! dis-je d'une voix basse et lourde de reproches.

– Comment ça? Qu'est-ce qui s'est passé? » Gerald chuchote à son tour, maintenant.

« Je ne peux pas filmer ici! »

« L'historien britannique » David Irving doit arriver d'un instant à l'autre et tenir une conférence devant un public choisi – choisi par Christian Worch, à la demande d'un certain Ewald Althans, de Munich, qui organise la tournée de l'Anglais en Allemagne. Mais comme on compte aujourd'hui, parmi ce public trié sur le volet, le chef des néo-nazis Michael Kühnen, Irving tient absolument à ce que les journalistes restent à distance. Irving, qui conteste l'existence des chambres à gaz d'Auschwitz, en s'appuyant sur le mot d'ordre « La vérité rend libre », ne tient pas à ce que l'on fasse connaître ses véritables relations et ses véritables contacts.

J'expose mon raisonnement à Gerald : « S'il est vrai que Kühnen et Irving se rencontrent ici, il n'est pas normal que je ne puisse pas le filmer uniquement parce que Irving tient à son image de marque, non? »

Gerald réfléchit un instant. Il admet qu'il partage tout à fait mon opinion. C'est ainsi qu'en l'espace de dix minutes, et avec l'accord de Kühnen, est prise une décision qui paraît incroyable et dont les autres ne doivent rien savoir : je vais filmer David Irving avec une caméra cachée. Gerald et l'un de ses amis m'aideront à le faire.

Peu de temps après, nous sommes dehors. Il fait sombre. Les lampes, à l'entrée, jettent une pâle lueur sur la scène. J'ai passé sur ma tête la veste noire de Gerald et je suis accroupi derrière les deux néo-nazis, tandis que Gerald a coincé l'objectif de ma caméra entre son bras et son buste, à hauteur du coude. De cette manière, on ne voit rien de moi ni de la caméra. Après un certain temps passé à attendre, aussi discrètement que possible, à quelques pas de l'entrée, Gerald s'anime :

« Attention, il arrive!

– Plus à gauche! » ordonné-je en chuchotant.

Gerald Hess obéit et tourne précautionneusement le buste vers la gauche. Son ami suit le mouvement. A travers le viseur de la caméra vidéo, je suis les ombres des personnes qui se trouvent à peu près à vingt mètres de moi. Je maudis mon tremblement, qui se communique un peu à l'image. Mais on ne filme pas tous les jours avec une caméra cachée.

« C'est ça? demandé-je à voix basse.

– Je crois bien », répond Gerald.

Admirable! Je peux distinguer les silhouettes; Kühnen, et juste à côté la haute stature de ce monsieur Althans. Quelques autres personnages – voilà Wolfgang Hess. Christian Worch apparaît, et donne des ordres. Et le voici. C'est lui, Irving! Je l'ai, je l'ai, avec les autres, ceux avec qui il ne voulait surtout pas être photographié ou filmé. Il s'entretient à présent avec Christian Worch.

« Eh, attention, ils regardent! Fais attention! »

Gerald devient nerveux. Nul ne sait comment réagiraient les autres si l'on nous découvrait. Moi aussi, je sens que je me décompose lentement. La nervosité de Gerald me gagne. En plus, mon tremblement m'empêche presque de tenir la caméra.

« S'ils remarquent quelque chose maintenant, mieux vaudra foutre le camp en vitesse », prévient Gerald.

Je tente de mieux cadrer Irving, avec le zoom, et de gagner un peu de temps :

« Encore un instant!

– Il faut arrêter, ils regardent dans notre direction. Arrête, je t'en prie! »

D'accord. J'ai de toute façon la scène dans la cassette. J'appuie avec le pouce sur l'interrupteur de la caméra, pour l'arrêter. Je suis comme frappé par la foudre : je viens de la mettre en marche! Cela signifie qu'elle était éteinte jusqu'ici : j'ai sans doute vu Irving dans mon viseur, mais je ne l'ai pas filmé. Tout a été inutile!

Malgré cet incident, l'opération fut tout de même

profitable. Cette étrange collaboration a créé une extraordinaire relation humaine. Gerald trouve bien « de coincer cet hypocrite, pour une fois ». Et je trouve cela bien, que Gerald pense ainsi.

Le 21 juillet 1990, je rencontre Gerald Hess lors d'une « réunion de section ». A la fin de la soirée, il monte dans ma voiture et nous nous rendons dans un restaurant de Langen, où nous pouvons discuter tranquillement. Il faut qu'il me donne des informations – il y a eu des problèmes. Voici quelques jours, dans un petit village nommé Maintal, près de Francfort-sur-le-Main, la police a organisé un véritable déploiement de troupes pour empêcher une interview que je voulais mener avec un skinhead nazi. L'entretien devait porter sur les jeux vidéos néo-nazis. Selon le rapport de l'Office de protection de la Constitution, « *La recherche des fabricants et des diffuseurs de ces produits... s'est heurtée et se heurte encore aujourd'hui à de grandes difficultés* ». Les autorités ont donc elles aussi besoin d'informations.

A ma grande inquiétude, mes recherches journalistiques ont été bloquées par la police. Les skinheads ont été arrêtés avant que je n'arrive au lieu de rendez-vous.

Le 21 juillet 1990, le *Maintaler Tagesanzeiger* en savait assez pour écrire :

« *Les passants, les voisins et les fonctionnaires ayant participé à l'opération émirent sans doute des doutes sur le point de savoir s'il fallait opérer un tel déploiement de forces (plus d'une demi-douzaine de véhicules d'intervention) pour placer en garde à vue* *cinq jeunes gens mais le procureur avait ordonné expressément cette opération.* »*

J'espère à présent que Gerald va me donner des informations sur le fond de cette affaire. Il me raconte que le père de l'un de ces skinheads est membre du parti social-démocrate, et qu'il est aussi sans doute lié d'amitié avec l'un des policiers qui a participé à l'arrestation – lequel est lui aussi membre du SPD. Il est donc vraisemblable qu'un membre du parti ait demandé à l'autre de lui faire le plaisir d'empêcher, d'une manière ou d'une autre, le passage de son fils à la télévision. Car il avait appris que celui-ci projetait de donner une interview. Une théorie osée. Mais tout d'un coup, Gerald devient très grave.

Le patron nous sert deux bières. Gerald prend l'une de mes cigarettes et réfléchit. Le restaurant est bien

---

* Au mois d'août 1991, la revue *Publizistik und Kunst* du Syndicat des Médias publie les informations suivantes (extraits) :

« Début septembre 1990; Michael Schmidt a, par l'intermédiaire de son avocat, connaissance d'un acte d'accusation dans lequel le parquet de Hanau lui reproche à lui aussi des actes relevant de l'incitation à la haine raciale et à la xénophobie. Cette procédure se fonde sur le témoignage d'Andreas Reuhl. Celui-ci affirme que Schmidt l'a incité à accepter des disquettes interdites. Reuhl, son ancien contact, est donc devenu un témoin à charge. Mais confronté à Schmidt, il admet qu'il a fait cette déclaration sous la pression du procureur, qui lui aurait promis des avantages s'il témoignait contre Schmidt...

On peut demander au Parquet pourquoi ce genre d'informateurs obscurs lui suffisent pour prononcer l'inculpation de journalistes. »

Extrait du témoignage du skinhead Andreas Reulh :

« Je n'ai pas dit que ce serait mieux pour moi de devoir témoigner contre M. Schmidt. On m'a dit que ce serait préférable pour moi, lors de mon procès. »

Le 11 mai 1992 est rendue publique la décision lapidaire du Parquet de Hanau :

« La procédure d'enquête contre Michael Schmidt pour incitation à un déli prévu au par. 131 est annulée. »

fréquenté. Derrière nous, une machine à sous tintinnabule. Un jeune couple se tient debout dans un coin de la salle. Ils jouent aux fléchettes. L'arrivée des projectiles sur la cible provoque un « blubb » assourdi.

« Il faut que tu fasses attention! » dit-il tout d'un coup. Il a compris que je ne prends pas encore cette affaire au sérieux.

« Tu ne vois pas qu'il y a des mouchards de la police, chez nous?

– Et qu'est-ce que cela a à voir avec moi?

– C'est très simple : cela permet à la police de connaître tes projets. Et si ça ne leur plaît pas, tu as des embêtements. Tu verras bien. »

Maintenant, je suis bel et bien inquiet :

« Mais qui est le mouchard? »

Gerald tire sur sa cigarette. Puis il secoue la tête et dit, l'air embêté :

« Je n'ai pas de preuves. Mais nous savons qui c'est, bien sûr. Ou plutôt : qui ils sont. Mais je ne te dirai pas les noms parce que... »

Gerald hésite. J'attends, impatient, jusqu'à ce qu'il finisse par dire :

« Ça ne te regarde pas du tout. »

Quelque chose, dans cette histoire, me paraît totalement illogique. Je demande :

« Mais si vous savez qu'il y a un mouchard, pourquoi le laissez-vous continuer? »

Un large sourire apparaît sur le visage de Gerald, qui répond :

« C'est la meilleure manière de mettre dedans les flics et la *Schmutz*. Nous donnons à notre camarade des informations choisies : et elles ne sont pas forcément toutes exactes! Tu nous prends pour des imbéciles? »

Je commande une nouvelle bière. Nous restons un instant face à face, en silence. Assez longtemps, même, jusqu'à ce que l'on pose nos bières fraîches sur la table. Je lève mon verre devant Gerald. Mais il ne réagit pas. Tout d'un coup, il dit :

« Tu sais que je t'aime bien. Mais je n'ai plus confiance en toi! »

Je sens la chaleur et le froid me parcourir successivement. Dans quoi suis-je tombé? Gerald me l'explique avec énergie :

« Cela fait plus d'un an maintenant que nous nous connaissons. Et je ne sais toujours pas précisément quels sont tes projets. Jusqu'ici, personne n'a encore autant filmé parmi nous que toi. Et tu sais des choses que *moi*, je ne savais même pas. Sur les organisations à l'étranger, par exemple. Tu les connais tous, les noms, les lieux, tout cela. Chez les camarades, on devient méfiant, peu à peu, parce que tu ne finis pas ton film. Et je m'étonne que tu aies toutes ces informations sur nous! Qui es-tu? »

Je tente de répondre : « Je suis Michael Sch... », mais il m'interrompt sèchement :

« Je ne te crois pas! Tu es de la *Schmutz* ou de l'Antifa? En tout cas, tu n'es pas un reporter normal. »

Je sens ma sueur couler. L'affaire devient délicate, Gerald est maintenant sérieux comme une tombe. Ma réponse doit être logique et convaincante.

« Tu sais parfaitement que si j'étais de l'Office de Protection de la Constitution, ou si j'étais membre du mouvement antifasciste, je ne te le dirais pas. Je ne peux que te demander de me faire confiance et de me croire : je ne suis ni un flic, ni un autonome. D'ailleurs, si je travaillais à l'Office de Protection, crois-tu que j'aurais eu de tels problèmes avec la police?

– Ça peut aussi être un truc », dit-il, agressif.

Gerald se croit entouré d'ennemis, d'agents, de

mouchards et de faux amis. Il n'a pas tout à fait tort, on le verra. Nous discutons encore, et je parviens à apaiser ses craintes. Et il se met à parler de lui : il a des ennuis d'argent, des problèmes avec sa petite amie, et sa fonction le surmène. Il en a assez d'assumer seul le travail d'organisation tandis que les autres ne se montrent que pour les « opérations » ou pour les beuveries. La police politique, c'est ce qu'il m'indique à mots couverts, veut le faire « craquer », le met sous pression, peut-être pour le forcer à collaborer.

Et puis il a des problèmes avec l'un de ses « camarades ». Il ne veut pas me dire de qui il s'agit. En tout cas, me précise-t-il, on ne peut plus faire confiance à celui-là. Car c'est « aussi un mouchard ».

Entre-temps, Gerald a avalé sa septième bière. Il commence à être ivre. Je le fourre dans la voiture, je le conduis à la maison et je lui assure qu'il pourra toujours s'adresser à moi si nécessaire. Gerald me remercie, me serre la main et dit :

« On verra. Peut-être... »

Cinq jours plus tard, il est mort.

J'apprends la nouvelle par mon adresse de contact. Heinz Reisz a appelé. La nouvelle que l'on a trouvé Gerald abattu m'inquiète considérablement.

« Je vous confirme, me dit par téléphone le fonctionnaire de police chargé de l'affaire, qu'un suicide a eu lieu cette nuit dans l'appartement de Gerald Hess. Pour nous, cette affaire est déjà classée. »

A ma demande, il me précise que des examens scientifiques vont avoir lieu, notamment une autopsie. Ces examens doivent confirmer ce qui s'est passé et la cause de la mort établie par la police – « ou bien ils ne les confirment pas, mais dans ce cas ils les confirmeront! » me promet le policier. Je ne comprends pas vraiment comment il peut déjà en être aussi convaincu, mais lui doit bien le savoir.

J'appelle Wolfgang Hess. Pour moi, à cet instant, ce n'est pas un néo-nazi, mais tout simplement le père de son enfant. Lui voit la chose autrement :

« Evidemment, ça cadre bien : Gerald Hess se suicide! »

Il a du mal à maîtriser sa voix. Je peux comprendre son amertume.

« Ça n'était qu'un " sale petit nazi ". Ça entre bien dans le cliché! Un tel type ne peut que s'être suicidé, avec son cerveau brun malade! »

Wolfgang Hess est durement atteint. Son fils vivait encore quand il l'a trouvé. Gerald est mort dans ses bras, une partie des poumons pendant sur la cage thoracique. La mort a été provoquée par un coup de fusil à canon scié, parti d'en bas, en avant et à gauche.

« Mon fils a été assassiné! »

Peu de temps après paraît un tract de Michael Kühnen. On y lit, sous le titre « Sacrifice mortel pour l'Allemagne ».

« *... Ce fut un sacrifice mortel, volontaire et conscient pour l'Allemagne. Notre camarade Gerald Hess a voulu placer un fanal [...] Pour autant que nous le savons, Gerald Hess s'est lui-même donné la mort. Mais il a tout de même été assassiné : ses meurtriers sont le système dominant qui, non content de n'offrir ni valeurs, ni idéaux à notre jeunesse nationale, les persécute et les brime. [...] Ses meurtriers sont les philistins lâches et rassasiés...* »

On pouvait s'y attendre : Gerald est traité comme un martyr. Ses « camarades » confirment son suicide. Dans un premier temps, seul son père, Wolfgang Hess, croit qu'il a aussi pu être abattu par quelqu'un d'autre.

Mais peu de temps après, on change son fusil d'épaule. Kühnen fait publier une édition spéciale du journal confidentiel *Die Neue Front*. On y lit, cette fois :

« *Même si les écrits laissés par Gerald laissent penser à un sacrifice politique volontaire, on ne peut passer sous silence le fait que certaines énigmes planent sur cette mort... Quand on l'a trouvé, il avait une blessure à la jambe et des lésions particulièrement rouges au visage. D'où viennent ces blessures ? La police, elle aussi, a eu un comportement bizarre, et a voulu refermer le dossier rapidement, sans attirer l'attention du public. Il a fallu attendre une plainte pour meurtre [...] pour que l'affaire reprenne son cours.* »

Une lettre que l'on trouva plus tard lors d'une perquisition donne des renseignements sur les rapports entre Gerald Hess et l'homme qu'il considérait comme un « mouchard » et auquel il ne voulait plus faire confiance. L'homme avec lequel Gerald avait tant de difficultés.

Michael Kühnen date du 24 août 1990, 102e AdF (102e année du Führer), une lettre adressée au néo-nazi de Dresde Rainer Sonntag.

Et dans ce texte, il va plus loin :

« *Ici, à Langen, nombreux sont ceux qui croient que tu as abattu Gerald. Des rumeurs affirment aussi que tu étais de nouveau à Langen à l'époque des faits. Il aurait déjà été difficile, après que tu nous as abandonnés sans tambour ni trompette, et que tu as pris position contre nous à la télévision (sans même parler de l'argent que tu dois à des camarades) de te faire, pour ainsi dire, revenir dans nos rangs avec les hon-*

neurs... Gerald, précisément, était inflexible sur ce point... Nous ne te faisons pas confiance [...] Si tu as quelque chose à voir avec la mort de Gerald, cela se saura, tôt ou tard. Et tu peux certainement t'imaginer quelle sera alors notre attitude à ton égard, car Gerald était un des meilleurs d'entre nous [...] A condition que tu n'aies rien à voir avec la mort de Gerald, je suis d'accord pour que tu éduques tes camarades, en toute fidélité avec moi-même et notre groupe, pour que tu distribues notre matériel de propagande, et pour que toi-même et tes camarades entriez dans l'une de nos organisations avancées... »

Mais qui est Rainer Sonntag?

Sonntag, un bagarreur trapu, fut engagé en 1973, à dix-huit ans, dans sa ville natale de Dresde, comme « collaborateur non officiel » par le « bureau n° 1 » de la police criminelle, responsable entre autres de la « prévention des franchissements illégaux de la frontière ». Après des études difficiles, il avait mis un terme à son apprentissage. A l'époque, Sonntag est un joueur, un buveur, et il se fait rapidement son trou dans le milieu louche de la ville sur l'Elbe. Une « tentative de fuite hors de la République » lui vaut, la même année, un an et demi de réclusion; en prison, ses services de mouchard lui valent certains avantages. Il est ensuite condamné plusieurs fois à des peines d'emprisonnement pour vol. En 1986, la RDA l'expulse en Allemagne fédérale, comme « criminel ».

Dès son arrivée au camp d'accueil, il se vante d'avoir été racheté en tant que « prisonnier politique ». Sonntag se rend à Langen et prend rapidement contact avec le groupe de Kühnen. Avec son aide, les néo-nazis veulent faire de la petite ville de Langen la « première ville d'Allemagne libérée de ses étrangers ». Sonntag est candidat aux élections municipales; il occupe la troisième place sur la liste du « Rassemblement National » (NS) créé par Kühnen pour l'occasion. La revue électorale *Der Sturm* publie son portrait :

« *Connu pour son naturel direct et ses professions de foi politiques sans fioritures en faveur de l'Allemagne, il gagne rapidement l'attention de ses auditeurs. Il connaît les problèmes sociaux et spirituels de ses compagnons de race* (et des nôtres) qui vivent en Allemagne centrale et orientale.* »

En tant que chef du « Commando spécial sécurité », un groupe interne du NS, le « compagnon de race » Sonntag fait la chasse aux étrangers; au bout du compte, il se retrouve devant la justice pour coups et blessures et détention d'armes prohibées. Peu avant les élections, le 9 février 1989, le NS est interdit.

Avec son « naturel direct », Sonntag a déjà découvert depuis longtemps, à cette époque, comment il peut gagner facilement de l'argent à l'Ouest. Il gagne sa vie dans le quartier de la gare, à Francfort, et se donne lui-même le titre de « protecteur de prostituées ». Il peut faire la preuve de ses qualités au combat comme videur de bordel. Il tente aussi de financer son mode de vie dispendieux aux frais de ses « camarades », mais n'y parvient pas. Il profite de la chute du Mur et va s'installer à Dresde. Bien qu'il soit en délicatesse avec Gerald Hess, à qui il a volé près de 6 000 marks (plus de 20 000 francs), il se vante de ses bonnes relations avec le chef nazi Kühnen.

A Dresde, Sonntag parvient rapidement à rassem-

---

* *Volksgenosse,* vocabulaire nazi. Littéralement : compagnon de peuple. (NdT)

bler autour de lui une troupe de jeunes néo-nazis. L'homme qui se promène volontiers avec sa quatre-quatre japonaise blanche et qui a toujours un berger allemand à ses côtés joue ensuite un rôle décisif dans la fondation de divers groupuscules néo-fascistes à Dresde : l'« escadron de protection est » (*Schutzstaffel Ost*), l'« Union des Loups-Garous Saxons » et la « Résistance Nationale Allemande » (NWD). Sonntag a de grands projets pour la NWD. Elle doit devenir un « parti pour le droit et l'ordre ». On veut s'en servir pour se camper en « combattants contre la décomposition sociale ». Sous la bannière de la NWD, et avec des banderoles proclamant « *Dresde ne sera pas un bordel* », quelque 300 extrémistes de droite et autres skinheads défilent en mars 1991 dans les rues de la ville, « *contre le chômage, les drogues, la prostitution et la criminalité* ». Le « protecteur de putains » Sonntag ouvre le cortège.

Au fil du temps, la troupe de Sonntag devient fréquentable. Il a des entretiens avec le Service de Protection de l'Etat, et le chargé de mission de la ville de Dresde pour les problèmes d'étrangers l'invite à venir bavarder avec lui à la suite d'une série d'attaques racistes commises dans la ville. Mais Sonntag est contesté au sein du mouvement nazi à l'Est. On regarde avec de plus en plus de méfiance cette pièce rapportée de l'Ouest, il parle trop, passe pour un escroc et une grande gueule. On le perce rapidement à jour. Sonntag croit alors nécessaire de se refaire une réputation en passant aux actes.

Il prévoit de mettre en place sa propre brigade des stupéfiants. « Nous voulons protéger nos enfants de l'enfer », dicte-t-il aux journalistes de la presse locale. Alors, Sonntag commence à traquer les joueurs de bonneteau, sur la promenade commerçante de Dresde.

Là-bas, dans la Praterstrasse, des « joueurs à la sauvette » gagnent leur vie en exploitant le goût du risque de certains Allemands et leur amour de l'argent facile. Les benêts ainsi trompés applaudissent avec enthousiasme quand Sonntag et ses camarades matraquent, lors de plusieurs « opérations de nettoyage », des joueurs de bonneteau hongrois. Il en enchaîne même un au poteau d'un réverbère, avant de le remettre à la police – une bonne opération publicitaire.

La police ne voit rien à redire à l'action de ces « auxiliaires ». Une main lave l'autre : Sonntag franchit sans encombre une série de vérifications d'identité et d'interpellations. L'apogée de la coopération entre la police et les nazis, dans cette ville de culture qu'est Dresde, est atteint quand un fonctionnaire de la police centrale de protection transporte dans sa voiture privée les hommes de Sonntag jusqu'au lieu de leur intervention.

Avec ses opérations de nettoyage contre les joueurs de bonneteau, les colporteurs clandestins et les prostituées, la troupe de Rainer Sonntag peut aussi être assurée de l'approbation – tacite mais aussi, parfois, ouverte – des citoyens de Dresde. « Je suis l'œil, l'oreille et la bouche de la population », brame le *Volksgenosse* Sonntag devant les microphones des reporters de la ZDF. Tout en lançant des appels au combat pour la « *propreté allemande* », c'est-à-dire contre les étrangers, le trafic de drogue, la criminalité, la prostitution, l'homosexualité et la gauche, le chef néo-nazi gagne depuis longtemps sa vie en pratiquant le racket. Bon nombre de marchands de cigarettes vietnamiens doivent verser des sommes considérables pour ne pas se faire tabasser par les bandes de Sonntag.

Sonntag est impliqué dans des trafics d'armes. Tandis que ses partisans manifestent contre la pornographie, il récolte l'argent de la protection dans le milieu des bordels. Cette double stratégie va lui être fatale, dans la nuit du 31 mai au 1er juin 1991.

Cette nuit-là, à peine un an après qu'une décharge de chevrotines avait provoqué la mort violente de Gerald Hess, une cinquantaine de partisans de la « Résistance Nationale » de Sonntag se rassemblent devant le cinéma Faunpalast, au centre de Dresde. La plupart d'entre eux sont vêtus de noir, ils ont le crâne rasé et portent aux pieds de lourdes bottes de soldats. Leur chef, Rainer Sonntag, les a convoqués ce soir-là pour aller « casser » un bordel situé à proximité, dans la Moritzburgerstrasse. Cette opération « contre la prostitution » répond en fait au refus du propriétaire de la maison close de payer une taxe à l'ancien « protecteur de prostituées » Sonntag. Cela va lui être fatal.

Peu avant minuit, un coupé Mercedes glisse lentement devant le groupe. Le chauffeur s'arrête tout d'un coup. Son passager saute hors de la voiture; querelle, affrontement, Sonntag ne manifeste aucune peur quand l'autre sort un fusil à canon scié. Le coup part. Sonntag est mortellement atteint à la tête, et tombe sur le trottoir, couvert de sang, tandis que le tireur saute dans la voiture et décampe.

Après que ses « camarades » se sont remis du choc, ils couvrent le corps de leur chef avec une bannière du Reich, et jurent de « venger dans le sang Rainer Sonntag ». Les coupables étant hors d'atteinte, ils vont « cogner les étrangers ». Le lendemain, la chasse aux joueurs et aux Vietnamiens continue. Un jour après, le bordel de la Moritzburgerstrasse est « cassé » à titre posthume. Quelques jours plus tard, sur un avis de recherche lancé par Interpol, deux hommes de vingt-quatre et vingt-cinq ans, bien connus dans les milieux de la prostitution, sont arrêtés à Bangkok, soupçonnés d'avoir tué le néo-nazi.

Après la mort de Sonntag, la lutte pour la direction du mouvement à Dresde s'arrête. Toute la section néo-nazie veut utiliser la mort de Sonntag comme un fanal pour le mouvement néo-fasciste dans les cinq nouveaux Länder allemands, une mort idéale pour la future propagande : on a enfin abattu un néo-nazi en pleine rue ! Bien sûr, ce n'était pas l'œuvre d'adversaires politiques, comme dans le cas de leur modèle Horst Wessel. Mais comme Horst Wessel, un petit souteneur devient un grand martyr*.

Oubliée, la correspondance avec Kühnen, après la mort de Gerald Hess. Oubliés les bruits selon lesquels Sonntag aurait vendu pour moins de 400 marks, trois semaines avant les faits, l'arme du crime à ses meurtriers. Oubliées, les manigances criminelles de Sonntag, et ses services de mouchards. Oublié, l'argent volé à ses camarades. Tous les groupes néo-nazis de quelque importance préparent minutieusement un défilé à Dresde, à l'occasion de son enterrement.

Pour justifier qu'il ait de nouveau autorisé une manifestation d'extrême droite, le maire chrétien-démocrate de Dresde, Wagner, explique qu'il ne pouvait pas

---

* Le fils du pasteur Horst Wessel, un étudiant en rupture de banc, entra dans la SA en 1926. Là, il se hissa au grade de « Sturmführer ». Il rédigea un chant : « Le drapeau haut, les rangs serrés ». Wessel était souteneur à Berlin. Au début de 1930, il fut abattu à Berlin, dans l'appartement d'une prostituée. Les nazis utilisèrent la mort de Horst Wessel pour leur propagande, en passant bien entendu sous silence sa « profession ». Goebbels créa le « mythe Horst Wessel ». De nombreux films et pièces apologétiques lui furent consacrés. Le chant « Le drapeau haut » devint, sous le nom de *Horst-Wessel-Lied*, le « chant du mouvement », et, dans les faits, une deuxième partie de l'hymne national.

interdire un cortège funèbre; il avait pourtant promis avant cette date au conseiller d'ambassade israélien Aviv Shir de ne plus jamais tolérer l'apparition publique de nazis à Dresde.

Au bout du compte, ce sont quelque 2 000 néonazis qui parcourent Dresde, le 15 juin 1991. On lit sur les banderoles « *Rainer Sonntag, témoin sanglant du Reich* ». Devant le Faunpalast, les bras s'élèvent pour le salut hitlérien, on entend crier « *Sieg Heil* », la police, une fois de plus, se contente de regarder, et certains passants applaudissent discrètement.

Heinz Reisz ne se prive pas de ressortir une fois encore, pour l'occasion, et en toute mauvaise foi, son trésor de citations :

« Sonntag est mort en soldat », dit-il, en promettant théâtralement la vengeance au bord de la tombe du « protecteur des putains ». Sonntag, dit-il, a été « abattu à Dresde par de lâches assassins, comme le furent jadis les habitants de Dresde par les bombardiers alliés ».

Le même spectacle se répète après que les deux proxénètes ont été relaxés des chefs d'inculpation liés à l'assassinat de Sonntag. Les juges admettent que, s'ils ont abattu ce dernier, c'était en état de légitime défense manifeste. L'acquittement est une aubaine pour la légende du « martyr »*.

Tous deux, Gerald Hess comme Rainer Sonntag, étaient tout aussi peu des « martyrs » que de véritables

---

* Comme il se doit pour un « martyr », on consacrera même une chanson à Sonntag : « *Le Mur tomba, le pays fut libre / Il sentait que le temps du combat était venu [...] / Rainer était debout pour l'ordre allemand, le droit allemand / Nous, camarades de Dresde, nous étions à ses côtés/ Pour la fidélité allemande, le courage allemand/ Le sang de Rainer Sonntag a coulé. Le jour de la vengeance nous trouve prêts pour la dernière bataille / En avant vers le IVᵉ Reich, vers des jours meilleurs* ».

nationaux-socialistes. Gerald Hess n'en était pas un « vrai » : au plus profond de lui-même, il était animé de sentiments humanitaires qui, à long terme, l'auraient même fait abandonner le mouvement. Et Sonntag? Tout autre commentaire serait superflu.

Cependant, la liste des morts n'est pas encore arrêtée. Le prochain connaît son destin depuis longtemps et sait que sa disparition va déclencher une lutte pour le pouvoir au sein du mouvement.

Pendant mes recherches, Kühnen m'avait ouvert, au sein du mouvement, des portes qui étaient restées fermées à beaucoup d'autres. La tactique de Kühnen étant fondée sur les relations publiques (« avant d'être aimé, il faut être connu... »), cela n'avait rien d'étonnant. Mais aujourd'hui, on peut se demander s'il n'espérait pas aussi que mon travail serait pour lui une sorte de « monument » personnel. Un mémorial cinématographique en souvenir de son « combat pour la liberté », où il aurait joué le premier rôle. C'est la seule chose susceptible d'expliquer qu'il m'ait ainsi introduit auprès de Küssel, Worch et d'autres, en acceptant que j'en apprenne plus qu'il n'eût été souhaitable pour lui ou son mouvement.

Car Kühnen sait parfaitement qu'il ne lui reste plus beaucoup de temps. Depuis des années déjà, il est séropositif, atteint par le virus HIV. Pendant sa détention, jusqu'en 1988, des bruits couraient déjà sur sa maladie; depuis, Kühnen a appris à contrecarrer les rumeurs, malgré sa perte de poids évidente, en publiant des démentis véhéments et des communiqués de réfutation. Si l'on oublie cet amaigrissement constant, Kühnen demeure effectivement actif pendant une période étonnamment longue. Il continue à mener ses affaires avec acharnement, et avec une énergie qui le consume. Comme jadis son modèle Adolf Hitler, il voit approcher la fin. Et comme Hitler, il est résolu à « continuer le combat ». Mais, au contraire de l'ancien « Führer », il mène un combat très personnel, et Kühnen sait que sa mort par le sida ne se prête pas du tout à en faire un martyr. Mais il n'a pas le choix : il continue jusqu'à ce que cela soit devenu impossible, puis espère une mort rapide.

Lors de sa dernière interview télévisée, en janvier 1991, sa maladie saute aux yeux. Il parle d'une voix rauque, et il est considérablement amaigri.

Kühnen achète une maison dans la petite ville de Zimmern, en Thuringe, et y passe les derniers mois de sa vie, avec son amie Lisa. Son mal progresse rapidement, désormais. Mais il attend le début de mars pour confirmer sa maladie à son plus proche confident, Christian Worch. Comme me le raconte Worch, le jour de la mort de Kühnen, celui-ci était « dans un tel état de faiblesse qu'une confirmation n'avait plus rien de nécessaire ».

Le 11 avril 1991, la police se présente à son domicile et trouve Kühnen au lit; il est au stade final de la maladie. Comme un mandat d'arrêt a été délivré contre lui pour « conduite sans assurance », il est arrêté. Mais Kühnen n'est plus capable de marcher ou de se tenir debout. Après que le médecin légal l'a déclaré « absolument inapte à la captivité », il est transféré à l'hôpital municipal de Kassel. Et quatorze jours plus tard, le 25 avril 1991, Michael Kühnen meurt des suites du sida.

Ainsi, selon Christian Worch, se termine « une période de l'évolution politique... qui ne se répétera pas ». C'est exact. Car la phase, voulue par Kühnen, de la « politique sans arme » s'achève de cette façon. Après une série d'attentats terroristes au début des années quatre-vingt, Kühnen avait ordonné à ses troupes, pour des raisons tactiques, de poursuivre le combat en faisant plus appel, dans un premier temps, à la propagande et moins à la violence armée. Il appelait cela la « phase de la provocation politique ». Le « renoncement » officiel aux actions armées, qui n'avait guère été apprécié et auquel s'était ajoutée une polémique sur l'homosexualité de Kühnen, provoqua en 1986 une scission du mouvement. Cette scission se prolongea jusqu'à sa mort, même si l'on convint d'un cessez-le-feu provisoire. Il n'y eut jamais de véritable unification.

Le milieu néo-nazi éclaté par les rivalités peut à présent se reformer. Et les résultats ne se font pas attendre.

Car le successeur désigné par Kühnen est Gottfried Küssel. Cette année-là, Küssel est presque plus fréquemment en périple à travers l'ex-RDA que chez lui, à Vienne. Il va de ville en ville, organise, donne des ordres, « nettoie » et, partout où il passe, laisse une traînée de haine et de violence. Quand Küssel ou ses chargés de mission ont, dans une ville, travaillé à l'organisation, tout reste calme pendant environ trois semaines. Puis les excitations commencent. Cela fait tache d'huile. Bientôt, dans les villes de l'ancienne RDA, on ne dénombre plus les agressions, attaques et autres bagarres. Et la police, la plupart du temps, ignore où chercher les auteurs de ces actes de violence. Il y a un facteur aggravant : le racisme manifeste d'un bon nombre de policiers, qui empêchent que l'on traque avec toute l'énergie nécessaire les auteurs d'agressions contre des Noirs ou des Vietnamiens. Et Küssel & Co, ceux qui tirent les ficelles, sont déjà ailleurs depuis longtemps, cela va de soi.

Pour Graeme Atkinson et moi-même, la mort de Michael Kühnen constitue une coupure dans nos recherches. J'ai trop peu confiance en son successeur. Je me retire du milieu. Ce que j'observe dorénavant, « de l'extérieur », c'est le changement constant des leaders, qui ne s'accompagne visiblement pas d'une transformation de fond. La seule chose nouvelle, c'est qu'ils sont toujours plus nombreux et plus jeunes – et qu'ils passent ouvertement à la violence.

Je ne veux pas laisser sous silence le fait que la mort de Michael Kühnen m'a touché, comme celle de Gerald Hess. Après une période d'enquêtes intensives, dans laquelle tous deux m'avaient permis de descendre tout au fond de l'univers extrême des nouveaux nazis, il serait malhonnête de ne pas dire un mot des relations humaines qui se sont ainsi tissées. Il y avait des instants où les frontières disparaissaient, où l'on éprouvait de la sympathie – notamment Gerald Hess et moi.

Il est peut-être exagéré de parler d'enveloppe dure et de noyau tendre pour un homme de vingt et un ans; mais Gerald Hess fit preuve à plusieurs reprises, devant moi, d'élans profondément humains. Il arrivait même que les contradictions et la violence de sa « doctrine de la rédemption nationale-socialiste », sociale et révolutionnaire, le désespèrent. L'attention qu'il portait à son prochain aurait, un jour, rendu parfaitement concevable sa sortie du milieu nazi. Bien sûr, l'endoctrinement fonctionne si bien qu'il lui arrivait souvent de s'autocensurer pour se remettre dans le droit chemin idéologique. Mais à long terme, c'est au moins ce que j'espérais, il aurait pris, moralement et dans les faits, ses distances avec ce monde-là. Avais-je raison ou tort de le penser? Nul ne le saura jamais. Et si j'avais tort, c'était de toute façon plus un désir subjectif qu'une possibilité vraisemblable. Un roseau d'humanité auquel je m'étais accroché, et qui me rendit supportable la fréquentation des néo-nazis.

Ceux qui ont bien connu Michael Kühnen, à titre personnel, comprendront que son désir de coopérer, son accessibilité et une certaine forme d'intégrité compliquent parfois la tâche de celui qui voudrait lui appliquer l'image stéréotypée du « sale néo-nazi ». Le poète et écrivain juif Erich Fried, aujourd'hui décédé, un ennemi déclaré de l'extrémisme de droite, entretint une correspondance nourrie avec Kühnen. Cela commença après que les deux hommes avaient été invités tous les deux pour participer à un débat, mais que Kühnen avait finalement décommandé. Leurs relations allèrent si loin que Fried lui rendit visite en prison, et déclara publiquement qu'il placerait sa vie « à tout moment entre les mains de Kühnen ». Cela valut à Fried d'être accusé de prendre parti pour les néo-nazis. Cette critique est certes justifiée, mais elle manque de nuance. Je peux confirmer par ma propre expérience ce qu'Erich Fried, au fond, voulait dire : à titre personnel, Michael Kühnen était intègre et digne de confiance. Cela n'a rien à voir avec ses opinions politiques. Savoir s'il aurait fallu être assez fou pour lui accorder une chance d'imposer sa politique nationale-socialiste est une autre question.

Nous retrouverons Michael Kühnen dans la suite de ce livre : son rôle dans le milieu néo-nazi le replacera souvent au cœur des différents sujets abordés.

6.

L'arme au pied

La pluie claque désagréablement contre le pare-brise de la BMW de location. Mais Jo, le chauffeur, appuie à fond sur la pédale des gaz. Jo est l'un des cameramen qui se relaient pour tourner avec moi. Jo aime bien conduire. Il peut tenir le volant pendant des nuits entières. Et il apprécie, maintenant, de foncer dans la pluie et le vent sur l'autoroute bosselée d'Allemagne de l'Est, et de repousser les « Trabis* » sur le côté droit. Je connais déjà son style de conduite : je me suis donc installé tout de suite sur la banquette arrière. Sophie est assise à l'avant et crispe parfois sa main sur la poignée de la porte quand Jo dépasse à 180 kilomètres à l'heure les conducteurs de Trabis gesticulants. Sophie vient de Londres : pour moi, c'est un don du ciel. Son entreprise m'a payé une mission de recherche, à l'instant précis où j'étais au bout de mes réserves. Sophie est la reporter de la maison, et elle veut en apprendre le plus possible sur les néo-nazis en Allema-

---

* Petites voitures à bon marché, qui furent une sorte de symbole de la RDA finissante. (NdT)

gne. Avec nous, elle est bien tombée. Elle le sait, elle aussi, et me lance de temps en temps des clins d'œil – rien de plus : nous avons un specimen dans la voiture. Le futur président de l'« Alternative Allemande », Frank Hübner, est assis à côté de moi. Nous partons pour Cottbus afin de filmer une « rencontre de section ». Frank Hübner repart avec nous pour Wiesbaden, où il habite et où Sophie a aussi installé ses quartiers.

Hübner a les pommettes hautes. Cependant comme il a le visage plutôt charnu, il faut le regarder de près pour s'en rendre compte. On dirait des joues de bébé – seulement pas aussi fraîches. Ses lèvres sont rouges, mais minces. Frank Hübner n'est pas très grand, et des restes de graisse de bébé lui donnent une allure inoffensive. Toutefois il dissipe bien vite cette impression. Il parle des activités paramilitaires des néo-nazis. Et ce sont apparemment des exercices qui endurcissent.

« Worch est le plus dur de tous. »

Frank Hübner se vautre sur le siège arrière de la voiture; tout en se rappelant son dernier entraînement paramilitaire.

« Il faut toujours qu'il soit le meilleur avec son groupe. Sans ça, il n'est pas heureux. Et il a le ton de commandement dans le sang. Oh bon sang de bon sang. »

Nous l'écoutons volontiers. Hübner n'a pas encore grand-chose de ce style larmoyant et conspirateur qu'il adoptera plus tard, celui du « président de parti ». Au contraire : il se comporte d'une manière fort malhabile et nous révèle en bavardant des choses qu'il aurait peut-être mieux valu garder pour lui, dans l'intérêt de ses camarades. Il me raconte, enthousiaste, des histoires de campements et d'exercices paramilitaires dans la lande de Lünebourg. Il me dit qu'en « Allemagne centrale » aussi, maintenant, les choses vont commencer pour de bon. On a déjà trouvé les endroits qu'il faut, « ceux où personne ne nous dérange, tu comprends ? » Bien sûr ! Et qui effectue ce genre d'exercices ? Qui entraîne les gars ? Hübner est tout de même assez malin pour ne pas trop entrer dans le détail. Mais, finit-il par lâcher, « on se procure les munitions des exercices auprès de la Bundeswehr ». Voilà une bonne raison de continuer nos recherches dans cette direction. Je considère cependant Hübner comme un second couteau. Je le laisse devant son logement, près de Wiesbaden, et je le remercie pour l'entretien.

« Je t'en prie, je t'en prie. Et si tu veux autre chose, un appel suffit ! »

Nous nous faisons un signe de la main. L'amabilité mielleuse de Hübner m'agace profondément. Oublie-le, il n'a aucune importance, me dis-je : un morveux pareil... Je me trompe lourdement, au moins pour ce qui concerne son rôle. Car, sous sa direction, l'« Alternative Allemande » va devenir, en l'espace de deux ans, l'une des plus grandes organisations avancées du « parti » proprement dit. Hübner donnera des interviews en souriant froidement, avec une assurance qui me stupéfiera quand je me rappellerai la manière dont il nous avait annoncé, en bredouillant difficilement, d'une voix tremblante, devant la caméra : « Nous nous trouvons ici devant l'ancien château du prince Pückler, à Cottbus. » La DA publiera un bulletin d'information appelé *Brandeburger Beobachter*, dans lequel les articles sont rédigés avec un aussi grand professionnalisme que dans un véritable quotidien. Et quand je verrai, le 4 septembre 1992, à la télévision, le ministre-président social-démocrate Stolpe lui serrer la main devant la presse et s'asseoir avec lui pour un débat, comme s'il s'agissait de discuter pourcentages avec les syndicats, je comprendrai à quel point je l'ai sous-estimé*. C'est à lui que j'aurais dû m'accrocher à l'époque, et pas seulement pour ce qui concernait l'entraînement paramilitaire.

Mais, même sans lui, mes recherches avaient donné quelques résultats.

« Hourreeeh, hourreeehh! » hurle le gros en costume kaki, à la manière des partisans russes à la fin de la Seconde Guerre mondiale, avant de passer à l'attaque. Les balles de couleur sortent en rafales de l'arme d'exercice. Je préfère me mettre à l'abri. Les branchages craquent tandis qu'il se fraie un chemin dans le bois. Mais on l'arrête.

« Tu es débile, ou quoi? » entend-on dans le sous-bois; « L'ennemi est là-bas, devant! »

« Oh! » s'exclame l'apprenti-partisan avant de changer la direction de ses tirs. Dans la réalité, il n'aurait même pas eu le temps de comprendre son erreur.

C'est précisément pour que cela n'arrive pas qu'il participe à des entraînements paramilitaires. Dans un endroit retiré, sur un terrain boisé privé, à côté de Langenlois, près de Vienne, les fidèles de Gottfried Küssel, permanent du NSDAP-AO, s'entraînent au maniement des armes. En temps normal, on s'entraîne au bâton, au corps à corps, et parfois aussi au tir à balles réelles. Comme je suis là, aujourd'hui, avec ma caméra et un deuxième cameraman, les néo-nazis se

---

* Le 9 décembre 1992, l'« Alternative Allemande » de Hübner sera dissoute par le ministre de l'Intérieur de la RFA. Il devient ainsi un ennemi attitré de l'État – l'honneur suprême pour les cadres du parti.

limitent à ce que l'on appelle le jeu de la « balle de peinture ». L'ennemi est « abattu » avec des balles pleines de peinture propulsées par des pistolets à air comprimé, ce qui peut paraître relativement « authentique », au moins quand la peinture est rouge. Il faut en tout cas que le blondinet atteint à la tête se mette à rire avant que je puisse m'arracher à la paralysie que m'a causée la vue de sa gigantesque « blessure ». On a vraiment l'impression qu'il a pris une balle en plein front.

Anodin, ce genre d'entraînement ? Certains semblent le penser. Qu'on se rappelle par exemple les mots de Franz Josef Strauss, ministre-président de la Bavière, chef du CSU, rapportés par le service de presse social-démocrate le 1er octobre 1980 :

« Mon Dieu, si quelqu'un a envie d'aller se promener dans la campagne avec un sac à dos, en tenue de combat et avec un ceinturon à bandoulière, qu'on le laisse tranquille. »

L'erreur de jugement de Strauss montre fort bien comment on peut nier ou banaliser le danger terroriste de droite. Les promeneurs dont parlait Strauss étaient en effet des membres du groupe paramilitaire Hoffmann.

Son chef, le graphiste Karl-Heinz Hoffmann, avait toujours affirmé aux autorités qu'il voulait « préserver des jeunes gens d'un abandon intellectuel et physique, et qu'il ne faisait ainsi que remplir une mission fixée par la constitution bavaroise ».

Les autorités, ministère bavarois de l'Intérieur en tête, le crurent de bon cœur et traitèrent avec une étrange retenue ce professeur de « sports de défense », comme on dit en allemand pour désigner ce genre d'activités. Bien que Hoffmann ne se fût pas contenté de promener sa troupe équipée de matériel de l'armée dans les forêts autour de Nuremberg, il n'avait rien à craindre. Grâce à ses bonnes relations, notamment avec les services de police, il était régulièrement informé des perquisitions imminentes. Les tribunaux ignorèrent ses relations internationales avec les néo-fascistes belges, français, italiens, anglais et américains, on le traitait comme un « passionné d'armes inoffensif ».

Certes, presque toutes les figures centrales du NSDAP clandestin ont suivi la formation paramilitaire de Hoffmann; bien sûr, les groupes de Hoffmann ont participé à des rixes dans toute la république. Mais quelques mois seulement avant l'interdiction de l'organisation, fin juin 1980, par le ministère fédéral de l'Intérieur, le ministre de l'Intérieur de Bavière, Tandler, envoyait encore une lettre de franchise au néo-fasciste :

« Le " sport de défense " n'est pas répréhensible en tant que tel. »

Quand ses activités eurent été interdites, Hoffmann, avec l'aide de l'OLP, les transféra au Liban*. Il est

---

* Alors que l'on savait depuis 1984 que le néo-nazi ouest-allemand Odfried Hepp avait trouvé en RDA un abri et des soutiens, alors que l'on savait tout aussi précisément que le contact avec l'OLP avait été établi par l'intermédiaire d'un certain Udo Albrecht et avec l'aide de la Sécurité d'Etat (Stasi) est-allemande, la presse de la RFA se jeta sur le scandale à l'été 1991, comme s'il s'agissait d'une nouveauté. On vit alors des titres comme « La Stasi soutenait aussi les néo-nazis ». Heureux de pouvoir, pour une fois, faire porter par d'autres la responsabilité de la résurgence de l'extrémisme de droite, on présenta la Stasi comme le manipulateur des contacts Est-Ouest dans le milieu néo-nazi. En fait, la seule conclusion que l'on puisse en tirer est que pour le service secret de la RDA, hostile à Israël, tous les moyens étaient bons. Il n'existe pas d'autre indice d'une poursuite ou d'un développement de ces relations. Les reporters, si bien informés d'habitude, ne se sont pas non plus attardés sur le fait que Hepp et Albrecht ont aussi été en relation avec les services secrets ouest-allemands, le BND, et avec l'Office de Protection de la Constitution.

arrêté en 1981. A l'été 1986, des inculpations pour fabrication de fausse monnaie, blessure grave, infractions à la loi sur les armes et les explosifs, ainsi que plusieurs cas de séquestration finissent par envoyer le chef paramilitaire derrière les barreaux, pour neuf ans et demi. Il a à l'époque quarante-huit ans. Prisonnier « modèle », correct, discipliné, rapidement apte à se soumettre au système autoritaire qui règne en prison, et chargé, sans doute, par ses gardiens reconnaissants de diverses missions, Hoffmann est relâché dès 1989. Mais il n'a en aucune manière « changé d'opinions », comme il l'avoue sans fard à des reporters de télévision.

Neuf autres membres du groupe sont condamnés peu après avec leur chef. Lors du procès, des détails abominables sont révélés sur Hoffmann. Ils concernent la vie du groupe dans le camp de Bir Hassan, à Beyrouth. Hoffmann avait établi dans son camp un régime de terreur, parfait exemple de la brutalité et de la mentalité néo-nazies. Il faisait subir des tortures ignobles aux membres de son groupe. Ils devaient boire du thé à la nicotine et du pétrole, on les torturait avec une baïonnette incandescente. La « cure d'eau » faisait partie du quotidien : on pose un mouchoir sur le visage de la victime ligotée. Puis on jette de l'eau dessus. Cela lui vaut détresse respiratoire et peur de mourir.

Kai-Uwe Bergmann, un jeune Hambourgeois qui n'avait que vingt ans, ne survécut pas aux tortures de Hoffmann et de ses « commandants de camp adjoints ». On lui posa sur le ventre un carré d'allume-barbecue enflammé, on le fouetta et on le battit avec tous les objets qu'on avait à portée de la main. Le motif : Bergmann avait à plusieurs reprises enfreint l'interdiction de fumer édictée par Hoffmann. On ne retrouva jamais son corps.

Ce crime n'eut guère de conséquences. Franz-

Joachim Bojarski, Walter-Ulrich Behle et Uwe Mainka, trois membres du groupe paramilitaire, s'en sortirent avec des peines légères : dix-neuf mois avec sursis, deux ans et neuf mois fermes. C'est l'imprimeur Horst Röhlich, de Heidelberg, qui fut le plus durement touché au cours de ces procès. Il avait, à la demande de Hoffmann, imprimé son sermonnaire de combat *Kommando*; mais il avait aussi imprimé pour 800 000 dollars de fausse monnaie. Hoffmann voulait ainsi financer ses activités terroristes. Le tribunal envoya l'imprimeur pour quatre ans et demi derrière les barreaux.

Faut-il aussi parler du meurtre de l'éditeur juif Shlomo Levin et de sa compagne Frieda Poeschke, dans la nuit du 19 décembre 1991, à Erlangen? Tous deux furent exécutés de huit balles de revolver; la scène se déroula à quelques kilomètres seulement de l'endroit où résidait Hoffmann. Sur le lieu du crime, on retrouva les lunettes de soleil de l'amie du leader néo-nazi. L'arme du crime avait déjà été confisquée cinq ans plus tôt, chez un familier de Hoffmann, avant d'être restituée. Dans son plaidoyer, le procureur affirma encore que Hoffmann avait chargé son ami Uwe Behrendt d'exécuter le meurtre. Le mobile était par conséquent selon eux un « *radicalisme militant d'obédience fasciste* ».

Mais le tribunal, « au bénéfice du doute », finit par trancher en faveur de Hoffmann. Une chance : Uwe Behrendt, déclaré « unique responsable », était mort pendant l'été 1981, au Liban. « Un suicide », affirme le chef du groupe paramilitaire.

Faut-il enfin parler de cet attentat à la bombe commis le 26 septembre 1980, lors de la Fête d'Octobre à Munich, qui fit treize morts et plus de deux cents blessés, certains grièvement? Là encore, la piste mène très rapidement à Hoffmann. Mais il a un alibi pour l'heure de l'attentat, et celui qui le lui fournit est tout simplement le plus haut responsable bavarois de l'Office de Protection de la Constitution, Hans Langemann. Hoffmann, dit-il, se trouvait toute la journée à Neuburg-sur-le-Danube, sous la surveillance de l'Office. Mais Hoffmann lui-même prétendit pour sa part avoir passé la journée entière à Nuremberg, et cita toute une série de témoins pour le corroborer. Ce ne serait pas le seul rideau de fumée créé par la police et l'Office de Protection bavarois lors d'enquêtes sur les instigateurs de cet attentat, le plus meurtrier de l'histoire de l'Allemagne fédérale, afin de rendre difficile une explication complète.

On tomba vite d'accord pour estimer que l'attentat n'avait pu être que l'acte d'un individu isolé. On se mit aussi rapidement d'accord pour estimer que Gundolf Köhler, mortellement blessé lors de l'attentat, en était le responsable. C'était un membre du groupe Hoffmann. Mais on « trouva » son mobile dans une tout autre direction : il avait des problèmes avec sa petite amie. Beaucoup de choses disparurent ensuite définitivement, notamment les témoignages indiquant que Köhler n'était pas seul sur le lieu du crime. Le lien de Köhler avec le milieu néo-nazi ne fut jamais étudié en détail. Les déclarations qui avaient directement mis Hoffmann en cause furent rejetées, considérées comme des « fanfaronnades provoquées par l'alcool ». Bien que les experts aient exclu qu'un homme seul ait pu fabriquer, porter sur le lieu du crime et déclencher la lourde bombe, l'enquête fut abandonnée en 1982 avec cette indication lapidaire : « *Il n'existe pas d'indices concrets laissant croire à l'intervention d'une tierce personne.* »

La Police criminelle de Bavière put tout de même enregistrer un succès notable. Il est en effet indiqué, page 185 du rapport final officiel :

« Une inculpation pour suspicion d'infraction aux règles fixées par le paragraphe 171 du code pénal (polygamie) a dû être prononcée contre un Italien blessé lors de l'attentat. »

Mais revenons à la forêt, en Autriche, en 1990. Là, Gottfried Küssel dirige d'une main ferme son groupe de « sport de défense ». Et il a des spécialistes pour le seconder. La formation à la manœuvre est assurée par Hans Jörg Schimanek. Ce jeune homme qui approche la trentaine est un gaillard aux cheveux blond clair, de bonne réputation, qui a eu une expérience militaire au Surinam et, tout récemment, selon lui, en Croatie. Jusqu'à la fin des années quatre-vingt, il était soldat de métier, chargé de la formation de l'armée fédérale autrichienne à Vienne. Puis plusieurs fusils disparurent à la caserne Marie-Thérèse de Vienne, et Schimanek fut congédié.

Le procureur de Vienne le considère comme une « poule mouillée ». Il fait tout de même l'affaire pour l'exercice de ce jour-là :

« A gauche... gauche!... Non, ça ne va pas. »

Du bout de sa botte, Schimanek corrige la position des chaussures des paramilitaires alignés, rigides. En arrière-plan, l'air bienveillant, Küssel penche sur le côté sa tête couverte de maquillage de camouflage. Les arbres et les buissons, au bord de la petite clairière, plongent la scène dans un vert diffus. Le silence de la forêt est interrompu par le gazouillis des oiseaux et les ordres de Schimanek.

Si celui-ci avait une lacune, il pourrait aussi se faire seconder par Reinhold Kovar, qui se tient tout droit à côté de moi, avec sa moustache et sa coiffure des Jeunesses Hitlériennes. Son maquillage de camouflage, des bandes vertes et brunes sur le visage, est l'œuvre d'un professionnel. Rien d'étonnant à cela : il est *Stabwachtsmeister* (sous-officier) dans l'armée.

Le groupe comprend quinze hommes, deux femmes et un chien. A l'exception du chien, il sont tous sympathisants du « VAPO » (opposition extra-parlementaire fidèle au peuple). Le VAPO est l'organisation avancée du NSDAP-AO en Autriche.

On trouve des groupes paramilitaires presque partout où il y a des nazis. Si je peux aujourd'hui filmer l'« exercice de défense » dirigé par Küssel, c'est grâce à l'intervention de Michael Kühnen, qui a poussé l'Autrichien à m'autoriser le tournage.

A l'origine, je voulais aller fouiner du côté de chez Christian Worch pour découvrir ce genre d'activités. Mais lorsque je lui pose la question par téléphone, Worch commence par jouer les ingénus. Il faut que je lui dise que c'est Kühnen qui m'a envoyé à lui pour qu'il admette qu'il a quelque chose à voir avec l'entraînement paramilitaire. Mais il me dit qu'il est totalement exclu de le filmer. Quand je lui en demande la raison, il commence par me ressortir l'éternelle histoire des « mauvaises expériences avec la presse ». Mais comme je ne m'en contente pas, il finit par me dire la vérité :

« Des soldats de la Bundeswehr, dont certains sont encore en activité, participent à ces exercices. Et tu te doutes qu'ils ne tiennent pas du tout à ce qu'un journaliste les filme. »

Je m'en doute effectivement. Worch regrette, pas très sincèrement, que je ne puisse « malheureusement » pas filmer cet aspect de la « lutte nationale pour la liberté ».

Mais il ne s'agit pas seulement d'exercices paramilitaires. Le 12 novembre 1992, le ministère allemand de la Défense indique dans un communiqué que plus de vingt incidents « liés à l'extrémisme de droite » ont déjà eu lieu autour de l'armée. Dont trois assassinats.

On apprend également qu'« à Kiel-Holtenau... trois officiers et un enseigne de vaisseau » ont lancé une grenade d'exercice devant un foyer de demandeurs d'asile. Le fait qu'il n'y ait eu « aucun dommage corporel » ne rassure pas réellement.

S'il est possible, « à l'occasion », qu'une grenade d'exercice soit utilisée pour des menées néo-nazies, qui garantit que des arsenaux entiers ne sont pas dérobés dans les stocks de la Bundeswehr? Ou qu'ils ne seront pas mis à disposition « au moment opportun? »

« Ça n'est pas un problème, de se procurer des armes. Ça n'en a encore jamais été un. »

Küssel s'est confortablement installé sur son divan quand je lui rends visite chez lui, après la séance d'entraînement. Le reflet de ses lunettes en nickel donnent à ses yeux quelque chose d'agité, d'infatigable. Un étrange contraste avec la silhouette massive de Küssel. La commissure de ses lèvres se plisse, tellement ce qu'il m'explique lui paraît important.

« Toute armée de guerre civile a ses armes. Et même les gens qui ne savaient pas qui les leur donnerait les ont eues au moment où ils en ont eu besoin. Ça n'est certainement pas un problème. »

Gottfried Küssel est extrêmement dangereux. Tout autant que Christian Worch. La différence entre les deux hommes, c'est que Worch s'exprime extrêmement prudemment. Lors des interviews délicates, le clerc de notaire sait tellement bien ne rien dire que, même en répétant plusieurs fois les questions, le résultat reste nul. Dans son bulletin d'information *Index* (publié par la NL), on publie depuis peu les adresses des organisations et personnes « hostiles ». Il va de soi que l'appel à « bousiller » ces lieux ne figure qu'entre les lignes.

Tous deux, Küssel et Worch, m'ont plusieurs fois ahuri par leur présence d'esprit. En quelques secondes, ils prennent des décisions et font face aux nouvelles situations. On pourrait, par exemple, installer Worch dans la salle de rédaction de n'importe quel journal; il se montrerait aussitôt « à la hauteur de la situation » et prendrait, à sa manière, le contrôle des événements. C'est un résultat logique de plusieurs années de lutte avec ses adversaires. Worch est tellement prudent qu'il préfère ne pas se mettre au premier plan. Pendant l'été 1990, il organise avec Küssel l'administration d'une maison occupée par des néo-nazis à Berlin-Est. A cette époque, selon Worch, une « grenade coûte juste une bouteille de vodka », car l'armée soviétique est sur le point de quitter l'Allemagne. Dans la désorganisation qui règne alors, les soldats russes font des ventes massives d'armes et d'explosifs. Worch soulignerait que cela ne signifie pas que lui-même en ait acheté. Et il ne l'a sans doute pas fait, effectivement. Il préfère laisser aux autres ce genre de besogne.

Comme on a appris en 1992 qu'il a hérité de plusieurs millions, on peut supposer qu'il trouvera les moyens, dans tous les sens du terme, de poursuivre ses agissements sinon incognito, du moins impunément. L'argent, Hitler l'avait compris tout de suite, lui aussi, permet de faire sortir de l'ombre tellement de « potentiels révolutionnaires ». On verra comment Worch s'en sort.

Le 7 janvier 1992, le « camarade » de Worch, Küssel, est arrêté à Vienne. On lui reproche un délit qui valait jusqu'ici la perpétuité en Autriche; mais la peine a récemment été ramenée à dix ans : le « crime de reconstitution de ligue travaillant dans un esprit national-socialiste ».

Si l'on s'en tenait à cette loi, Küssel et sa clique devraient avoir disparu depuis quinze ans, et définitivement, dans les geôles de la justice autrichienne. Car depuis 1977, comme il me le confirme dans l'interview, devant la caméra en marche, Küssel est membre du NSDAP-AO. Il a d'étroites relations avec le terroriste berlinois Ekkehard Weil. Küssel me parle des attentats à la bombe commis par ce dernier au début des années quatre-vingt (contre la maison de Simon Wiesenthal, par exemple), comme de « pétards à corbeaux, ça devait juste l'effrayer ».

Mais la justice autrichienne se montre humaine. Il va de soi que l'on ne peut pas enfermer un jeune homme pour le restant de ses jours parce qu'il a sur lui un autocollant à croix gammée. Mais ce n'est pas pour ceux-là qu'on avait conçu la loi. Elle a été promulguée pour ne plus donner de chances aux néo-nazis irrécupérables, violents, convaincus et organisés. Comme tous ces critères s'appliquent à Küssel et à sa bande, on attend le verdict avec impatience. A ce jour, en tout cas, on n'a encore jamais appliqué la loi dans toute sa rigueur. Küssel, pour sa part, comprendrait très bien qu'on lui inflige une peine draconienne : lui-même, s'il prenait le pouvoir, réinstaurerait le système des camps, pour « montrer au gouvernement tout entier... où était l'erreur ».

Quoi qu'il en soit, les successeurs de Küssel, le militant Gerhard Endres (dit « Earp »), à Vienne, et le très intelligent Jürgen Liphtay, à Salzbourg, sont déjà prêts et poursuivent le « travail » de la manière habituelle. Küssel, on le voit, n'est en aucun cas « irremplaçable ». Et tant que des lois que l'on avait de bonnes raisons de promulguer ne seront pas appliquées, on ne pourra prévoir la fin des activités de propagande ou de terreur des néo-nazis et de l'extrême droite. Alors, un beau jour, la « pensée fondamentale et le principe directeur » des néo-nazis pourrait redevenir pour nous tous une amère réalité :

« TOUS PARTICIPENT – PERSONNE N'EST RESPONSABLE » *

---

* In *Die Neue Front* (bulletin clandestin du GdnF) n° 69, p. 42. Sous le titre : « *Secteur de l'Ostmark, formation des cadres* ».

7.

Le garde du corps du Führer

La langue fourchue ne cesse de sortir de la gueule du boa géant. Comme c'est étrange, l'indifférence du regard des boas. En fait, ils ne regardent pas du tout : ils soupèsent leur entourage. Cet animal a deux mètres et demi de long. En son centre, il est un peu plus gros qu'un puissant bras d'homme.

Pour le moment, il est tout à fait mobile. La plus grande partie de son superbe corps taché de brun or s'est enroulé sur les genoux de son propriétaire. Mais comme tout n'y tient pas, ses deux extrémités sont suspendues de chaque côté, l'une au-dessus, l'autre au-dessous; le bout de sa queue s'est arrimé autour du pied de la chaise. On ne sait jamais.

« Et ça, c'est la petite Trude », dit avec amour le vieil homme aux cheveux blancs, en tapotant le dos étroit de l'animal comme si c'était un chien de berger. Mais il a aussi un chien. Et des chats. Ils ne sont pas dans la pièce pour l'instant, parce que Trude, le boa, pourrait manger le chat. Mais cet Allemand des Sudètes bien conservé veille au grain. Cela ne fait aucun doute : Otto Riehs, Croix de Fer, aime les animaux.

« Comme Adolf Hitler! » proclame fièrement cet homme de soixante-dix ans. « Lui aussi aimait les animaux. D'une manière générale, en tant que nationaliste, il est exclu de ne pas aimer les animaux, puisque nous aimons la nature. Et nous aimons aussi les peuples. Les peuples, c'est aussi la nature. Nous sommes donc des amateurs de la nature, pas comme les protecteurs de l'environnement, qui sont seulement contre les néo-nazis... »

Les « Républicains » lui sont déjà plus sympathiques. Il a tenté récemment de nouer une amitié par correspondance avec leur président, Frank Schönhuber. « Pour que l'on fasse enfin une politique allemande... », dit-il. Mais Schönhuber est un malin. Ce n'est pas en vain que cet ancien Waffen-SS a été chef de service central au Bayerische Rundfunk, un organisme audiovisuel public, et président de l'Union des Journalistes Bavarois. Il sait donc précisément comment répondre à un Otto Riehs pour que la presse libérale abhorrée ne vienne pas lui reprocher une alliance avec les nazis. Schönhuber, qui porte lui-même l'Ordre du Mérite Bavarois, fait répondre :

« *Monsieur Schönhuber... sait effectivement apprécier le fait qu'un homme aussi hautement décoré que vous lui fasse part de ses convictions.* »

Ou encore :

« *Nous vous prions de vous montrer compréhensif pour sa ligne politique et sa volonté de se démarquer des partis de droite. En cette heure tellement importante pour notre pays, contribuez vous aussi, s'il vous plaît, à la consolidation du parti, pour le bien de tous.* »

C'est cela. Et après la consolidation?

Trude s'en moque bien. Elle s'intéresse beaucoup plus au bonnet de mousse noire gros comme le poing qui recouvre l'extrémité de mon microphone. Trude se dirige vers moi, avec une précision inquiétante. Elle prend, je m'en rends compte à présent, la chose sombre pour une souris appétissante.

Otto Riehs, qui a placé dans une vitrine sa « Croix de Fer », obtenue pour avoir, au péril de sa vie, mis hors d'état des blindés russes, remarque ma légère panique et ramène Trude en arrière.

« Un gentil petit animal, non ? »

Otto Riehs, nous l'avons déjà dit, est un Allemand des Sudètes. Cela signifie qu'il vient de Bohême, en Tchécoslovaquie. Comme on appartenait jadis à la double monarchie austro-hongroise, la « libération » par Hitler a suivi de peu l'« *Anschluss* », le rattachement de l'Autriche au Reich allemand. Dans de nombreux pays, il existait à cette époque des leaders fascistes qui collaborèrent avec Hitler et qui firent monter la température dans le pays. Ce fut par exemple le cas d'Ante Pavelic en Croatie, ou de Miklos von Horthy en Hongrie. Dans les Sudètes, c'était un certain Konrad Henlein. Otto Riehs ayant vécu tout cela, je lui demande de quoi les Allemands des Sudètes ont été « libérés ».

« Du joug tchèque », me dit-il, comme si ça allait de soi. Les Allemands des Sudètes étaient donc opprimés ? Riehs pense que oui. Tiens donc... Et de quelle manière, par exemple ?

« Eh bien, par exemple, nous ne pouvions pas porter de chaussettes blanches ! »

Bien entendu. Voilà qui justifie une invasion ! Mais pourquoi des chaussettes blanches ? Riehs m'explique le fond de l'affaire : ces chaussettes blanches étaient précisément le signe de reconnaissance du « mouvement Henlein ». Et on les a interdites parce qu'elles étaient le symbole de convictions nationales-socialistes. Ce ne sont donc pas les Allemands des Sudètes qui ont été « libérés », mais les nazis qui y vivaient. Ils se vengèrent en déportant tous les juifs dont ils purent s'emparer, et traitèrent beaucoup de civils innocents avec tant de délicatesse que les Tchèques, à leur tour, ne se montrèrent pas très tendres quand la « libération » eut pris fin avec la guerre. Après un bref internement, on expulsa sans formalités les Allemands du pays, sans se demander s'ils étaient nazis ou non.

C'est aussi ce qui arriva aux Allemands de Poméranie, de Silésie et d'autres régions. Depuis, on leur donna le nom de « *Heimatvertrieben* », les expulsés de leur terre natale; ceux qui n'ont pu, avec le temps, se satisfaire de l'issue de la guerre ont fondé des « Unions d'Expulsés » et des « amicales régionales ». On y entretient les traditions – ce contre quoi nul n'a certainement à redire. Mais on y réclame aussi régulièrement la restitution de l'« *espace vital* ». « La Silésie reste nôtre »! affirme-t-on par exemple; on peut aussi lire, dans quelques circulaires de ce genre d'associations, des slogans comme « *L'Allemagne dans ses frontières reconnues par le droit international* » – ce sont les frontières de 1937, parfois même celles de 1939, qui englobent de larges parties de la Tchécoslovaquie, de la Pologne, quelques autres petits territoires, mais également l'Autriche. Beaucoup de leurs enfants se considèrent eux aussi toujours comme « expulsés » – ce qui résume fort bien leur mentalité.

Mais Otto Riehs n'est pas seulement un expulsé. Il est aussi vidéo-amateur. Après s'être défait du tendre enlacement de Trude et l'avoir reposée dans le vivarium avec sa congénère tout aussi gigantesque, il me présente fièrement les images qu'il a tournées pendant l'une des dernières rencontres de son « amicale régionale ».

Comme on pouvait s'y attendre, on voit des costumes folkloriques, des drapeaux, on entend des discours qu'il ne m'inflige pas, Dieu soit loué, en totalité. Puis on ressort le répertoire des chansons, y compris le « Deutschland Lied » – première strophe : « *Deutschland, deutschland über alles...* »; (L'Allemagne, l'Allemagne pardessus tout...), quelques participants ont levé le bras pour faire le salut hitlérien.

Tout cela est bien gentil, mais je suis en quête de choses plus consistantes. Et je sais que Riehs peut m'y aider. J'ai fait sa connaissance chez Michael Kühnen. Il représente le FAP en son nom à Francfort.

La Croix de Fer et propriétaire d'une entreprise de taxis. Otto Riehs est un héros et un symbole pour le mouvement néo-nazi. Il a donc certainement les contacts que je cherche. On peut toujours poser la question :

« Le garde du corps de Hitler, le général Remer, vous le connaissez?

– Otto-Ernst? Bien sûr, je le connais! »

Riehs est vraiment prévenant. A ma demande, il prend son téléphone et appelle Otto-Ernst Remer. L'homme qui mit à bas l'insurrection du 20 juillet 1944 à Berlin*.

---

* Le 20 juillet 1944, le comte von Stauffenberg commit un attentat à la bombe contre Hitler. Mais il échoua. Hitler ne fut que légèrement blessé. L'insurrection, dont le nom de code était « Opération Walkyrie », avait pour but, après l'élimination de Hitler, d'occuper les positions essentielles dans le « Reich » et de désactiver les organisations nazies les plus dangereuses (notamment la SS). Mais le mouvement de résistance réuni autour de Stauffenberg échoua. La résistance fut écrasée dans le sang. Remer, d'abord chargé d'arrêter Goebbels, se laissa convaincre par celui-ci que le « Führer » vivait encore. Après une conversation téléphonique avec Hitler, Remer mit en route une vaste opération de répression. La plupart des résistants furent assassinés et, quand ils ne furent pas abattus sur-le-champ, exécutés après un

Après une brève salutation (« Ici Otto, le chef est là?... le chef, le maître, je dis!... Otto salue Otto... Otto salue Otto, je dis! Les photos sont terminées... Quoi?... Les photos, oui!... Oui, sont terminées »), il me présente et je me retrouve avec Remer, manifestement déjà au courant, à l'autre bout du fil. Remer a la voix âgée, mais tranchante. Quand je lui fais part de mon intention de tourner un entretien avec lui, il m'interrompt :

« Quel âge avez-vous?

– Euh... vingt-huit ans, dis-je... interloqué.

– Et vous vous appelez?

– Michael Schmidt.

– Et quelles questions voulez-vous poser? »

Il me faut attendre quelques mois avant de pouvoir me trouver assis devant lui. Un visage étroit, marquant, un front haut, des lunettes de sport. Je lui demande :

« Hitler était-il un démocrate à vos yeux?

– Oui, c'en était un. Au fond, c'était un démocrate. »

Le général en retraite Otto-Ernst Remer s'est fait beau. Une jolie veste bavaroise, à pièces de cuir, lui donne, malgré son col dur et sa cravate, un air gaillard et juvénile. Il est tout de même né en 1912. Comme il est grand et mince, et qu'il a en outre conservé un remarquable maintien physique, on ne devine son grand âge qu'au moment où il parle et s'énerve. Il ne devrait pas s'énerver : après une attaque cardiaque, le médecin

procès-spectacle au « *Volksgerichthof* » (tribunal populaire nazi). Hitler demanda qu'on filme les exécutions, pour pouvoir admirer ses adversaires, pendus à un croc de boucher, se démener « *comme des vers* » en luttant contre la mort.

lui a interdit l'émotion. Son épouse Anneliese veille à ce que l'entretien ne dépasse pas un certain niveau d'excitation :

« Ça ne va pas être trop pour toi, Otto-Ernst? » demande-t-elle constamment, soucieuse; mais quand on parle politique, on a bien du mal à retenir Otto-Ernst. C'est qu'il s'agit de défendre des valeurs allemandes : le bulletin qu'il publie ne s'appelle-t-il pas *Le droit et la vérité*?

C'est aujourd'hui la première fois que je suis accueilli chez Remer. Sa femme et sa chienne, un colley, me connaissent déjà. A nouveau, nous ne pouvons pas entamer notre interview aussi simplement que cela. Comme la première fois, un censeur doit intervenir dans l'entretien. Le droit et la vérité ne doivent pas être propagés sans contrôle. Le cameraman et mon technicien du son peuvent certes installer leurs câbles dans la salle de séjour meublée de cuir, préparer leurs lampes et leurs appareils; mais pour la suite, il faut attendre le censeur.

La personne de Remer est inséparable de celle d'un certain Karl Philipp. Cela rend les choses un peu compliquées, car Philipp est un homme sourcilleux. Et c'est lui, le censeur. Il devrait être là depuis longtemps, mais...

De temps à autre, le cameraman, en haussant les sourcils, regarde dans la pièce voisine, où Remer me présente, pour passer le temps, ses vieux enregistrements d'actualités hebdomadaires (Là, c'est moi!... Là encore! »), mais je ne peux moi aussi que hausser les épaules. C'est un bon cameraman, il ne perd pas patience et rayonne d'un calme souverain. C'est exactement ce dont j'ai besoin à ce moment-là.

Lors de notre première interview, déjà, Philipp avait fait établir un contrat prévoyant que la diffusion de l'entretien ne pourrait, sous peine de 100 000 marks de dommages et intérêts, avoir lieu sans avoir été censurée. Le sujet n'a pas encore été diffusé à la date de cette nouvelle rencontre : on est donc disposé à accorder une deuxième interview. Cette fois, on renonce aimablement à une censure après coup : elle a lieu sur place. Mais tant que Philipp n'est pas arrivé pour autoriser les questions, la caméra ne peut pas approcher Remer.

Pourquoi cette censure hystérique?

Remer a été condamné à plusieurs reprises pour ses déclarations. Un exemple, extrait d'un jugement du tribunal de Kaufbeuren :

« *L'accusé Otto Remer se tenait alors à côté de la table, il sortit son briquet, fit jaillir le gaz et le respira. Puis il demanda : "Qu'est-ce que c'est?" Après une brève pause destinée à créer le suspens, il expliqua que c'était un juif regrettant Auschwitz.* »

Quand je parle de cette déclaration à Remer, il conteste avec véhémence avoir dit une chose pareille, et dit que le journaliste du *Stern*, Gerhard Kromschröder, qui a témoigné devant le tribunal pour confirmer cette citation, est un « fouille-merde ».

Mais comme il ne peut s'empêcher de traiter de « pouilleux », de « traîtres » et de « racaille » les résistants du groupe Stauffenberg (ce qui peut avoir des conséquences judiciaires en Allemagne fédérale), lui-même et son conseiller s'en tiennent à la censure préalable de ses propos. Contraints et forcés, il faut le dire, car Remer est intarissable quand il s'agit d'écumer à propos de la « démocratie de merde » avec sa « salade de partis ». C'est pour cette raison que je me suis trouvé, pour notre dernier entretien, face à un « conseiller », qui, dans de tels cas, imitait avec deux doigts le mouvement d'une paire de ciseaux : « Couic, couic : on coupe!! », tout en souriant, fier de lui.

Cela ne m'est arrivé qu'une fois. La dernière, j'espère.

On sonne, madame Anneliese ouvre et le nouveau censeur, le « conseiller » Karl Philipp se fraie un chemin devant la colley collante de Remer. Il est en retard, mais entre en souriant tout de même. Remer me disait justement à son propos :

« Un homme remarquable. Mon successeur ! Nous avons de grands projets ! »

Il n'a pas du tout l'air d'un homme remarquable. Au contraire : de taille moyenne, la cinquantaine, il a une allure de pasteur. Sa chevelure clairsemée, sa silhouette un peu basse le rendent insignifiant. Ses vêtements, eux non plus, ne sont ni chics, ni négligés. Il n'attire pas l'attention. Et il faut observer assez longtemps son visage plutôt rond avant d'y discerner des traits marquants. Ce qu'il a de caractéristique ne tient même pas à ce qu'il dit, mais à ce qu'il est. Je lui repose simplement la question...

« Journaliste », dit-il sèchement.

Bonjour, collègue. Mais il reprend :

« Et historien amateur ».

Puis il tire de sa serviette une feuille volante où figure un jeu de chiffres ignoble – et bien connu des spécialistes – qui réduit par paliers le chiffre de dix millions de juifs assassinés par les nazis, pour lui faire atteindre une somme « prouvée » de 40 000 à 300 000, selon les versions. Cela lui suffit à prouver sa qualité d'« amateur ».

Quand on rencontre un homme aussi insignifiant que Philipp, on a forcément envie d'en savoir plus à son propos. Je l'interroge :

« Et autrement, de quoi vivez-vous ? » – c'est le

genre de question qu'on peut poser entre journalistes « indépendants ».

« J'écris des articles », dit-il, et je vois qu'il se demande un instant si l'on peut vivre de cela. Monsieur Philipp n'en a sans doute pas besoin : Christian Worch, qui entretient avec lui une correspondance régulière par télécopie, m'a en effet raconté que Philipp est consul honoraire. Et où touche-t-on son Excellence? Worch pense que les îles Fidji seraient certainement une bonne idée.

Philipp me dévisage, dubitatif. Philipp sait-il ce que je sais? Je ne peux sans doute pas lire dans ses pensées, mais je sais au moins ce qui se trouve dans le guide TID-Touristik-Kontakt des Agences de Voyages allemandes, 26e année, p. 503 :

Fidji Air Ltd.
Direction pour l'Europe
(Adresse à Francfort-sur-le-Main)
DG : Karl Philipp

Et puis on feuillette encore jusqu'à la page 528, pour y apprendre par quel autre biais on peut arriver dans l'océan Pacifique :

Solomon Airlines
Direction Europe...;
Directeur Europe : Karl Philipp
Res. Lt : Anita Philipp

Tiens, il est marié. Mais oui, bien sûr, j'ai déjà lu quelque chose là-dessus : c'était dans le livre de Pomorin et Runge, *Die Neonazis, teil II*, de 1979, p. 98 :

« *Karl Philipp, président du NPD pour la région de Darmstadt... A sa gauche, son amie : elle photographie de préférence les antifascistes et, quand la police arrive, se fait passer pour une touriste anglaise.* »

On parle anglais, on est international. C'est certainement utile lors des missions à l'extérieur du « Reich allemand ». Cela explique que nous lisions aussi dans *Tribune Nationaliste,* l'Organe de Combat des Nationalistes Français, nº 47, novembre 1990, p. 3 :

« *Le BRITISH NATIONAL PARTY (BNP) a organisé l'un de ses défilés* les plus réussis de tous les temps... avec des membres du PARTI NATIONALISTE FRANÇAIS ET EUROPEEN (PNFE)... à Londres... L'orateur allemand Karl Philipp a tenu des propos extrêmement intéressants... sur l'attention croissante accordée au problème de la véracité du prétendu gazage de six millions de juifs pendant la Seconde Guerre mondiale. »

Nous y voilà! Son violon d'Ingres : la négation de l'extermination massive par le gaz toxique dans les camps de concentration nationaux-socialistes. Et dans ce domaine, Philipp danse manifestement sur la scène internationale. Je parlerais aussi volontiers des chambres à gaz avec Otto-Ernst Remer, mais hélas, Philipp estime que l'on ne peut poser de questions au vieux soldat sur ce sujet. Tout aussi peu que sur les « néonazis », « David Irving », la « période passée par Remer au Proche-Orient », ou le « commerce d'armes »... Tous ces sujets « causeraient une émotion trop forte au général Remer ». Je comprends : il deviendrait ordurier. Ou encore, comme l'a dit le censeur la dernière fois : « C'est tout de même un soldat! Nous coupons cela... »

Aujourd'hui, je suis fermement décidé à ce que pas une seule seconde de ce que je tournerai ne soit coupée. Nous ne sommes tout de même pas sous le IIIe Reich! Remer, nous l'avons dit, a écrasé l'insurrection du 20 juillet 1944 à Berlin. Cela lui a valu d'être personnellement récompensé par le « Führer » : à la suite de cet épisode, il devint le garde du corps de Hitler.

Nous pourrions parler de cela. Philipp hoche la tête, bienveillant. Accordé : sur Hitler. Eh bien, d'accord. Remer se rappelle :

« Rétrospectivement, je peux seulement dire que, de toute ma vie, je n'ai jamais connu personne de la trempe d'un Hitler, tel que je le revois encore aujourd'hui. Ça n'était pas n'importe qui, c'était un homme important, qui renaîtra peut-être un jour, dans cent ans. Et l'histoire, aujourd'hui, peut bien le défigurer autant qu'elle le veut. »

La voix de Remer devient tranchante, il sépare ses mots, c'est une véritable révélation :

« Hitler demeurera un facteur persistant de l'histoire allemande. »

Qui le contredirait sur ce point ?

Peu après que le facteur persistant* de l'histoire allemande eut mis un terme à ses jours, le 30 avril 1945, la guerre s'acheva aussi pour Otto-Ernst. Dans son livre *Kriegshetze gegen Deutschland* (« Frénésie guerrière contre l'Allemagne »), il décrit sa dernière rencontre avec le « *Führer* ». Selon lui, celui-ci lui aurait laissé, avant de mourir, ces mots de Clausewitz**.

« C'est dans une disparition honorable que réside le germe de l'ascension. »

Dans le « Who's who du IIIe Reich » ***, on peut lire

---

* Les néo-nazis insistent beaucoup sur le fait que Hitler est un « facteur » persistant de l'histoire. En revanche, ils qualifient volontiers de « détail » le génocide planifié dans les chambres à gaz, pour autant qu'ils ne nient pas totalement l'extermination massive.

** Karl von Clausewitz, 1780-1831, général prussien, directeur de l'Académie Prussienne de la Guerre; connu pour son œuvre sur la philosophie de la guerre, *De la Guerre*.

*** Wistrich, Robert : *Who's who in Nazi Germany*, Londres, 1982.

comment Remer, au cours des derniers jours de la guerre, ordonna à sa direction de faire une percée vers le sud, en direction de Dresde. Lui-même préféra toutefois se rendre, « *en tenue civile, vers l'ouest, de l'autre côté de l'Elbe, où se trouvaient déjà à l'époque les troupes américaines* ». Il préférait apparemment laisser à ses soldats le destin redouté de prisonniers de guerre chez les Russes : lui-même avait de plus grands projets.

Il s'agissait d'aider le « germe de l'ascension » à se développer. Pour ce faire, Remer et d'autres « héros » fondèrent en 1949 le « Parti socialiste du Reich ». Aux élections régionales de 1951, ils obtinrent en Basse-Saxe le score spectaculaire de 11 %. Mais les activités très populaires des nationaux-socialistes furent interdites en 1952, pour incompatibilité avec la constitution. Remer considère encore aujourd'hui ce coup dur comme une injustice : même son procès de dénazification personnel s'était achevé par un acquittement. Par la suite, il sera également condamné à trois mois de prison pour atteinte à la mémoire de personnes décédées. Il avait qualifié le mouvement de résistance de « tache sur le blason du corps des officiers allemands ».

C'en est trop pour lui. Comme il a déjà une certaine expérience dans ce domaine, il déguerpit. Cette fois, c'est en Egypte, où l'on a plus de sympathie pour les nazis. Le Proche-Orient devient pour lui une seconde patrie. Il se lie d'amitié avec tous ceux qui sont contre Israël. Du grand Mufti de Jérusalem jusqu'à Gamal Abdel Nasser, dont il devient conseiller en matière de politique de sécurité. Et il mène une grande activité dans le commerce des armes. En Syrie et au Liban, c'est le compagnon de route apprécié du spécialiste des déportations Alois Brunner, à cette époque l'un des criminels de guerre les plus recherchés*. Brunner était l'assistant d'Adolf Eichman, l'organisateur de la « solution finale ». Brunner et Remer ont aujourd'hui encore des contacts avec un institut aux États-Unis qui s'est donné pour objectif de présenter les crimes de guerre et l'extermination massive perpétrés par les nazis comme des « mensonges relevant de la propagande ». Nous reparlerons aussi de cette organisation, l'« *Institute for Historical Review* » (IHR).

Entre-temps, au milieu des années cinquante, Remer fait de nouveau quelques séjours en Allemagne. Il met ainsi la dernière main à son commerce d'armes en Egypte, en créant l'*Orient Trading Company* (OTRACO). L'entreprise a son siège à Damas, en Syrie. Au début des années soixante, on retrouve Remer en Allemagne, où il établit de nouvelles « relations commerciales » avec le Proche-Orient. Il représente parfois l'entreprise *Komazu*, qui fabrique des chenilles pour les engins du bâtiment. Il aime bien tout ce qui est en acier et se déplace sur des chenilles.

En 1981, il rentre définitivement en Allemagne. Vraisemblablement animé par des sentiments nostalgiques, il nomme sa nouvelle organisation « Brigade Remer », souvenir de la « Brigade d'accompagnement du Führer » avec laquelle il veillait jadis sur le corps et la vie d'Adolf Hitler. A ce moment-là, Remer établit le lien entre ses contacts au Proche-Orient, d'un côté, les extrémistes de droite allemands et européens de l'autre

---

* En décembre 1992, on annonce que Brunner est mort en Syrie. Il n'a jamais eu à répondre de ses actes.

– par exemple le terroriste d'extrême droite français Mark Frederiksen *.

Plus tard, son organisation se baptise DDF (Mouvement allemand pour la liberté). Remer a soigneusement utilisé ses contacts – on ne pouvait s'attendre à moins de sa part.

« J'ai eu beaucoup de relations et j'ai aussi fait la connaissance de beaucoup de gens. Pour moi, ces choses ont toujours été actuelles. Mais je ne suis pas un idiot non plus, j'ai vu que cela ne m'apporterait rien d'en parler à cette époque. Jusqu'à ce que tout d'un coup, une nuit, le renversement se produise, et que s'ouvrent des perspectives dont nous ne voyons pas encore la fin. »

Remer ne s'efforce pas seulement d'établir des contacts avec les organisations fascistes en Russie – le mouvement antisémite PAMYAT, par exemple. Il a de plus vastes projets : dans un bulletin de l'*Institute for Historical Review* daté du début de l'année 1990, Remer prétend avoir rencontré l'ambassadeur soviétique Valentin Faline. Remer envoya ensuite à Moscou un mémoire sur la coopération germano-russe, et en aurait aussi discuté avec des représentants de l'ambassade soviétique – qui l'auraient, selon lui, écouté avec bienveillance. Et comme Kühnen, auquel il est lié, pour le reste, par une franche inimitié, Remer considère que toutes les possibilités sont aujourd'hui réunies pour mener une « politique allemande ». C'est ce que Remer

* Mark Frederiksen, membre des FANE, et, après leur interdiction, de l'organisation qui leur succéda, les FNE. On a évoqué la responsabilité de son groupe dans l'attentat à la bombe contre la synagogue de la rue Copernic, à Paris, le 3 octobre 1980. Six personnes y avaient trouvé la mort.

ne cesse de souligner. Il affirme en effet qu'il n'est « pas de gauche, pas de droite, juste allemand ». Il me faudra découvrir ailleurs ce que cela signifie réellement : Philipp n'admet pas de questions sur le « néo-nazisme ». Et Remer lui-même dit à ce propos :

« Personne ne peut me reprocher d'avoir ne fût-ce que l'ambition d'être communiste, ou quoi que ce soit. Et je le réfute aussi : qu'est-ce que cela signifie, le national-socialisme, je n'ai jamais été au parti... »

Mais pendant que je me demande pourquoi il conteste ce que personne ici n'a affirmé, il conclut :

« J'ai toujours été indépendant, mais j'ai mes propres idées... »

Et il les propage. Remer, qui veut me faire croire qu'il n'a pas de contact avec les néo-nazis, qu'il ne sait même pas ce qu'est le néo-nazisme, est un menteur. Sur une bande vidéo, on voit fort bien Remer. A côté de Thomas Brehl, l'adjoint de Kühnen. Et le discours qu'il tient devant l'assemblée des néo-nationaux-socialistes du FAP n'est pas moins clair :

« Dans votre combat politique difficile, plus difficile encore que celui que nous avons mené jadis, vous devez être conscients, en étant disciplinés, conscients de votre responsabilité, dans une camaraderie indissociable, une élite pour l'ossature (*sic!*), pour une nouvelle jeunesse allemande. »

Je ne cesserai, je le sens alors, de rencontrer Remer et Philipp dans la suite de mon enquête.

Graeme Atkinson qui, pour *Searchlight*, mène depuis plus de quinze ans des investigations sur les activités des néo-fascistes européens, me suggère de réfléchir à ce que nous avait dit Michael Kühnen lors de notre première discussion : « L'atmosphère globale de la société se transforme. » Comment ? A la suite de quelle évolution l'extrême droite est-elle devenue fréquentable dans notre société ? Quelle est cette nouvelle atmosphère ? De quelle société s'agit-il ? Bref : quel est l'état de la Nation ?

II

L'ÉTAT DE LA NATION

Depuis quelque temps, nous réfléchissons beaucoup, nous autres Allemands, à notre « identité nationale ». Pourtant, nos connaissances concrètes sur le passé allemand sont effroyablement insuffisantes. Aujourd'hui, les survivants du dernier « Volksgericht » peuvent encore expliquer aux jeunes ce qui se cache derrière les mots « traitement spécial », « action Reinhard » et « T4 ». Mais on ne les interroge pas trop souvent.

Racontera-t-on jamais assez ce qui s'est passé à cette époque? Moi-même, pendant mes études (en Bavière), j'ai appris plus de choses sur la chevalerie que sur les chambres à gaz d'Auschwitz. Non pas que d'autres époques de l'histoire allemande n'aient pas d'importance. Mais est-il admissible qu'en raison de la structure du programme, un lycéen puisse consacrer plusieurs années à l'étude du Moyen Age, et quelques jours seulement à la période 1900-1950, ce qui interdit qu'on analyse les causes du phénomène, pour autant qu'on en a étudié les résultats?

Mais le IIIe Reich est un sujet tout aussi négligé par la société et la politique que par l'enseignement allemand. Beaucoup des « anciens nazis » ressentent la démocratie comme une contrainte, acceptée à contre-cœur. Effet boomerang : la négligence de ces « démocrates malgré soi » porte déjà des fruits amers. Les jeunes Allemands n'apprennent pratiquement rien sur le IIIe Reich quand ils ne s'y intéressent pas à titre personnel. Etre « nationaliste », dès lors, paraît tout à fait chic à beaucoup d'entre eux.

Alors qu'il serait tellement important pour eux de comprendre pourquoi certains survivants tressaillent encore aujourd'hui quand ils entendent les mots de « convoi » ou de « sélection ».

Car le temps passe. Une nouvelle histoire se déroule sans que l'on ait maîtrisé l'ancienne. L'après-guerre approche de sa fin.

1.

La fin de l'après-guerre

« Nous sommes le peuple! Nous sommes le peuple! »

Ce chœur parlé, scandé par des milliers de personnes, résonnait à la fin du mois de septembre 1989 à Leipzig, la ville des héros allemands. C'est là, sur la place située derrière l'opéra, que se rassemblent chaque lundi des foules de citoyens est-allemands. Ils ont répondu à l'appel de l'opposition dans ce pays du « socialisme réel » et expriment le mécontentement accumulé au fil des décennies de régime « socialiste ». Ils sont de plus en plus nombreux, chaque semaine, à se rencontrer sur cette place chichement éclairée, jusqu'à ce que celle-ci ne puisse même plus accueillir la masse des dizaines de milliers de manifestants. La « révolution pacifique » – c'est sous ce nom qu'elle entrera plus tard dans les médias – prend son essor en RDA, et remporte ses premières victoires. Mais les slogans des manifestants se transforment peu à peu. A la proclamation « *Nous sommes le peuple* », une manière simple, pour les démocrates, de réclamer une plus forte participation des citoyens et de se rebeller contre l'autoritarisme et l'arbitraire des maîtres du pays s'ajoutent, fin octobre, d'autres appels, comme « *Le Mur doit tomber* ». Le lundi qui suit la chute du Mur, le 9 novembre 1989, de nouveaux slogans apparaissent à Leipzig : « *Allemagne, patrie unie* » et « *Nous sommes* un *peuple* ». Rapidement, ceux qui criaient encore « *Nous sommes* le *peuple* » se retrouvent en minorité. Ceux qui avaient mis en branle le processus du renversement en s'inspirant des maximes de Rosa Luxemburg (« *La liberté est toujours la liberté de celui qui pense autrement* ») sont dépassés par ceux qui guignent la prospérité de l'Ouest et se sont toujours considérés comme des victimes du système. D'un système dans lequel ils s'étaient soigneusement et docilement nichés, quarante années durant. C'est précisément ce que les instigateurs de la « *révolution pacifique* » ne voulaient pas.

A présent, les drapeaux noir-rouge-or colorent la place de l'Opéra à Leipzig. Les clins d'œil et les promesses d'hommes politiques ouest-allemands, par les « pécules de bienvenue »* et les premiers fruits exotiques, les premiers magnétoscopes, les premières mini-cassettes achetés en toute hâte ne sont pas pour rien dans ce phénomène. Des skinheads ivres se mêlent aux manifestants et se baignent dans l'ambiance nationaliste allemande qui commence à poindre. C'est alors que les extrémistes de droite venus de l'Ouest entrent en piste à leur tour. Ils tentent d'utiliser à leur profit cette ambiance naissante, et d'en accélérer le développement.

A la mi-décembre 1989, à Leipzig et dans d'autres

---

* Après la chute du Mur, les Allemands de l'Est qui visitaient Berlin-Ouest pouvaient obtenir un « pécule » en marks de la RFA, d'ailleurs aussitôt consommé dans les grands magasins de Berlin-Ouest. Pendant quelques jours, certains produits manquèrent même dans la ville. (NdT)

villes de la RDA, des permanents ouest-allemands des « Républicains » (REP), le principal parti d'extrême droite de la RDA, distribuent leurs tracts lors des manifestations du lundi. Ils exigent la « réunification immédiate » et, de manière grotesque, la « fin du travail de deuil sur le passé » – comme si on l'avait jamais vraiment entrepris. Le chef du parti, Franz Schönhuber, un ancien SS, dans une interview au *Quotidien de Paris*, se dit enthousiasmé par la vitesse à laquelle ont été écoulés les pamphlets des REP :

« *Pour nous, la RDA est une fontaine de Jouvence.* »

La police ignore purement et simplement l'interdiction d'activité prononcée le 5 février 1990 contre les Républicains par le *Volkskammer* de RDA. Les permanents bavarois des « Républicains » chargent leurs voitures de tonnes de matériel de propagande, leur font passer la frontière et les diffusent auprès des citoyens de RDA ravis.

A la suite de la manifestation du lundi 29 janvier 1990, lors de laquelle 150 000 personnes se sont de nouveau rassemblées, les « Républicains » appellent à la fondation de leur première base en RDA, la section locale « Leipzig-centre ». Le vice-président régional des « Républicains » pour la Bavière, Franz Glasauer, et le coordinateur du parti pour la RDA, Reinhol Rade, de Bad Tölz, transforment rapidement le bar à bière de l'hôtel de la Lisztplatz en un local du parti, avec drapeaux, affiches (« *Le socialisme, c'est du merdisme* ») et autocollants. Ce bar mal éclairé est bientôt rempli à craquer par 70 sympathisants. Ils applaudissent à tout rompre les déclarations de Glasauer, qui proclame que « La Poméranie et la Silésie appartiennent à l'Allemagne ». Le cadre des « Républicains » exige une

« Europe des patries » et attise la haine contre les « faux demandeurs d'asile ». Ce n'est qu'un début.

Les candidats aux postes de direction se présentent timidement. Les participants prennent maladroitement le micro en main pour se présenter à l'assemblée. L'un d'eux affirme que son « cœur bat pour l'Allemagne et le parti », un autre est venu « pour que les étrangers s'en aillent », un troisième bredouille que son objectif est « d'entrer chez les Républicains et de s'engager dans ce sens ». Le dernier, un peintre, cherche ses mots à grand renfort de gestes de la main :

« Je voudrais m'arranger complètement pour le parti – (pause) – m'engager – (longue pause) – et puis je suis pour l'unité de l'Allemagne et – (pause) – et voilà. »

Plus rien ne lui vient à l'esprit : il rend le microphone. Cela suffit pour être élu.

Franz Glasauer est heureux d'avoir accompli cette formalité – l'essentiel, ce jour-là, c'était tout de même le symbole.

« *Avec la fondation de cette union locale, les Républicains sont réellement le premier parti interallemand à agir en RDA, sans troupes auxiliaires ni filiales locales**. »

Peu après ces élections à la direction, des contre-manifestants masqués mettent un terme à cette réunion fantomatique et dévastent la salle qui l'a accueillie. La patronne se lamente ensuite en disant qu'elle n'avait

---

* Plutôt que de s'« exporter », certains partis – le CDU, par exemple – aidèrent, dans un premier temps, à la création de partis spécifiquement « est-allemands ». C'est à ces « filiales » que l'on fait allusion ici. (NdT)

pensé qu'aux recettes et au petit extra laissé par messieurs les « Républicains ». Elle secoue la tête, décomposée, en contemplant les dégâts.

Ce lundi-là, les « Républicains » ne sont pas les seuls « marcheurs du lundi » à avoir quitté l'Ouest doré pour venir indiquer aux « *Ossis** » la direction à suivre. Des représentants de diverses organisations néo-fascistes, le « Front Nationaliste », le « NPD » et les « Patriotes pour l'Allemagne », par exemple, se sont mêlés aux citoyens mécontents de la RDA. Le journal national-révolutionnaire *Wir selbst* de Coblence reparaît après un an d'interruption, à l'occasion des événements en RDA. L'Allemagne de l'Est est pour l'extrême droite une nouvelle Amérique : on vient à Leipzig distribuer ses tracts et recruter de nouveaux collaborateurs. La « Jeunesse Viking » distribue le texte intégral de l'hymne à l'Allemagne, avec ses trois strophes**. Les membres du « Parti ouvrier allemand de la liberté » ont fait le voyage avec leur chef Friedhelm Busse, plusieurs fois condamné pour des délits liés aux armes ou aux explosifs. Dans leurs tracts et dans les discussions, ils réclament une « *Allemagne libre, libre de l'oppression, du communisme et de l'ingérence étrangère* ».

Lors des manifestations du lundi, les adversaires de ces groupuscules et les étrangers courent désormais des risques. Une semaine déjà avant la fondation du REP local, on les traite d'« enfants de la Stasi » ou de

---

* Surnom donné aux Allemands de l'Est. Ceux de l'Ouest sont surnommés les *Wessis*. (Ndt)

** La première strophe du « Deutschlandlied » (« *Deutschland, deutschland über alles...* » – *l'Allemagne, l'Allemagne par-dessus tout...*) n'est pas autorisée en Allemagne fédérale. L'hymne national officiel est la troisième strophe (« *Einigkeit und Recht und Freiheit* »), unité, droit et liberté.

« salauds de la Stasi » et on les poursuit dans toute la ville aux cris de « Pas de rouges dans la manif ». Jusqu'à 2 000 néo-nazis et skinheads se retrouvent désormais lors des meetings qui réclament « une seule patrie ». Ils constituent des blocs séparés et marchent impunément dans les rues de Leipzig, à la tête de la manifestation, portant la bannière du Reich ou le drapeau des « Républicains ». Ils scandent « *Goebbels, nous t'aimons* », « *L'Allemagne aux Allemands* », « *Etrangers dehors* », « *Gysi, Modrow au poteau** » et chantent le « Horst-Wessel Lied ». Ils assiègent des points de rencontre d'immigrés, brisent les vitres des bars homosexuels, mais brûlent aussi, sous les applaudissements des gens de « gauche » qui les entourent, des tracts et des bulletins d'information chrétiens. Bien avant que ne soit établie l'unité des deux Etats, les néo-nazis de l'Est et de l'Ouest sont déjà réunis dans la rue.

Jusqu'à l'unification réelle, le 3 octobre 1990, on dénombre dans cette RDA survivante quantité d'attaques contre des étrangers, des réfugiés, des juifs, des punks, des communistes – tout ce qui a une autre allure, tout ce qui pense autrement. Ces agressions sont accompagnées et encouragées par les tonalités nationalistes que le CDU et la branche locale du CSU, le DSU (Union sociale allemande), donnent à leur campagne pour les élections à la chambre du peuple. Durant ces semaines-là, pas une journée de championnat de football ne se passe sans émeutes xénophobes. La *Volkspolizei* se contente en général de regarder quand il s'agit de pourchasser des étrangers.

Il n'en va pas autrement le 8 juillet, quand l'Allema-

---

* Hommes politiques, membres du PDS (Parti du Socialisme Démocratique), qui a succédé au SED.

gne remporte de justesse, sur penalty, la coupe du monde contre l'Argentine en Italie. A peine le coup de sifflet final a-t-il retenti dans le stade olympique, à Rome, que la chasse aux étrangers est lancée à Berlin-Est, et pas seulement là-bas. Les frontières entre les passants et les extrémistes de droite sont alors totalement abolies. Sous les cris d'encouragement des badauds, les Libanais sont poursuivis et roués de coups dans les couloirs de la station de métro Alexanderplatz, à Berlin-Est. Au cours de la soirée, quelque 500 skinheads se rassemblent sur l'Alexanderplatz. Equipés de drapeaux allemands, de bannières du Reich et de battes de base-ball, ils se livrent à leur occupation favorite : « casser du Fidji » – c'est le nom qu'ils donnent avec mépris aux Vietnamiens, comme le font d'ailleurs de larges parties de la population est-allemande. Ils célèbrent l'Allemagne, le champion du monde, le meilleur, et frappent donc indistinctement tout ce qui n'a pas l'air allemand. L'entraîneur de l'équipe nationale, Franz Beckenbauer, jette de l'huile sur le feu, comme s'il ne savait pas comment les casseurs vont comprendre ses mots :

« *Nous sommes les numéros un dans le monde. Personne ne pourra nous vaincre d'ici à plusieurs années. Je suis désolé pour le reste du monde, mais c'est ainsi.* »

Après trois longues séances de travail dans les archives d'un journal, je peux constater que les hommes politiques ne répugnent pas à employer les termes courants du football. Eux savent pourtant, bien sûr, que les mots de Günter Grass sont exacts :

« *Quiconque, aujourd'hui, réfléchit à l'Allemagne et cherche des réponses à la question allemande doit inclure Auschwitz dans sa réflexion.* »

Ils savent que l'étranger observe plus attentivement cette « plus grande Allemagne », ils savent de quoi est capable l'Allemagne quand elle se met à nourrir des rêves de puissance, et ils savent que l'on a parfaitement compris l'arrière-plan de la déclaration du chancelier fédéral Helmut Kohl sur la réunification, le 3 octobre :

« *Nous sommes, non seulement par notre nombre, mais par toutes les autres données, le pays le plus fort d'Europe.* »

Et c'est précisément ce qui inquiète les Anglais, les Français, les Polonais et tous les autres. Ils redoutent que ce que l'Allemagne n'a pas obtenu en deux guerres mondiales lui revienne à présent pacifiquement, grâce à sa puissance économique : la prédominance et la direction des affaires en Europe. En Angleterre, on entend parler de « *IVe Reich* ». Le conseiller de Margaret Thatcher, Nicholas Ridley, cite dans le même souffle Helmut Kohl et Adolf Hitler. *Newsweek* affirme que les Allemands, avec le rattachement de la RDA, ont remporté une *Blitzkrieg* capitaliste. *Blitzkrieg* : un mot passé dans la langue courante, en anglais comme en français. Voilà une belle prouesse culturelle allemande.

Dans l'acte officiel d'unification, le gouvernement allemand s'efforce d'évacuer tout élément qui pourrait faire croire que l'Allemagne reprend son « chemin à part », et d'insister autant que possible sur sa responsabilité européenne. Les orateurs prennent bien garde à ne pas commettre de faux pas en cette heure historique. Mais dans leurs adresses à la nation, longues d'un peu moins de sept minutes, à la veille de l'unification, Helmut Kohl et le premier ministre par intérim de la RDA, Lothar de Maizière (il occupera son poste à peine six mois) sont déjà plus clairs.

« *Pour moi, un rêve est en train de s'accomplir* », avoue le chancelier Kohl au peuple, en ajoutant toutefois qu'il ne souhaite pas que « *sa joie lui fasse oublier le passé* ». On pourrait croire que ce sont les horreurs du pouvoir nazi que l'on évoque ici, celles qui ont mené à la partition de l'Allemagne, mais on se tromperait encore une fois, et lourdement. Non, il ne s'agit pas des millions de juifs qui ont été tués, non seulement « *au nom de l'Allemagne* », mais par des Allemands. Non, il ne s'agit pas non plus de la Seconde Guerre mondiale, qui n'est tout de même pas uniquement partie du « territoire allemand » : des millions d'Allemands ont applaudi son déclenchement, l'ont menée, et l'ont perdue. Pas un mot de tout cela. En cet instant, le chancelier fédéral ne se préoccupe pas de ce passé-là, qui pourrait faire apparaître l'unité allemande sous un autre jour. Il s'agit pour lui de la victoire de la République fédérale, de l'économie sociale du marché. Il s'adresse à ceux qui ont « *particulièrement souffert de la partition de l'Allemagne* ». Les Allemands victimes de la partition. Ce qui le préoccupe, c'est le fait que « *des familles ont été cruellement séparées, des prisonniers politiques enfermés dans des prisons, des gens abattus devant le Mur* ». Cela ne doit « *jamais se répéter : c'est aussi pour cette raison que nous ne devons pas l'oublier* », exhorte Helmut Kohl. Apparemment, nous pouvons oublier d'autres choses : au cours de ses sept minutes de discours, le chancelier fédéral a clairement montré ce qui pouvait et ce qui ne pouvait pas tomber dans l'oubli.

Son « collègue » de Maizière ne fait pas mieux. Il affirme que « *l'unité a été conquise avec le cœur* » et se met à parler du passé. « *Nous savons parfaitement ce que nous a fait le passé* », souligne-t-il.

Nous sommes donc des victimes du passé, des victimes d'un destin inéluctable, sans avoir jamais rien fait pour le mériter? Ce n'est pas vraiment comme ça que je voyais les choses jusqu'alors.

« *Nous ne voulons pas refouler le passé, nous devons l'assumer, honnêtement, de manière responsable* », poursuit de Maizière. Voilà qui sonne bien. Mais il poursuit :

« *Mais nous ne devons pas laisser ce passé scinder aussi notre avenir.* »

Maintenant, je comprends : lui non plus ne parle pas du passé allemand des années 1933 à 1945, mais des quarante-cinq années qui ont suivi cette période. De Maizière (qui devra du reste, peu après, abandonner tous ses espoirs de carrière dans l'Allemagne unifiée, une fois révélée son activité d'informateur de la Stasi) voit venir « *avec joie et confiance l'unité allemande* ». On ne doit donc pas laisser le passé jouer les trouble-fête : « *Nous sommes au seuil d'une ère nouvelle* ».

C'est aussi ce que nous prédisent la majorité des médias allemands. Ils utilisent l'unification des deux Etats allemands pour faire ce que l'on attend avec tant de force : tirer une croix sur le passé. Helmut Kohl annonce la « *fin de l'après-guerre* ». Rien, dit-on, n'est plus comme avant. Alors pourquoi ranimer ces pénibles souvenirs de l'époque nationale-socialiste? On peut désormais « faire le deuil » du communisme. C'est beaucoup plus agréable. Et on a de l'expérience dans ce domaine.

Le jour de l'unité, en 1990, le *Bild-Zeitung*, un quotidien tiré à plusieurs millions d'exemplaires, titre en lettres noir-rouge-or : « *L'Allemagne est devenue une réalité* »... dans son édition spéciale, que l'on peut acheter à un prix défiant toute concurrence (10 pfennigs, quelque 35 centimes), le journal souhaite « *chance et bonheur à l'Allemagne* ». Le « *malheur de la partition allemande* », dit le journal, est à présent achevé. Il avait commencé le jour où l'on avait hissé « *le drapeau rouge sur le Reichstag, le 30 avril 1945* ».

Et voilà cette feuille à scandales qui bricole une nouvelle interprétation de l'histoire. On y présente déjà la fin du national-socialisme comme le début du malheur. Les Allemands, cela va de soi, n'étaient que des victimes. Comme ils ne peuvent tout de même pas affirmer qu'ils ont eu des familles gazées, le *Bild-Zeitung* fait débuter la « *tragédie des cœurs brisés* » au moment où Berlin est pris par les Russes. Un seul responsable à tout cela : « *Adolf Hitler, l'homme qui avait mené l'Allemagne à la catastrophe* ». C'est un puissant besoin de déculpabilisation qui intervient ici : les coupables n'étaient pas les Allemands, ni même les membres du NSDAP ou les sbires de la SS. Le seul coupable était Adolf Hitler. L'Allemagne n'a donc plus à avoir honte! Je comprends mal, pour ma part, comment on peut ressentir notre histoire comme un malheur dont il faut se défaire, et non comme une obligation.

Mais pourquoi donc se préoccuper encore du passé? Au lendemain de la cérémonie solennelle à la Philharmonie de Berlin, les lettres noir-rouge-or de la page de titre du *Bild* proclament : « *L'Allemagne! Mon Dieu, que c'est beau*! »

Le commentaire de Horst Furst indique clairement, sur la page suivante, la direction du futur voyage :

« *Tout a changé. Nous vivons la grâce de l'heure zéro*.* »

Tout recommence donc au début. L'avenir est devant nous, le passé est mort, balayé par la « révolution pacifique », et l'unification panse les plaies. Comme le disait Lothar de Maizière dans son discours officiel : « *Nous sommes au seuil d'une ère nouvelle.* »

La graine semée a ainsi enfin levé. Elle était en terre depuis bien longtemps. Car cela fait déjà des années que l'on s'efforce de faire table rase du passé allemand.

---

* Cette « heure zéro » avait déjà été invoquée au début de l'après-guerre (NdT).

2.

La crise d'identité nationale

Je me rappelle fort bien Helmut Kohl, dans sa première déclaration gouvernementale, en 1982, annonçant qu'il allait entreprendre la « *rénovation intellectuelle et morale* » de l'Allemagne. Je me rappelle les propos du président de groupe CDU/CSU de l'époque, Alfred Dregger*, qui réclamait que l'Allemagne sorte « *enfin de l'ombre d'Adolf Hitler* ». Et je me souviens du président du CSU, ministre-président de la Bavière, Franz Joseph Strauss, qui avait affirmé, à la Nibelungenhalle de Passau, à la fin de la « trêve des confiseurs » du carnaval, en 1988 :

« *Nous devons sortir de l'atmosphère toxique d'Adolf Hitler. Nous devons cesser d'être un peuple qui marche l'échine courbée, le cancre de l'histoire mon-*

---

* Alfred Dregger, chrétien-démocrate, fut jusqu'en 1970 maire de Fulda. Puis il fut président du CDU en Hesse, et député au Bundestag. Il fait partie de ce que l'on appelle la « fraction du casque d'acier » au CDU, un cercle d'extrême droite. Il est chef du groupe du CDU depuis 1991.

diale, nous devons avoir la démarche droite de citoyens conscients, fiers d'être allemands. »

Tous avaient le même souci : rétablir l'identité nationale allemande. Assez de chemin de croix, assez de souvenir éternel. Cela n'a jamais été que douze années dans l'histoire millénaire de cette nation culturelle qu'était l'Allemagne, non ?

Le bref intermède au cours duquel le gouvernement de Willy Brandt s'était présenté sous le slogan « *Oser plus de démocratie* » était alors achevé depuis longtemps. En Allemagne, on prononçait de nouveau des interdictions professionnelles, le fameux « *berufsverbot* » – encore un mot désignant une spécialité allemande, entré dans le langage courant des germanistes anglais et français. Les droits fondamentaux démocratiques furent alors sacrifiés sur l'autel de la sécurité intérieure, que l'on disait menacée par les activités des terroristes de la Fraction Armée Rouge. Willy Brandt dut partir et fut remplacé par Helmut Schmidt, ce social-démocrate dont beaucoup de conservateurs disaient qu'il s'était « trompé de parti », pour exprimer leur respect envers sa ligne plus conservatrice. Ce fut ensuite au tour de Helmut Kohl, et de sa « *rénovation intellectuelle et morale* ». Où devait mener ce voyage ? Et n'étions-nous pas en route depuis longtemps ?

Les archives sont patientes, et je le suis aussi.

Je retrouve une coupure de presse de 1977. J'y apprends que le 6 août, à Nuremberg, devait avoir lieu un « Congrès sur Auschwitz » – dans quelle autre ville des extrémistes de droite auraient-ils pu se rencontrer sur un lieu historique ? L'objectif avoué de cette manifestation était de « *réfuter le mensonge du siècle sur les gazages massifs à Auschwitz* ». Le journal *National-*

Zeitung accompagna ce congrès avec des titres comme « *Hitler – génie ou dément ? La vérité au grand jour.* » ou encore : « *Six millions de juifs gazés – le mensonge du siècle* ». Les organisateurs de la réunion étaient l'ancien SS Thies Christophersen, qui avait publié en 1973 son texte *Die Auschwitz-Lüge* (le mensonge d'Auschwitz), et un certain Erwin Schönborn. Dans des tracts, celui-ci promettait une récompense de 10 000 marks pour « *toute preuve irréfutable d'un " gazage " commis dans une " chambre à gaz " d'un camp de concentration allemand* ». « *Nous n'acceptons pas de témoins ayant connu les camps de concentration et venant de Pologne, d'Israël ou des USA* », lisait-on dans le même document. Outre Christophersen et Schönborn, les conférenciers étaient un certain Udo Walendy, du NPD, ou un homme répondant au nom de Wilhelm Stäglich, de Hambourg.

Je crus rêver. Ces nazis, ces nostalgiques, n'avaient tout de même pas déjà l'ambition de mettre le pays dans leur sillage ? J'allais pourtant retrouver leur trace très fréquemment au cours de mes recherches.

Pour l'heure, je me penchai sur une série d'articles d'un magazine d'information renommé : *Der Spiegel.* Au cours de l'été 1978, le journal présente comme fréquentable un homme qui se préoccupe déjà, à l'époque, de la réhabilitation de Hitler et du national-socialisme, et qui a, sans doute pour cette raison, fait une carrière fulgurante dans le milieu des anciens et néo-nazis. J'ai déjà tenté une fois, en vain, de le filmer sans me faire voir. J'y parviendrai mieux par la suite. Cet homme s'appelle David Irving, et c'est un « historien » anglais. Le *Spiegel* lui consacre toute une série. Sous le titre « *La fin d'une légende* », le magazine publie les « bonnes feuilles » de l'œuvre qu'il a écrite sur le maréchal Erwin Rommel, le « renard du désert », qui s'est battu pour Hitler en Afrique – un livre qui paraîtra en Allemagne à l'automne 1978.

La publication de cette série dans l'hebdomadaire, qui attache tant d'importance, d'ordinaire, à son rôle éducatif, permet à Irving de se faire une large renommée. Un homme, qui, dans son livre *Hitlers Krieg* (« la guerre de Hitler ») défendait en 1977 la thèse selon laquelle Hitler n'avait longtemps rien su de l'élimination des juifs. Un « historien » qui affirmait déjà à l'époque que les camps de concentration étaient « *indispensables pour l'éducation politique* ». Un homme qui a pu écrire, dans ses livres, des passages comme celui-ci :

« *Hitler créa une Allemagne offrant les mêmes chances aux travailleurs manuels et intellectuels, aux riches et aux pauvres [...] [Il] redonna à la Nation sa confiance dans l'avenir [...] Tous les symptômes cancéreux de la lutte industrielle – grèves, absentéisme, maladies diplomatiques – devinrent des fantômes du passé.* »

Tout cela, les rédacteurs du *Spiegel* le savaient : ils avaient, à l'automne 1977, publié une critique détaillée et défavorable du livre d'Irving *Hitlers Krieg.* A présent, dans la rubrique « communiqués internes » ils ne présentent pas seulement David Irving comme un « *historien britannique* », mais le célèbrent aussi comme un « *maître dans l'art de débusquer des sources encore inutilisées* »*. Ils citent le fils de Rommel, Manfred, à l'époque maire de Stuttgart, qui rend hommage à Irving

---

* Comme nous le verrons plus tard, les contacts et les relations d'Irving sont tels qu'on ne peut pas vraiment parler de « débusquer » : ses connaissances nazies ou néo-nazies lui livrent leurs documents familiaux avec grand plaisir : ils servent de nouveau à la propagande. Tardivement, certes, mais tout de même.

pour avoir dépeint « de manière vivante et impressionnante » la vie et la mort de son père Erwin.

Avant la parution de sa série dans *Spiegel,* Irving, qui ne peut même pas présenter un diplôme d'historien, avait déjà participé à des congrès d'extrême droite, et y avait fait des conférences sur le thème « *Trahison et résistance sous le IIIe Reich* ». Et voilà que cet auteur, grâce au *Spiegel,* passe avec ses thèses dans la catégorie des « *personnes sérieuses* » et « *respectables* ».

Ce n'était sans doute pas la première fois. Je reprends donc ma remontée dans les archives. Exact : Au milieu des années soixante-dix, une véritable vague Hitler déferla sur l'Allemagne fédérale. L'essayiste Joachim C. Fest avait publié en 1973 son œuvre *Hitler, eine Biographie* (« Hitler, une biographie »); quatre ans plus tard suivit son adaptation cinématographique (*Hitler – une carrière*). En 1978 parurent les *Anmerkungen zu Hitler* (« Considérations sur Hitler ») du journaliste Sebastian Haffner. Les deux livres furent des best-sellers, le film atteignit des records de recettes, bien que l'un et les autres aient été contestés. Ou peut-être justement à cause de cela.

Pour l'essayiste Fest, qui deviendra peu après corédacteur de la *Frankfurter Allgemeine Zeitung* (*FAZ*) il s'agissait de représenter sans œillères et sans tabous la grandeur historique de Hitler. Il décrivait « *sa réflexion révolutionnaire sur " l'innovation ", sur la transformation de l'Etat et de la société en une " communauté du peuple " sans conflit, soudée par le militantisme* ». On ne pouvait, de son point de vue, refuser de dire que Hitler était « *un phénomène assurément plus moderne* » que d'autres hommes politiques de la République de Weimar.

Dans un éditorial de la *FAZ*, le 9 janvier 1974, Fest fit ensuite l'éloge d'Alexandre Soljenitsyne, dont le premier volume de *L'Archipel du Goulag* venait de paraître sur le marché allemand. Soljenitsyne n'avait pas, affirmait Fest, hésité à dire que « *l'extermination des juifs par Hitler (avait été) la répétition de ce principe de terreur que l'Union soviétique avait commencé par appliquer, principe qui ne s'interrogeait pas sur la culpabilité ou l'innocence, mais qui punissait par la déportation et l'élimination l'appartenance à un groupe* ». Fest anticipait ainsi une controverse qu'il allait lui-même largement contribuer à déclencher dans son journal, en 1986.

En 1974, dans son livre *Deutschland und der Kalte Krieg* (« L'Allemagne et la Guerre Froide »), l'historien Ernst Nolte, qui allait lui aussi jouer un rôle essentiel en 1986, avait déjà relativisé Hitler et le national-socialisme :

« *En réalité, tout Etat important de notre époque, pour peu qu'il se soit fixé un objectif extraordinaire, a eu sa période hitlérienne avec ses monstruosités; ses victimes, et les conséquences qui en ont résulté pour le monde ne dépendaient que de sa taille et de sa situation.* »

Voici donc résolu le problème des « *monstruosités* ». L'extermination systématique des juifs est intégrée à une série d'autres atrocités. On relativise le meurtre de millions de personnes, résultat d'un programme intitulé « *Solution finale de la question juive* », mis en œuvre avec toutes les ressources dont disposait l'Allemagne. Une opération qui avait requis une grande partie de ses capacités de transport, alors que le pays était en guerre sur tous les fronts. Un programme mis en œuvre avec la « *méticulosité allemande* », avec persévérance et discipline.

Sebastian Haffner, un journaliste politique fort estimé, consacre même un tiers de ses « *Considérations sur Hitler* » aux « *prestations et au succès* » du fascisme. Ainsi, dit-il, « *l'émancipation* » de la femme a fait « *de grands pas en avant* » sous Hitler – pour émettre de pareils propos, il faut avoir une conception singulièrement machiste de l'émancipation ! Pour Haffner, Hitler était « *indubitablement socialiste – et qui plus est un socialiste très efficace* ». Lire ces mots sous la plume d'un Sebastian Haffner me met mal à l'aise.

La même année, l'historien d'Erlangen Helmut Diwald, celui qui allait, en 1990, rédiger le préambule du programme du parti des « Républicains » d'extrême droite, publia son *Histoire des Allemands* (*Geschichte der Deutschen*). Hitler, pour lui, n'était pas un antisémite raciste. Le meurtre des juifs n'était qu'un acte de vengeance. Et il considère que l'on n'a « *toujours pas fait la lumière sur des questions centrales* » liées à l'holocauste. Ce livre-là aussi fut un beau succès. Qui s'étonnera encore, dès lors, que le journal *Frankfurter Allgemeine Zeitung*, en juin 1981, après la proclamation de la sentence au procès de Majdanek*, ait affirmé, comme s'il ignorait le traitement qu'avait jusqu'alors réservé la justice au régime national-socialiste :

« *Les criminels nationaux-socialistes sont traînés devant les tribunaux; mais dans leurs pays, les communistes occupent des fonctions, reçoivent titres et décorations. Il y en a même qu'on invite aux banquets, à l'Ouest.* »

---

* En juillet 1942, les nazis ouvrent à Majdanek (Pologne) un camp d'extermination dans lequel des centaines de milliers de personnes ont été assassinées. Le procureur de Ludwigsburg acheva ses enquêtes en janvier 1962, et transmit la procédure à Düsseldorf. Treize années s'écoulèrent avant que le procès ne soit ouvert, en 1975. Le verdict fut prononcé en juillet 1981. Huit personnes furent condamnées à perpétuité. Le total des autres peines s'éleva à quarante-six ans et demi.

De tels commentaires annonçaient déjà cette campagne qui viserait à mettre le régime nazi sur le même plan que d'autres systèmes, et donc à le disculper. On créait un nouveau climat.

Et bien entendu, dans un climat où de tels brûlots deviennent des best-sellers, où des éditorialistes expriment ce genre d'opinion, des propagandistes d'une tout autre espèce n'ont aucune peine à se faire une place. Celle d'un David Irving, par exemple. De tels propos sèment la confusion – et tel est bien leur but. On brise ainsi des tabous apparents, pour laisser place à des connaissances prétendues « nouvelles ». Une stratégie de « rénovation intellectuelle et morale » qu'on allait payer des années plus tard.

Le discours sur l'état de la Nation prononcé par Alfred Dregger en juillet 1983 ne permettait déjà plus de douter du sens de cette « *rénovation* » :

« *Entre 1965 et 1975 a lieu une rupture avec la majorité des traditions qui ont fait partie et font partie de la substance de notre identité nationale. Cela touche directement l'unité de la nation. L'identité allemande, dans son ensemble, est devenue suspecte. Mais plus encore : on s'est mis à ne plus considérer l'histoire allemande que sous une seule perspective : en se demandant dans quelle mesure elle avait pu mener au nazisme. Cela a provoqué une dévalorisation globale de l'histoire allemande. Depuis, nous demeurons traumatisés quand il s'agit d'apprécier notre propre valeur. Le tournant que nous avons négocié politiquement et que nous voulons imposer aura notamment à faire ses preuves en rétablissant notre identité nationale et l'identité de nos valeurs.* »

Je dois m'y reprendre à deux fois pour comprendre ce texte. Mais je finis par en saisir le sens : si l'on veut pouvoir « guérir » l'identité nationale allemande, il faut soigner le « traumatisme » de l'époque nazie.

Si l'on voulait entreprendre cette tâche, la déclaration du chancelier fédéral Helmut Kohl lors de son voyage en Israël, en 1984, venait à point : il réclama pour lui-même, au nom des Allemands de l'après-guerre, la « *grâce de la naissance tardive* ».

Autre coïncidence : le 25 avril de la même année, le magazine *Quick* consacrait sa couverture non pas – une fois n'est pas coutume – à une jeune fille dénudée, mais à une enquête intitulée *Le pouvoir des juifs.* Le magazine illustré y abordait des questions telles que : « *Comment donc six millions de juifs américains influencent-ils 209 millions d'Américains non juifs ?* » Et il apportait la réponse : la faute en revient au « *règne des juifs sur l'opinion* », car les grandes chaînes, ABC, CBS et NBC sont, selon le magazine, « *dirigées par les membres juifs de leur direction* ». Dieu soit loué, estime *Quick,* les Américains ont à l'égard de cette question une attitude « *plus naturelle* », alors que les Allemands « *à cause de l'hypothèque que constitue le passé récent, ne peuvent se livrer à un traitement réellement objectif de ce sujet.* » C'est précisément cette « *hypothèque* » que voulait lever *Quick* – un magazine qui avait tout de même, à l'époque, plus d'un million de lecteurs. Tous les moyens étaient bons, y compris la diffamation de l'Etat d'Israël : « *Les Juifs américains acceptent que leur Etat de la nostalgie leur coûte, en surplus, à peu près 300 millions de dollars en dons annuels.* » Sauf erreur de ma part, les autres journaux ou magazines allemands n'exprimèrent pas leur indignation à la suite de l'« enquête » de *Quick*. Tout aussi peu qu'en 1991, lorsque *Quick,* après les attaques terroristes des néo-nazis contre les foyers de réfugiés, titrait avec une parfaite impudence : « *Demandeurs d'asiles : les trublions gauchistes et la racaille de la Stasi attisent la haine.* »

1984 : le chancelier fédéral Kohl se voit décerner la *Plaquette d'honneur de l'* « *Union des Expulsés* » pour avoir proclamé « *ouverte* » la « *question allemande* ». Mais ce n'est pas tout. Lors du congrès national de l'organisation de jeunesse du CDU, la « Jeune Union », on remarque beaucoup une question posée par le directoire du mouvement, qui porte sur le caractère définitif de la frontière occidentale de la Pologne, la « ligne Oder-Neisse ». Et en décembre 1984 paraît encore un calendrier du service de presse fédéral qui mentionne les zones situées à l'est de l'Oder et de la Neisse comme des « *territoires sous administration polonaise* »*.

L'année 1985 fut émaillée d'événements que l'on releva bien au-delà des frontières allemandes. L'orateur du groupe régional du CSU au Bundestag, chargé de la politique intérieure, laissa libre cours à son antisémitisme et déclara que « *Les juifs se font entendre rapidement quand de l'argent tinte quelque part dans les caisses allemandes* ».

Puis, le 5 mai, le chancelier fédéral Helmut Kohl et le président américain Ronald Reagan se rendent ensemble au cimetière militaire de Bitburg, où sont enterrés plus de deux mille morts de la Wehrmacht allemande, mais aussi de la Waffen-SS. Cette cérémonie officielle qui transformait les criminels en victimes souleva une tempête avant même d'avoir eu lieu. Aux

---

* La question de la frontière orientale avec la Pologne ne fut définitivement réglée que dans le cadre des négociations préalables à l'unification (NdT).

Etats-Unis, les associations juives et les anciens combattants protestèrent énergiquement contre la démarche de Reagan et la réhabilitation de criminels de guerre nazis. Les réactions qui suivirent, en Allemagne, se passent de commentaire. A Bonn, on prédit un « *grave recul des relations germano-américaines* » si la visite était annulée. Le porte-parole du gouvernement Kohl, Peter Boehnisch, expliqua qu'il ne s'agissait pas de savoir « *qui, individuellement* », reposait au cimetière de Bitburg. En lisant cette coupure de presse, je me demande pourquoi l'on ne s'était pas alors, diplomatiquement, rabattu sur un autre cimetière. Mais Boehnisch voulait manifestement que l'on porte aussi le deuil des SS : il affirma qu'il devrait tout de même « *être possible de faire, à l'occasion d'une telle visite, un geste de réconciliation et d'amitié* ». La *Frankfurter Allgemeine Zeitung* estima sans doute que les protestations juives étaient compréhensibles, mais elle lança un avertissement clair :

« *Les gens clairvoyants devraient conseiller à certains cercles juifs de ne pas se laisser pousser, par des souvenirs effroyables, à se livrer à des extrapolations.* »

La *FAZ* poursuivait :

« *Le destin d'Israël dépend de la capacité de défense de l'Ouest, et celle-ci est le fruit de l'unité morale des nations occidentales. Si l'Allemagne fédérale était poussée hors de cette communauté, on ôterait la pierre de voûte de ces mesures stratégiques qui protègent aussi, le cas échéant, Israël.* »

Finissons-en avec les reproches, en avant pour l'unité morale de l'Ouest, Allemagne comprise, sans cela la sécurité d'Israël sera en jeu !

Peu avant la visite de Ronald Reagan à Bitburg, le corédacteur en chef de la *FAZ*, Ullrich Fack, en rajoutait dans un éditorial intitulé « *Un champ de ruines* » :

« *Le président Reagan a eu le bon instinct : c'est*

comme ça qu'il fallait faire. Mais dans son pays, une puissante machinerie journalistique a poussé la persécution jusqu'à la septième génération; elle profite de la moindre occasion pour ressortir la caricature du sale Boche et pour rouvrir les vieilles blessures. Ceux qui mènent cette campagne ne répugnent pas à trier les morts et à transformer le président en marionnette. »

Peu importe qui est coupable, qui est victime : dans la mort, tous sont semblables, tel est donc le message. Quant aux allusions à « certains cercles » et à « la puissante machinerie journalistique » elles me paraissent aujourd'hui particulièrement suspectes – d'autant plus que la *FAZ* compte elle-même au nombre des plus grands journaux allemands.

L'hebdomadaire d'informations *Der Spiegel* participa lui aussi à ce tir de barrage médiatique. Le directeur de la rédaction, Rudolf Augstein, prit la plume et publia un article sur la question :

« *Mais qui, Dieu du ciel, pourrait avoir intérêt à célébrer le 8 mai 1945 ?* », demandait Augstein, pour apporter lui-même la réponse.

« *Eh bien, les Russes soviétiques y avaient un véritable intérêt politique. Ils profitent de chaque événement rappelant la coalition des Alliés pour semer la discorde chez leurs ennemis actuels.* » Mais les « Russes Soviétiques » ne sont pas les seuls :

« *Les Israéliens, eux aussi, ont un véritable intérêt politique. Ils veulent maintenir éveillé le souvenir de la faute allemande, pour des raisons matérielles et pour assurer leur armement.* »

Eh oui, les juifs, quand il s'agit d'argent...!

Mais « *Pourquoi devrions-nous célébrer* », demandait Augstein, en quoi « *cette célébration nous regarde-t-elle ?* » Questions de pure rhétorique, car là encore, Augstein répondait immédiatement :

« Ce qui rend le plus absurde la célébration du 8 mai, c'est que cette date ne signifia pas seulement la libération de millions de personnes, mais aussi la mise en esclavage de millions d'autres. Faut-il vraiment encore tenir un séminaire pour savoir qui a tué le plus de monde, de Hitler ou de Staline ? »

Que voulait nous dire Augstein ? Débarrassons-nous des poubelles de l'histoire, oublions ce 8 mai 1945, la libération du fascisme n'est pas un motif suffisant de faire la fête ?

Entre-temps, Alfred Dregger avait lui aussi rédigé une lettre sans ambiguïté à cinquante-trois sénateurs américains :

« Quand vous demandez à votre président de renoncer au noble geste qu'il a prévu d'accomplir au cimetière militaire de Bitburg, je ne peux le ressentir que comme une offense à mon frère et à mes camarades morts au combat. Je voudrais vous demander si l'on doit refuser les derniers honneurs aux soldats morts dont le corps est décomposé ? Je vous demande si vous voyez un allié dans le peuple allemand, qui a été soumis pendant douze ans à une dictature brune et qui se tient aux côtés de l'Ouest depuis quarante ans ».*

Dans l'alliance anticommuniste contre l'Union soviétique, l'« ennemi mortel », Ronald Reagan se trouvait effectivement plus proche du peuple qui avait été « soumis à une dictature brune » que des protestations juives dans son propre pays. 250 000 personnes

---

* Dregger ne juge manifestement pas nécessaire de s'interroger sur les épiphénomènes néo-fascistes que ce genre de « célébrations » encourage. De toute façon, les morts au combat, héros, pauvres « cochons du front » ou bourreaux SS, ne pouvaient pas tirer grand profit de ce « dernier honneur ».

protestèrent dans la seule ville de New York contre sa visite à Bitburg. Mais comme il fallait invoquer la fraternité d'armes germano-américaines sur les tombes des victimes de la guerre, Ronald Reagan maintint sa visite à Bitburg, qui lui avait été proposée par Kohl, et préféra renoncer à visiter le camp de concentration de Dachau. On vit ainsi les deux hommes marcher ensemble dans le cimetière fleuri « Kolmeshöhe », à Bitburg, passant devant les 49 tombes des Waffen-SS, accompagnés par un unique trompettiste interprétant « *J'avais un camarade* ». L'ensemble du spectacle ne dura que six minutes, mais elles eurent une portée symbolique gigantesque. Pendant ce temps-là, la police avait divisé cette ville de 12 500 habitants en zones de sécurité cloisonnées, et maintenait les manifestants juifs à l'écart des chefs d'Etat.

Dans le discours qui suivit sa visite au cimetière militaire, Reagan ne laissa aucun doute sur ses intentions initiales :

« *Voici quarante ans, nous avons mené une grande guerre pour libérer le monde des ténèbres du mal. Ce fut une grande victoire, et la République fédérale d'Allemagne, l'Italie et le Japon font aujourd'hui partie de la communauté des nations libres. Mais le combat pour la liberté n'est toujours pas achevé : aujourd'hui, une grande partie du monde se trouve encore dans l'obscurité du totalitarisme.* »

Les ennemis d'alors sont donc rassemblés dans l'anticommunisme. Dans cette alliance, les crimes de l'ancien ennemi de guerre ne jouent plus aucun rôle – ils sont de toute façon relativisés par les crimes de l'ennemi actuel. Et qu'avait à dire le chef du gouvernement allemand à ce propos ? Pour ne pas avoir à citer nommément le national-socialisme, Kohl choisit lui aussi, au cimetière, l'expression de « *domination totali-*

taire ». Cela lui permit, comme le souligne un an plus tard le philosophe allemand Jürgen Habermas, « *de se présenter et de nous présenter au président américain comme les plus anciens combattants contre le communisme* ».

Ce fut une journée mémorable dans l'histoire allemande de l'après-guerre. Beaucoup d'autres allaient suivre.

Je me rappelle encore fort bien le 8 mai 1985. A l'époque, je ne m'intéressais absolument pas à la politique. Pourtant, ce que j'entendis alors me fit tendre l'oreille. Le président de la République fédérale, Richard von Weizsäcker, venait juste de tenir un discours remarqué pour le quarantième anniversaire de la libération du fascisme hitlérien. Dans de nombreux journaux, son texte était reproduit intégralement. Moi aussi, j'étais impressionné. Une lecture plus attentive transforma mon opinion. Bien sûr, Weizsäcker y disait que le national-socialisme avait été un système du mépris de l'être humain, et rappelait ses millions de victimes. Mais il soulignait aussi le fait que Hitler avait fait du peuple l'outil de sa haine, et que seules quelques personnes portaient la responsabilité des crimes commis. A l'époque, en fin de compte, tous avaient été des victimes :

« *Les autres peuples furent d'abord victimes d'une guerre venue d'Allemagne, avant que nous ne soyons nous-mêmes victimes de notre propre guerre.* »

Weizsäcker parlait encore clairement, tout de même (ce ne serait bientôt plus une telle évidence), d'une guerre « *venue d'Allemagne* ». Il plaidait pour le souvenir : sans lui, disait-il, il n'y avait pas de réconciliation. Mais il s'agissait à présent de « *saisir l'occasion de tirer un trait final sur une longue période de l'histoire européenne* ». Le trait final – chez lui aussi ! Il faut cependant reconnaître le rôle considérable joué par ses mises en garde contre une résurgence du fascisme, qu'il a répétées à plusieurs reprises ces derniers temps. Même si cela lui vaut des remontrances dans ses propres rangs chrétiens-démocrates, ou justement à cause de cela.

Le discours prononcé par Weizsäcker en mai 1985 était à peine achevé que le chancelier Kohl faisait son apparition aux Rencontres de Silésie – c'était le premier chancelier à le faire depuis vingt ans. A la dernière minute, le slogan de la manifestation avait été changé : de « *La Silésie reste nôtre* », il était devenu « *La Silésie reste notre avenir dans une Europe des peuples libres* ». Une transformation sans grande signification. L'identité allemande a toujours quelque chose à voir avec ce que l'on appelle les « territoires de l'Est » et les aspirations revanchardes. La meilleure preuve en est que la déculpabilisation du passé allemand va toujours de pair avec des revendications (territoriales) sans équivoque. Lors d'une réunion de l'« Union des Expulsés », Alfred Dregger prononça ces mots parfaitement clairs :

« *Il est vrai aussi que les crimes de Hitler ne peuvent ni justifier, ni excuser les crimes d'autres personnes.* » Dès lors, selon lui, il « *ne faut passer aucun crime sous silence, fût-ce ceux des vainqueurs* ». « *Nous devons comprendre*, dit-il, *que les camps de concentration de Hitler et de Staline, que l'expulsion des Allemands de l'Est et des Polonais de l'Est, que la mort de millions de soldats allemands et de leurs adversaires militaires, n'étaient que des éléments d'une même catastrophe.* »

Avant ce discours, les hommes politiques de haut niveau étaient encore rares à comparer aussi clairement

Hitler à Staline, à mettre sur le même plan victimes et bourreaux, « *éléments d'une même catastrophe* ».

Cela allait changer en 1986.

Un an après le discours prononcé par Richard von Weizsäcker pour le 40e anniversaire de la Libération, la *FAZ* jugea utile de reproduire un article de l'avocat de Washington Franz Oppenheimer, sous le titre « *Prenons garde à ne pas tirer de conclusions erronées du passé allemand – les tentations d'une culpabilité collective démentielle* » –, qui avait paru dans la revue américaine *The American Spectator*. Oppenheimer y considérait la prise du pouvoir par Hitler comme un « *hasard historique* ». Seule « *une petite minorité des nazis* » était selon lui « *des antisémites virulents* ». L'antisémitisme n'était pas plus populaire en Allemagne qu'ailleurs. « *Hitler était pratiquement isolé – Même dans la hiérarchie nazie.* » La grande majorité des Allemands ne portait selon lui « *pas de plus grande responsabilité dans les crimes de Hitler que d'autres dans ceux de Staline hier et de ce cher monsieur Gorbatchev aujourd'hui* ».

Six mois plus tard, en novembre 1986, le chancelier Helmut Kohl comparerait pour sa part le secrétaire général de l'URSS, Mikhaïl Gorbatchev, au ministre national-socialiste de la propagande Joseph Goebbels, ce qui provoqua un émoi international*.

* Cette déclaration, que Kohl contesta d'abord, fut confirmée le 6 novembre 1986, lorsque le magazine *Newsweek* publia la retranscription d'une bande magnétique. Le chancelier y déclarait : « *Je vous le dis : cette madame Gorbatchev est une femme séduisante. Elle va à Paris et elle s'achète un beau costume. Mais ça n'a strictement rien à voir avec ça. C'est un leader communiste moderne. Il [Gorbatchev] n'a jamais été en Californie, il n'est jamais allé à Hollywood, mais il s'y connaît en relations publiques. Goebbels aussi s'y connaissait en relations publiques [sur la bande, on entend des rires à ce moment-là, NDLR]. Il faut tout de même dire les choses comme elles sont.* »

Il y avait quelque chose dans l'air. Quelque chose qui se ranime même dans la poussière des archives. Ces comparaisons permanentes, cette relativisation des crimes nazis... A quoi tendait tout cela ?

En publiant l'essai d'Oppenheimer, la *Frankfurter Allgemeine Zeitung* avait lancé un débat qui allait entrer plus tard dans les annales de l'Allemagne fédérale, sous le nom de *querelle des historiens.* La *FAZ* avait été mise en alerte par Elisabeth Noelle-Neumann, la conseillère du chancelier pour les questions de démoscopie, membre de l'Institut de Recherche sur l'Opinion d'Allensbach. Son étude sur le thème du « *sentiment national et du bonheur* » venait de montrer que « *les Allemands sont, de tous les peuples du monde, ceux qui exprimaient la moindre fierté à propos de leur nationalité* ». Madame Noelle-Neumann tirait la sonnette d'alarme. Les Allemands étaient selon elle une « *nation blessée* », ils avaient dû « *supporter pendant des années l'humiliation d'une occupation* » et, en raison de leur passé, n'estimaient pas qu'ils avaient à être fiers de leur nationalité. « *L'affaiblissement de l'idée nationale affaiblit un pays vers l'intérieur et vers l'extérieur* », écrivait-elle élégamment. La spécialiste de l'opinion en appelait à l'historiographie : « *En Allemagne, on cherche le point extrême de l'auto-humiliation. On empêche la population de savoir précisément qu'aucune majorité n'a jamais voté en faveur de Hitler lors d'une élection libre. Et c'est à qui en fera le plus dans cette direction**. »

---

* Madame Noelle-Neumann elle-même n'était cependant pas du tout entrée en résistance sous le IIIe Reich : elle était journaliste à la revue *Das Reich*, où elle écrivait par exemple en 1941, dans un article sur l'Amérique : « *Aller chercher dans la pénombre le juif qui se cache derrière le* Chicago Daily Times *revient à mettre la main dans un essaim d'abeilles. Quand on*

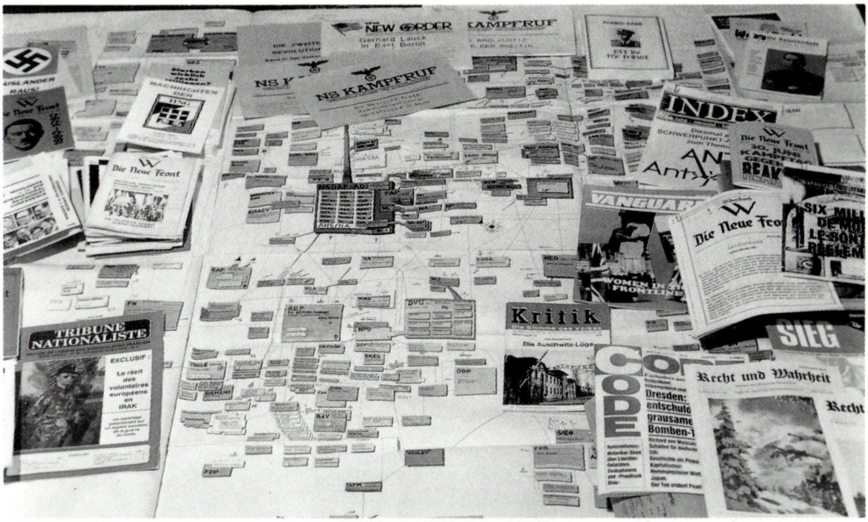

Ci-dessus :
Carte des réseaux

Ci-dessus et à droite :
Gerrit Et Wolsink
homme de liaison
internationale
sa carte du parti

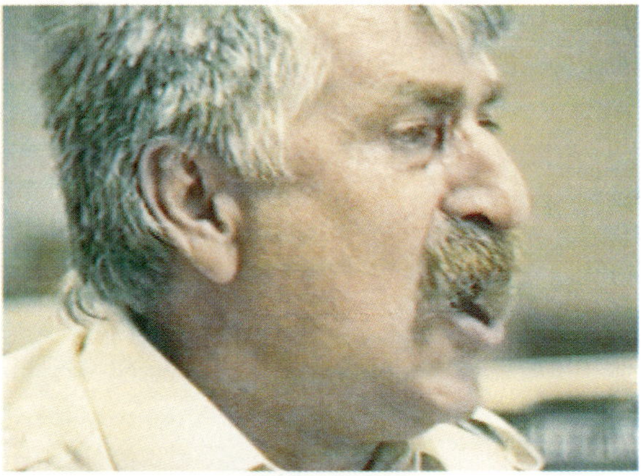

Heinz Reisz

Tonny Douma
et Thomas Brehl

Gottfried Küssel

Michael Kühnen

Thomas Hainke

Christian Worch

Gerald Hess

Rainer Sonntag

En bas, à gauche :
Karsten Wolter

En bas, à droite :
Wolfgang Hess

En haut, à gauche :
Otto Remer, garde du corps de Hitler

En haut, à droite :
Otto Riehs, candidat aux élections de Francfort, et Trude, son boa

Ci-contre :
Michael Schmidt en entretien avec Karl Philipp

Otto Remer aujourd'hui

Ci-dessus :
L'historien anglais
David Irving

A gauche :
Ewald Althans
et Christian Worch

Ci-contre :
Munich, 21 avril 1990,
congrès révisionniste

Ci-dessus :
Ewald Althans et
Yvan Blot (© Stern)

A droite :
Worch et Lauck

Faurisson et Ahmed Rami à la conférence de Stockholm (© Télévision suédoise)

Faurisson avec son garde du corps néo-nazi (à gauche de face) (© Télévision suédoise)

En bas, à gauche : Zündel à Haguenau.

En bas, à droite : Thies Christophersen.

Le 25 avril 1986, Michael Stümer, conseiller du chancelier pour les questions historiques, reprenait dans la *FAZ* le cri d'alarme d'Allensbach :

« *Dans un pays sans mémoire, tout est possible. Les spécialistes de l'opinion lancent un cri d'alarme : la perte d'orientation et la quête d'identité sont inséparables.* » Stürmer expliquait que le maître de l'avenir, en Allemagne, serait celui qui « *donnerait un contenu au souvenir, donnerait leur sens aux termes et interpréterait le passé* ». Les rédacteurs en chef de la *FAZ* ne se le firent pas dire deux fois. Ils publièrent ainsi à la file les articles qui renversaient l'histoire pour préparer l'avenir allemand. Le 6 juin 1986, par exemple, ce fut l'article d'Ernst Nolte « *Le passé qui ne veut pas passer* ». Sous l'intertitre *L'archipel du Goulag et Auschwitz*, l'historien se demandait :

« Les nationaux-socialistes n'ont-ils commis, Hitler n'a-t-il commis, un crime " asiatique* " que parce qu'ils se considéraient, lui et ses semblables, comme les victimes potentielles ou réelles d'un crime " asiatique "? »

On croit rêver, et l'on se prend à relire ces lignes pour en comprendre le sens. Mais c'est bien ainsi que Nolte l'entendait. Plus loin, il pose en effet cette question rhétorique : « L'archipel du Goulag n'était-il pas

---

reçoit quarante piqûres simultanées, on cesse de s'intéresser à une abeille en particulier. Les juifs écrivent dans les journaux, les possèdent, ont monopolisé... les agences d'annonces... »

* Les « Asiatiques » ou « Asiates » étaient l'un des repoussoirs préférés des nazis. Le mépris que ceux-ci ressentaient envers les « faces asiatiques » ou « mongoles » s'exprima en particulier dans la manière dont furent traités les prisonniers de guerre soviétiques. (NdT)

antérieur à Auschwitz ? Le " meurtre de classe " des bolcheviks n'était-il pas le prédécesseur logique et factuel du " meurtre racial " des nationaux-socialistes ? »

Ceux qui ne répondent pas à cette question par la négative savent donc qui sont les véritables coupables des crimes commis par le national-socialisme. Nous savons enfin que les nationaux-socialistes étaient en réalité les véritables victimes, et que c'est pour cette unique raison qu'ils sont devenus des coupables. Tout ce qui s'est passé sous le IIIe Reich s'est déroulé quasiment à titre préventif, pour contrer les crimes communistes auxquels on devait s'attendre – une excuse parfaite : en droit pénal, cela s'appellerait de la légitime défense, et l'on ne condamne pas une personne qui en a fait usage. Savoir qui a été l'instigateur de la guerre n'intéressait déjà plus Nolte, sans doute... Mais si ! Une année plus tôt, il avait exposé dans un article publié en Angleterre une thèse selon laquelle Chaim Weizman, le président de l'Agence Juive, avait quasiment déclaré la guerre à Hitler, en septembre 1939, en affirmant que les juifs, dans le conflit qui venait d'être déclenché par Hitler, se trouvaient du côté de l'Angleterre et de toutes les démocraties. Selon Nolte, Weizman avait ainsi « donné le droit » à Hitler de traiter les juifs allemands comme des prisonniers de guerre et de les interner. Il me semble avoir déjà entendu cela... Effectivement : lors de la deuxième interview que j'avais faite avec Michael Kühnen, dans le parc situé à proximité du Tribunal de Francfort, le chef néo-nazi m'avait tenu le même discours. Lui avait même trouvé une « déclaration de guerre » datant de 1933.

Mais ne se rapproche-t-on pas déjà beaucoup, ici, des textes originaux ?

« *Nous avions le droit moral, nous avions le devoir envers notre peuple de tuer ce peuple qui voulait nous tuer.* » Le chef de la SS Heinrich Himmler parlait des juifs, on s'en doute, dans ce discours tenu le 4 octobre 1943, en Poznanie, lors d'une réunion des *gruppenführer SS.* Peut-on vraiment faire une distinction entre les thèses de Nolte et celle-ci : « *Dans cette confrontation avec l'Asie, nous devons nous habituer à condamner à l'oubli les règles de jeu et les mœurs, qui nous sont devenues chères et nous sont bien plus proches, des guerres européennes du passé.* » Cette phrase, c'est Himmler qui la martèle devant ses généraux, le 5 mai 1944, à Sonthofen. Dans la guerre avec l'Asie, on peut bien autoriser des crimes asiatiques, n'est-ce pas, monsieur Nolte?

Mais Nolte n'était pas seul, en 1986. Le chancelier fédéral Helmut Kohl contribua lui aussi, hélas, à alimenter ce débat. Dans le grand quotidien *Die Welt,* il explique ce qui, à ses yeux, faisait partie de l'histoire allemande :

« *La vengeance qui fut exercée au nom des Allemands en Pologne et ailleurs, et la vengeance que les Allemands ont ensuite subie des Polonais.* » On notera la nuance : il existe une vengeance qui a été exercée « au nom des Allemands », mais pas de vengeance allemande ou de vengeance exercée par l'Allemagne – et il existe une « vengeance exercée par les Polonais », mais pas de vengeance exercée au nom des Polonais.

Dans *Die Welt* parurent aussi, en avril 1986, les bonnes feuilles du livre d'Andreas Hillgruber, *Zweierlei Untergang – Die Zerschlagung des Deutschen Reiches und das Ende des europäischen Judentums* (« Le double naufrage – l'écrasement du Reich allemand et la fin du judaïsme européen »). Là encore, tout est dans la nuance : Le Reich allemand a été écrasé, le judaïsme a simplement pris fin. J'entendrai de nouveau cette expression plus tard, de la bouche du leader néo-nazi Althans. Dans son livre, Hillgruber rappelait avec force les « *efforts désespérés et particulièrement coûteux en vies humaines que produisirent l'armée allemande de l'est et la marine allemande dans le secteur oriental, qui tentèrent de préserver la population de l'est allemand contre les orgies de vengeance de l'Armée Rouge, les viols massifs, les meurtres arbitraires et les déportations indistinctes* ». Il parlait du « *combat défensif* » de l' *armée grande-allemande* », comme si cette armée n'avait pas été auparavant battue en Union soviétique et obligée de se replier.

Le 31 juillet 1986, ce fut au tour de l'historien Klaus Hildebrand de poursuivre, dans les colonnes de la *FAZ*, cette séance de blanchissage de l'histoire allemande. Il affirmait que l'époque où l'on devait considérer comme singuliers les « *crimes commis sous le "IIIe Reich" en matière de politique raciale* » était définitivement révolue.

« *Au fur et à mesure que progresse la recherche, nous voyons cependant que, si le Reich de Hitler a été éliminé, ce n'était pas seulement pour libérer, dompter et éduquer les Allemands. Dans leur dynamique propre, les buts de guerre des Soviétiques, mais aussi ceux des Britanniques et des Américains, allaient bien au-delà.* »

On prolongeait ainsi cette dangereuse falsification de l'histoire, tendant à prouver que la Seconde Guerre mondiale avait été une guerre normale, semblable à toutes les autres, et que d'autres pays non seulement avaient eu la capacité de commettre les mêmes crimes que les Allemands, mais les avaient bel et bien commis. A la mi-août, Günther Gillessen posa dans la *FAZ* (on pourrait presque demander, à présent : où, sinon là?) cette question :

« *La guerre des dictateurs – Staline voulait-il attaquer le Reich allemand durant l'été 1941?* »

Les Allemands, selon lui, n'avaient donc mené qu'une guerre préventive. En outre, l'attaque menée par Hitler avait donné à Staline l'occasion « *de présenter la guerre, sans tenir compte des faits complexes qui l'avaient précédée, comme une guerre visant à défendre la Russie, comme une grande guerre patriotique* ». Les dirigeants soviétiques tentèrent par la suite, selon lui, « *de convertir les lourdes pertes humaines et destructions matérielles en une dette de paix particulière des Allemands envers l'Union soviétique, et de s'en servir pour la propagande en matière de politique étrangère* ». Il ajoutait : « *Mener cette politique ne serait plus aussi facile si l'on avait des idées plus claires sur le déroulement des événements en 1940-1941.* » Avec une rare franchise, Gillessen exposait précisément son objectif : il s'agissait, en falsifiant l'histoire, d'interdire désormais à l'Union soviétique d'imputer aux Allemands une dette de paix particulière.

Il était alors grand temps, pour l'« expert de Hitler » qu'est Joachim C. Fest, d'intervenir lui-même dans le débat. Sous le titre « Le souvenir gagé », Fest se demandait, en bon rhéteur, si l'on pouvait réellement dire « *que ces liquidations de masse par coup de feu dans la nuque, telles que la terreur rouge les pratiqua couramment pendant des années* », étaient quelque chose de « *qualitativement différentes de l'extermination des juifs* ». Fest ne s'en tenait pas à la Russie. L'Algérie, le Viêt-nam, le Cambodge, le Chili et l'Argentine se trouvaient sur la liste. En outre, la thèse du caractère unique des crimes nationaux-socialistes « était aussi, en fin de compte, remise en question par l'idée que Hitler lui-même a toujours affirmé que les « *pratiques de ses adversaires de gauche avaient été sa source d'enseignement et son modèle* ». Dans son article, Fest se comptait au nombre des « pessimistes », par opposition aux utopistes qui croyaient encore en la bonté de l'être humain. Mais qu'on soit pessimiste ou réaliste, une seule chose était vraie : « *Dès lors, sous cet angle, Auschwitz se réduit à une simple innovation technique.* »

Auschwitz devait être relativisé jusqu'à ce que les dimensions de l'horreur qu'il représente ne justifient plus une charge particulière contre ses responsables.

Après Fest, ce fut de nouveau au conseiller de Kohl, l'historien Michael Stürmer, de prendre le relais dans un éditorial de la *FAZ*. Nous étions le 6 septembre. Il rappelait le début de la Guerre Froide, voici quarante ans : « *Sans le savoir, l'Amérique reprenait ainsi l'héritage du Reich allemand.* » L'armée américaine, successeur de la Wehrmacht de Hitler dans un « combat défensif » contre le communisme ! L'historien du chancelier avait ainsi atteint en plein centre la cible que visaient déjà Kohl et Reagan à Bitburg. Il fallait présenter l'anticommunisme commun comme un ferment permettant de désactiver le passé. Ce serait ensuite un moteur pour des révisionnistes de l'histoire d'un tout autre calibre – mais nous reviendrons sur ce point.

La réplique à Nolte, Hillgruber et Hildebrand fut donnée en 1986 par Jürgen Habermas, dans *Die Zeit*, Heinrich August Winkler dans la *Franfurter Rundschau* et Hans-Ulrich Wehler dans son essai *Entsorgung der deutschen Vergangenheit?* (la neutralisation du passé allemand?) A l'étranger aussi, la « querelle des historiens » fit des vagues. Le *New York Times Magazine* lui consacra en 1986 une couverture intitulée : « *L'évacua-*

tion du passé – l'Europe perd la mémoire de l'holocauste ».

Dans son traité sur la « querelle des historiens », l'avocat et essayiste de Hambourg Heinrich Senfft (dont le livre paru en 1990, *Kein Abschied von Hitler* – pas d'adieux à Hitler – m'a fourni beaucoup des citations reprises ici), écrivait :

« *Dès lors que la bourgeoisie allemande ne veut plus vivre aujourd'hui avec la marque infamante de l'holocauste, on le généralise, on l'internationalise jusqu'à en arriver à cette idée que le président fédéral a illustrée le 8 mai 1985 : au bout du compte, tous ont été des victimes.* »

A droite, en République fédérale, on était extrêmement satisfait de l'effet produit par la « Querelle des Historiens »*. Bien sûr, on n'avait pas remporté la bataille, on n'avait pu attirer derrière soi la majorité des historiens. On avait fait du bruit, plus qu'on n'avait réellement transformé les points de vue. Mais, comme le résume le magazine intellectuel de droite *Criticon*, proche du mouvement d'extrême droite des « Républicains », il était « *indéniable que Nolte et Hillgruber ont donné un élan considérable à une vision plus nuancée, et donc plus juste, du passé allemand le plus récent. Dans la conscience de l'opinion publique d'Allemagne fédérale, un changement lent mais visible semble effectivement s'opérer.* »

A la mi-novembre 1986, le jour du deuil national, Dregger, l'homme politique du CDU, évoqua la « *communauté de destin* » allemande :

« *Nous devons nous réconcilier les uns avec les*

---

* Les textes des deux groupes qui s'affrontaient alors ont été publiés sous le titre *Devant l'Histoire* aux éditions du Cerf (NdT).

autres, avec notre histoire et avec le destin de notre nation. »

Peu de temps après, le secrétaire général de la chancellerie de l'époque, Wolfgang Schäuble, encourageait les « expulsés », au nom du gouvernement fédéral, à maintenir leurs revendications financières envers l'Union soviétique et la Pologne. Six années plus tard, après avoir quitté le ministère de l'Intérieur et être devenu président du groupe CDU/CSU au Bundestag, Schäuble fait preuve de continuité. Dans un reportage présenté par le magazine télévisé *Kennzeichen D*, on put voir le 1er décembre 1992 la scène suivante :

Schäuble parle des associations de jeunesse, à Wichs.

« *Les Allemands* (il hésite), *ici, à l'est de l'Allemagne, comme nous disons maintenant, bien que ce soit au centre de l'Allemagne...* »

Il ne finit pas sa phrase. Tonnerre d'applaudissements. Schäuble sait qu'il a tiré sur la bonne corde. Il prend un verre d'eau, boit avec une lenteur marquée, savourant chaque gorgée. Il déguste ces applaudissements jusqu'au bout, satisfait du succès public qu'il vient de s'attirer en rappelant sans le dire, mais en se faisant comprendre de tous, que l'histoire n'a pas encore dit son dernier mot. Eisenach se trouve donc, selon Schäuble, « *au centre de l'Allemagne* ». Cet homme, qui n'a pas du tout une réputation de boutefeu, n'en dit pas plus. Il n'en a pas besoin; chacun, dans la salle, sait qu'il a parlé de « *l'Allemagne centrale* », comme l'appellent les hommes d'extrême droite, toutes chapelles confondues. Königsberg, la Poméranie ou la Silésie n'appartiennent toujours pas à l'Allemagne. Mais tout peut arriver. Revenons au début de l'année 1987.

Juste après le Premier de l'an, les turbulences reprennent. Les mots de Kohl, qui a parlé des « *prison-*

niers politiques » détenus dans « *les camps de concentration en RDA* » suscitent la vive critique de l'opposition sociale-démocrate. Le ministre fédéral de l'Intérieur Zimmermann (CSU), qui avait déjà déclaré que le fascisme n'était pour lui, de toute façon, qu'un « *terme de combat politique, employé avant tout par des communistes* », lui emboîta aussitôt le pas. Il parla de la RDA comme du « *plus grand camp de prisonniers du monde* ». Mais c'est le député CSU au Parlement européen Otto von Habsburg* qui eut le dernier mot dans cette escalade : « *Ce que l'on appelle la RDA n'a pas seulement créé des camps de concentration : elle-même n'est qu'un gigantesque camp de concentration.* »

Six mois plus tard, un certain Ottfried Hennig, secrétaire d'Etat auprès du ministère fédéral des Relations interallemandes, souligne devant la « Jeunesse silésienne », pour le plus grand plaisir de ses auditeurs, que la partition de l'Allemagne et l'expulsion ont touché « *presque exclusivement des innocents* ». A propos des territoires situés au-delà de la frontière Oder-Neisse avec la Pologne, il affirme que « *le fait d'occuper un lieu de manière illégitime ne confère pas de droit de domicile* ». Cette fois, on n'entend pas la moindre protestation dans la presse allemande. Au contraire. De telles déclarations, en 1987, font déjà partie des choses normales : c'est le fruit des efforts menés par les historiens « modérés » et les extrémistes de droite désormais fréquentables.

Peu après, le même Hennig rappela, à fort juste

---

* Otto von Habsburg, fils du dernier empereur autrichien. Depuis 1973, président du mouvement d'extrême droite « Pan-Europa Union », membre du comité d'assistance « Liberté pour Rudolf Hess ».

titre, qu'outre la « *protection de la vie à naître* », le rétablissement de la « *conscience nationale saine* » est devenu le deuxième thème important des conservateurs en Allemagne. Et *Criticon*, un baromètre des opinions de l'extrême droite, peut même déceler dans certaines fractions du camp conservateur « *une ambiance de renouveau que l'on n'avait plus vue ici depuis longtemps* ».

Dans un tel paysage politique, on aurait pu ne pas s'étonner d'entendre le président du Bundestag, Philipp Jenninger, dans son discours sur le 50e anniversaire de la Nuit de Cristal, le 9 novembre 1988, parler du fascisme comme d'un « objet de fascination ». Avec une sensibilité totalement déplacée, il tenta d'excuser Hitler en disant que celui-ci avait trouvé dans l'antisémitisme une compensation à « *la misère de l'enfance, aux humiliations de la jeunesse, aux rêves ruinés de l'artiste échoué, au déclassement du vagabond sans emploi ni domicile fixe et aux obsessions du détraqué sexuel* ». Le pauvre Adolf me ferait presque de la peine. Et l'on touche à la parfaite falsification historique quand Jenninger affirme ensuite que la population a eu une attitude largement passive lors des pogromes, voici cinquante ans, et qu'elle a même été horrifiée. Les juifs concernés n'en ont vraiment rien senti à l'époque. C'est eux qui furent horrifiés de constater l'enthousiasme avec lequel beaucoup d'Allemands se livrèrent au pillage et à la destruction des biens juifs, tandis que ceux qui n'y participaient pas regardaient soigneusement ailleurs !

Jenninger dut démissionner, mais rien ne s'opposait plus à la marche des falsifications de l'histoire. La querelle des historiens allait connaître son dernier round après la chute du Mur – on espérerait alors la « victoire définitive ».

3.

De l'agitation à la banalisation

Après la chute du Mur et l'unification de l'Allemagne, la question du rapport avec le passé allemand se repose avec la même acuité – et même avec un nouvel élan : celui que donne la certitude de la victoire. L'effondrement de la RDA, mais aussi la guerre du Golfe, qui s'annonce, et le débat sur le rôle de la nouvelle grande Allemagne dans le monde semblent justifier que l'on passe l'éponge sur un passé peu glorieux. Optimiste, le commentateur de la *FAZ* Eckhard Fuhr prédit, tout juste une semaine après l'unification officielle de l'Allemagne :

« *Auschwitz ne restera pas cette formule ensorcelée qui plonge instantanément les Allemands dans une auto-contemplation douloureuse.* »

Hommes politiques et historiens se jettent avec ferveur sur le système est-allemand disparu, on établit des comparaisons qui vont toutes dans le même sens : il s'agit de relativiser l'histoire et les crimes du national-socialisme, et ainsi, au bout du compte, de les banaliser. J'ai constaté avec effroi qu'on ne se contentait pas de comparer le régime de la RDA au système nazi, mais qu'on les assimilait l'un à l'autre, selon la vieille formule « rouge ou brun, c'est pareil ». Mon travail de fouilles dans les archives finit par me démoraliser. Mis bout à bout, les fragments que je rassemble composent un véritable puzzle de la réécriture de l'histoire, dont je n'aurais jamais pensé qu'il eût pris de telles dimensions.

La grande comparaison a commencé dans le sillage de l'unification. Le ministre bavarois de l'Intérieur, Edmund Stoiber, qualifie l'homme politique est-allemand Hans Modrow de *Gauleiter**. L'écrivain de RDA Jürgen Fuchs déclare à *Die Welt* que la Sécurité d'Etat de la RDA a créé un « *Auschwitz dans les âmes* ». Le rédacteur en chef du *Welt,* Enno von Loewenstein, qualifie la direction de l'ancienne RDA de « *machine de meurtre politique* » et le chef du SED, Erich Honecker de « *plus grand meurtrier et criminel de guerre allemand* » – le plus grand ! Ah, oui, j'oubliais : Hitler était autrichien. Mais ce n'est peut-être pas ainsi que l'entendait Enno von Loewenstein ? Il crée ensuite de nouveaux termes : la réforme foncière menée en RDA, en quatre ans, après la fin de la guerre, s'appelle chez lui « *l'aryanisation en rouge* ».

Le commentateur de la *FAZ* Friedrich Karl Fromme souligne, à propos du passé de la RDA, que cette « *injustice ne peut ni disparaître dans la satisfaction qu'inspire l'unification, ni être relativisée par la comparaison avec le national-socialisme* ». C'est donc que

---

* *Gauleiter :* responsable régional du parti nazi. C'était entre autres le titre porté par Goebbels (NdT).

les nazis étaient un moindre fléau que les communistes de la RDA*.

Nous sommes entre mars et octobre 1990. Les membres du gouvernement allemand réagissent vivement à toutes les tentatives de l'étranger pour gêner un rattachement sans friction de la RDA. A l'intérieur, l'opposition est jugulée depuis longtemps et a été exclue du consensus des « démocrates » allemands. C'est par exemple le cas de Günter Grass. Quelle volée de bois vert a-t-il reçue lorsqu'il a déclaré « *quand on cherche des réponses à la question allemande, on est forcé d'intégrer Auschwitz à sa réflexion* ». On l'a qualifié de « *Cassandre autoproclamé de la nation* », d'« *ennemi notoire de l'unité allemande* ». On a dit qu'il s'était « *servi d'Auschwitz* » pour limiter le droit des Allemands à l'autodétermination.

On commence alors à prendre des attitudes clairement menaçantes. Michael Stürmer fait les premiers pas en juillet 1990, dans la *FAZ* :

« *Toute diabolisation entraîne le risque de voir la*

---

* Pour mémoire : extrait d'un discours adressé par Himmler aux *Gruppenführer SS* en Poznanie, le 4 octobre 1943 :

« *Un principe doit s'appliquer absolument pour le SS : nous devons être honnêtes, convenables, fidèles et bons camarades envers ceux qui portent notre propre sang et envers personne d'autre. Savoir comment vont les Russes, comment vont les Tchèques m'est parfaitement indifférent. [...] Que les autres peuples vivent dans l'opulence ou qu'ils crèvent de faim, cela ne m'intéresse que dans la mesure où nous en avons besoin pour notre culture. [...] Nous ne serons jamais brutaux et sans cœur là où ce n'est pas nécessaire. Nous, Allemands, qui sommes les seuls au monde à avoir une attitude correcte envers l'animal, nous adopterons aussi une attitude correcte envers ces animaux humains, mais c'est un crime contre notre propre sang que de nous faire du souci pour eux et de leur inculquer des idéaux qui feront que nos fils et petits-fils auront encore des difficultés avec eux.* »

prophétie s'accomplir d'elle-même, chaque discrimination fait courir le risque du chemin à part. »

Malheur à qui ose discriminer l'Allemagne. Le rédacteur de *Die Welt*, Herbert Kremp, laisse même libre cours, en septembre, à ses fantasmes de grande puissance :

« *La future Allemagne se trouve, en tant que grande puissance, devant les ruines de l'Europe de l'Est, et le tas de gravats s'étend jusque dans les profondeurs de la Russie.* »

Les troupes allemandes, elles aussi, s'étendaient jadis jusque-là. C'était le bon vieux temps!

Ernst Nolte, comme toujours lorsqu'il s'agit de neutraliser l'histoire, intervient de nouveau rapidement. La RDA, dit-il, était simplement « *beaucoup trop petite et trop dépendante* » pour mener des guerres agressives et éliminer d'autres peuples. Mais elle avait tout de même « *constamment approuvé ces guerres d'agression oubliées qui ont permis la formation de l'Union soviétique* ». Et l'on compare allègrement Auschwitz à Bautzen, la Gestapo à la Stasi et les six millions de juifs assassinés – tiens, quel hasard!– aux « *six millions de victimes de la Stasi* ».

1991. En janvier, Nolte, dans la *FAZ*, reprend la thèse qu'il avait développée en 1986, lors de la querelle des historiens :

« *Dès lors, l'année 1933 ne devrait plus passer pour une année autonome et historique, mais comme une réplique antagoniste de l'année 1917 en Russie, qui fut plus importante.* »

Mais ce n'est pas tout :

« *Pourtant, on peut et il faut continuer à parler d'une singularité des mesures d'extermination prises ultérieurement par le national-socialisme, ne serait-ce que parce que l'élimination de groupes relativement petits et proclamés étrangers a un caractère plus repoussant que la liquidation de classe soviétique, quantitativement plus importante.* » Les critères esthétiques utilisés ici (« repoussant ») demeurent énigmatiques. Ah, si les bourreaux de Hitler avaient assassiné d'une manière un peu plus élégante ! D'autant plus qu'il ne s'est tout de même agi que d'un « *groupe relativement petit* ». Un petit groupe, les juifs assassinés ? Six millions ? J'entends chuchoter quelque part : « Mais il n'y en a pas eu six millions. » Eh bien bravo ; nous voici donc à présent dans les rangs des « réducteurs », de ceux qui affirment que le nombre de morts a été inférieur. Qu'il a été de cinq millions, par exemple, comme l'a estimé Adolf Eichmann, l'organisateur des convois de la « solution finale » ? A moins qu'ils n'aient été encore un peu moins nombreux ? Mais nous reviendrons là-dessus. En février 1992, Nolte, toujours dans la *FAZ*, en vient à cette conclusion :

« *Mais la RDA était aussi l'Etat que redoutait Hitler quand, dans ses premiers discours, il ne cessait de parler du " marais de sang du bolchevisme " dans lequel des millions de personnes avaient disparu ; et la RDA était l'Etat auquel pensaient en 1933 toutes les innombrables organisations " civiques " quand elles affirmaient, à elles-mêmes et aux autres, que le " chancelier du peuple Hitler " avait sauvé l'Allemagne, au dernier instant, du " gouffre du bolchevisme. "* »

Il termine par ces mots : « *Ceux qui craignaient et redoutaient la RDA avant même sa création effective n'étaient pas d'emblée dans le faux.* »

Il faut s'attarder un peu sur ces propos. Un historien publiant dans des journaux allemands sérieux, auquel même le chancelier Kohl se réfère de temps à autre, n'est-il pas en train d'expliquer que Hitler et ses compagnons n'étaient « *pas d'emblée dans le faux* » ?

N'est-il pas en train de dire que Hitler a simplement mené un combat préventif et nécessaire contre le bolchevisme ? Ne se sert-il pas de la RDA pour justifier les procédés de Hitler ? On a peine à le croire. Que se passe-t-il alors ? Une tempête d'indignation chez les historiens ? De nouvelles excuses officielles aux victimes du national-socialisme ? Non, rien ne se passe – au contraire : les collègues de Nolte en rajoutent.

Arnulf Baring, encore un historien qui s'exprime de préférence dans la *FAZ*, explique que « *les Allemands* », au cours de leur travail de deuil sur leur propre passé, ont « *jeté à la corbeille toute (leur) histoire d'avant 1945* », et que c'est dans cette corbeille qu'ils doivent à présent « *aller, péniblement, la repêcher* ». Baring n'oublie pas une seule strate, et il ressort tout. Il annonce tout de suite le résultat : « *Nous vivons aujourd'hui le retour de l'Allemagne.* » Et surtout de cette Allemagne dont M. Baring paraît rêver. Il se pose aussitôt cette question : « *Le renoncement de l'Allemagne aux armes nucléaires doit-il vraiment s'appliquer pour l'éternité ?* »

Par retour du courrier, Baring reçoit le soutien du directeur de publication du *Spiegel*, Rudolf Augstein. Celui-ci peut s'imaginer des situations dans lesquelles les Allemands seraient contraints « *d'entrer en possession d'armes atomiques, en violation des traités existants* ».

Dans le même temps, un groupe de jeunes historiens rassemblés autour du Berlinois Rainer Zitelmann se fait remarquer en proclamant que Hitler ne s'était pas seulement considéré comme un révolutionnaire, mais en avait été un véritable : un « modernisateur » social et économique. Il s'était selon eux battu pour « une plus grande égalité des chances au sein de la communauté du peuple », il avait tenté d'imprimer des

« *tendances égalitaires à la politique sociale* » et avait respecté les principes de « l'Etat social ». Hitler avait « *déjà une idée contre le chômage à l'époque où Keynes n'en avait pas encore terminé avec l'explication de ses causes* », et « *avait abordé avec une modernité ahurissante les problématiques écologiques* ». Adolf précurseur des Verts. On n'irait jamais plus bas. A moins que ?

Le chef autrichien du parti d'extrême droite « Parti autrichien pour la liberté » (FPÖ), Jörg Haider, en qui beaucoup de partis d'extrême droite allemands placent tous leurs espoirs, n'avait-il pas loué, lors d'une tournée du FDP* en Allemagne, à l'automne 1992, la « *bonne politique de l'emploi* » menée par les nazis ?! Le directeur de publication du magazine libéral *Wirtschaftswoche*, Wolfram Engens, n'avait-il pas découvert dès le mois de juillet 1991 les mérites apparents de l'économie nationale-socialiste ?

Il réclame que soit brisé le « *tabou de l'époque nazie* », car « *l'histoire économique de l'époque nazie est d'un intérêt tout particulier... le taux de croissance du produit social réel se situait à près de 10 %. Ces chiffres sont... intéressants... Pouvons-nous renoncer aux recettes du succès du seul fait qu'Adolf Hitler les a utilisées ?* » Il répond lui-même à la question : « *Tout de même, nous ne renonçons pas non plus à participer aux Jeux Olympiques, à avoir des bergers allemands ou à chanter en chorale !* »

En 1985, déjà, le directeur de l'Institut für Zeitgeschichte de Munich, Martin Broszat, n'avait-il pas déclaré que les crimes commis sous le national-socialisme ne pouvaient pas justifier que l'on « *ôte leur*

---

* *FDP : Freie Demokratische Partei, parti démocratique libre.*

signification historique aux nombreux efforts de modernisation, du seul fait de leur lien au national-socialisme »?

Hitler serait donc un « modernisateur » de la société allemande. Une modernisation libérée de toute considération de valeur, apurée de sa brutalité, de son mépris de l'être humain. N'atteignons-nous pas déjà, ici, le niveau périlleux de ces conversations de comptoir où l'on affirme que Hitler, lui aussi, avait ses bons côtés? Qu'il avait construit des autoroutes, combattu le chômage, etc. Peut-on, d'une manière générale, considérer ces « effets de modernisation » hors du contexte des campagnes d'extermination menées par les nazis? Celles-ci n'ont-elles pas servi aux nazis pour stabiliser leur domination à l'intérieur? N'ont-elles pas permis de souder la « *Volksgemeinschaft* », la « communauté du peuple »? Peut-on réellement se vanter d'une plus forte intégration de la femme dans la vie sociale par le biais d'organisations comme *Lebensborn,* le « Front des Jeunes Filles Allemandes », ou l'association des « Femmes nationales-socialistes »? Moi, je n'y parviendrais pas. Pourquoi? Parce que je ne suis pas un historien qui souhaite faire ses choux gras avec l'identité allemande. Et j'ai même du mal à reprendre dans mon manuscrit des phrases comme celle-ci : « *Le III*e *Reich était un Etat extraordinairement moderne, à bien des égards l'Etat le plus moderne d'Europe* » (extraite du livre *Deutschland, was nun?* – Allemagne, et maintenant? – publié sous la direction d'Arnolf Baring).

Ce n'est malheureusement pas fini. Le spécialiste de la littérature Wilhelm Hortmann, de Duisbourg, présente encore une nouvelle thèse dans la *FAZ* :

« *Si nous ne voulons pas critiquer pour leur " suivisme " les 16 millions d'Allemands de la RDA au début de leur entrée dans l'Allemagne unifiée, nous* *sommes forcés de décriminaliser rétroactivement le " suivisme " de leurs parents et grands-parents sous Hitler, et de nous familiariser avec l'idée que les Allemands n'ont pas élu Bergen-Belsen* en 1933.* » Comme si tout ce que Hitler voulait, tout ce qui fut mis en œuvre sous sa domination, n'avait pas été annoncé dès 1924 dans son livre *Mein Kampf*. Et comme si, après avoir subi les conséquences de l'arrivée au pouvoir d'un extrémiste de droite, il nous fallait aussi, après coup, les trouver bonnes. Car, apparemment, Bergen-Belsen mis à part, tout était splendide.

Quand, le 15 janvier 1991, l'ultimatum de l'ONU pour le retrait de l'Irak du Koweït arrive à son terme, et qu'une intervention militaire dans le Golfe ne peut plus être empêchée, on rebat de nouveau les cartes. Que faire de cette souveraineté allemande nouvellement acquise, et du plus grand poids acquis par cette puissance mondiale toute fraîche qu'est l'Allemagne ? Voilà qui occupe à nouveau les historiens du « tournant ». Joachim C. Fest critique le « *rôle moralisateur* » dans lequel les Allemands, dit-il, « *se complaisent tellement ces temps-ci* » et regrette l'absence d'action politique et militaire de la nouvelle puissance mondiale. Sous le titre « *Egoïstes – le rôle singulier des Allemands* », le rédacteur de la *FAZ*, Eckhard Fuhr, souligne le fait que les Allemands ne devraient « *pas continuer à s'esquiver en invoquant leurs traumatismes historiques et se reposer sur leur faute historique* ».

Peu de temps après, le *Spiegel* publie, sous le titre « *La réplique de Hitler* », un essai de l'écrivain Hans

---

* Camp de concentration situé au nord de l'Allemagne (NdT).

Magnus Enzensberger, dans lequel celui-ci réduit l'époque nationale-socialiste au « *misanthrope Hitler* ». Celui-ci a trouvé, dit-il, « *un véritable successeur en la personne de Saddam Hussein* ». La déculpabilisation suit son cours; avec Hitler et Saddam, on n'a « *pas affaire à un phénomène allemand, ni arabe, mais anthropologique* ». Nous n'avions pas déjà lu cela quelque part? « Chaque peuple a sa période hitlérienne » : c'est à peu près ce que l'on trouve chez Nolte et Hillgruber.

Auschwitz, symbole de la machine d'extermination, est systématiquement relativisé, et ainsi, dans les faits, ravalé au rang d'accident de parcours – quelques historiens et certains médias sont particulièrement pressés de faire oublier le passé allemand. C'est bien entendu le cas de la *Bild-Zeitung,* de *Die Welt* et de *FAZ;* mais je ne cesse de m'arrêter également sur les articles du *Spiegel.* Un hebdomadaire d'actualités qui, chaque semaine, soulève pourtant des scandales plus ou moins importants dans le domaine de la politique, de la science et de l'économie. Un magazine considéré comme incorruptible et d'un sérieux absolu. Une publication dont s'inspirent les journaux télévisés dominicaux et les quotidiens du lundi matin pour choisir leurs grands titres. C'est pourtant dans le *Spiegel* qu'a paru la série sur Irving, dans le *Spiegel* qu'a paru l'article d'Augstein sur Bitburg, dans le *Spiegel* qu'on a lu la comparaison entre Hussein et Hitler. Me faut-il donc réviser mon opinion sur ce magazine dont son directeur, R. Augstein, affirme fièrement qu'il a, « *depuis quarante-cinq ans, tenté d'avoir une action éducative* »? Je décide donc de parcourir à nouveau les éditions des deux dernières années.

Dès le numéro 2/1990, j'ai le souffle coupé par un essai d'Augstein, intitulé « L'heure zéro ». Cet homme qui, autrefois, avait violemment répliqué à Nolte, Hillgruber, Stürmer et Hildebrand, paraît à présent converti :

« *On ne peut pas décider par décret si les Allemands peuvent, veulent ou doivent oublier le passé. L'approche de Nolte, autour duquel s'est nouée ce que l'on a appelé la " querelle des historiens ", était philosophiquement juste, aussi superflue que l'on puisse juger tout cette chamaillerie.* »

Sur la couverture du numéro suivant, c'est le président du SED, Gregor Gysi, qui me regarde, avec sa casquette, surmontant le titre « *Le manipulateur* ». On attaque publiquement l'avocat Gysi parce qu'il ne veut pas d'une annexion rapide de la RDA, parce qu'il veut encore sauver ce qui peut l'être dans le socialisme et ne veut pas se rallier toutes voiles dehors. Gysi est un homme de gauche. Et un juif. Le *Spiegel* fait son portrait. Et en quels termes! Comme si la rédaction n'était pas consciente de la charge qu'ont certains mots, on retrouve entre les lignes, à travers le langage raffiné du *Spiegel,* de purs clichés antisémites. Gysi est un « *truqueur, qui utilise sa casquette bonhomme comme camouflage* », un « *manipulateur* », un « *plaideur* » (« *Advokat* ») pratiquant la « *dialectique juridique classique* », qui « *rayonne surtout par sa froideur intellectuelle et qui fait un effet plutôt effrayant sur les masses ouvrières est-allemandes* », mais qui, « *dans le meilleur style des démagogues, met en garde contre le prétendu danger de droite* », et qui, pour le reste, « *calcule froidement* » et a utilisé des « *subterfuges* » habiles dans le but de profiter de la « *prébende* » que constituait la fortune du SED, « *qui appartient en fait au peuple* ». « *Cet avocat doué est en fait l'exécutant. Il a plus de pouvoir qu'il n'en rêvait lors de son élection, et il est aujourd'hui désireux d'en faire usage.* » En un mot, Gregor Gysi est un avocat louche, un homme pas de chez nous. Avec une telle description et le choix de sa couverture, le *Spiegel* peut se passer de mentionner l'origine juive de Gysi : le lecteur averti le comprend tout seul. On trouve au musée juif de Francfort-sur-le-Main un étrange document : au-dessus d'un titre identique, « *Le manipulateur* », une affiche de propagande des nazis reproduit la caricature d'un « juif typique ». Bien sûr, l'éclairage de la photo de Gysi n'est pas aussi crépusculaire que sur l'affiche nazie, où « le juif » manipule de petits bonhommes animés par des fils. Mais n'importe quel spécialiste sait fort bien dans quel but on utilise le demi-jour en photographie. Le sujet ainsi éclairé, en l'occurrence Gregor Gysi, devient, justement, « crépusculaire ».

On pourrait expliquer que cet article du *Spiegel* était vraisemblablement un faux pas, un dérapage involontaire. La chose est possible. Mais volontairement ou non, ce magazine respecté dans le monde entier louvoyait ainsi de manière inquiétante dans les eaux de l'antisémitisme – car l'antisémitisme paraissait redevenir fréquentable. Six semaines auparavant, le porte-parole du gouvernement ouest-allemand, Johnny Klein, n'avait-il pas rendu le « judaïsme international » responsable d'une modification dans le programme du voyage du chancelier Kohl en Pologne ? Et huit jours avant l'article du *Spiegel,* le chef du parti d'extrême droite des Républicains, l'ancien Waffen-SS Franz Schönhuber, n'avait-il pas exigé lors du congrès de son parti, à Rosenheim, en Bavière, de Heinz Galinski, président du Conseil central des Juifs en Allemagne, qu'il « *cesse enfin de calomnier les patriotes allemands* » ?

« *Shalom, monsieur Galinski, maintenant soyez aimable, arrêtez votre papotage. Nous ne voulons plus l'entendre, nous ne pouvons plus l'entendre, nous ne nous laisserons plus humilier. C'est sur vous que reposerait la faute si l'on devait voir resurgir dans notre pays le méprisable antisémitisme.* »

Le *Spiegel* était manifestement poussé par un vent nouveau. Certainement pas celui de l'antisémitisme. Mais quelle était donc cette étrange brise? Je continue à feuilleter. En juillet de la même année, je trouve un texte du directeur de publication, Rudolf Augstein, portant le titre « *L'Allemagne et les Allemands* ». Hitler et la période nazie y sont réduits à un « *accident malheureux de l'histoire mondiale* ». Le malheur a été qu'un « *peintre de cartes postales viennois* » – Dieu soit loué, pas un Allemand – « *empli de haine et insatisfait ait, après 1918, rendu les juifs responsables de la défaite lors de la guerre mondiale, et qu'il ait attelé à sa charrette des généraux prussiens et germaniques qui avaient de tout autres opinions. [...] L'Allemagne prussienne n'était pas plus antisémite que la France ou la Pologne... Mais le véritable coupable était... Adolf Hitler* ». Une fois de plus. Dès lors, si un seul homme était coupable, il est logique de qualifier l'assassinat de millions de juifs d'« *élimination commandée des juifs* ».

Le néo-nazi Gottfried Küssel l'avait déjà compris, pour en faire une stratégie : « Tous participent – personne n'est responsable! »

Début 1991, c'est l'essai d'Enzensberger, « *la réplique de Hitler* », avec la comparaison Hussein-Hitler. Puis, à partir de l'été 1992, Joseph Goebbels est promu auteur de série au *Spiegel* : les notes de son journal personnel sont diffusées auprès d'un public de plusieurs millions de personnes; lui-même avait rédigé ces textes à des fins de propagande; leur authenticité absolue et leur interprétation sont, en outre, contestées. Le magazine d'information n'est pas troublé par le fait que le banquier suisse François Genoud, qui se caractérise lui-même comme un « *national-socialiste critique* » et revendique tous les droits sur les notes personnelles de celui qui fut ministre du Reich pour l'Education populaire et la Propagande, touche de la maison d'édition de Hambourg des droits particulièrement élevés. On sait pourtant fort bien que Genoud tient un rôle clef dans le milieu néo-fasciste. Il était déjà membre-fondateur de l'organisation néo-nazie fantomatique « Nouvel Ordre Européen » (NOE) en Suisse. Et Otto Ernst Remer dit volontiers de lui qu'il est « *son meilleur ami* ».

A l'automne 1991, les foyers de réfugiés brûlent en Allemagne, entre Hoyerswerda et Saarlouis. Le *Spiegel* publie alors, le 9 septembre, une couverture reflétant l'ambiance du pays, avec une froideur glaciale, sans la moindre trace d'humanisme : « *La ruée des pauvres – réfugiés – émigrés – demandeurs d'asile* ». Le *Spiegel*, qui était pour moi, jusqu'alors, l'une des voix de l'humanité, change de ton. L'illustration représente un bateau plein à craquer. Le slogan de bistrot des « Républicains », « *Le bateau est plein* », n'est pas loin. Puis le magazine évoque les Rom et les Sinti, ceux que l'on appelle les Tsiganes. Dans un reportage intitulé « *Skinheads, voleurs, cambrioleurs – la police capitule-t-elle ?* », le magazine présente le quartier de Hambourg « Karolinen-Viertel », où des « *enfants Rom violents terrorisent les gens du cru, le plus souvent des personnes âgées. Par peur, les Allemands développent de " monstrueux sentiments de haine ", si bien que même des gens " gentils et pacifiques " réclament quelque chose comme une milice* ». On y parle d'enfants « *aux cheveux bruns et aux yeux sombres* », qui se présentent en « *grappes de délinquants* ». On y évoque des « *tribus gigantesques, avec des légions d'enfants* » et des « *enfants turbulents qui chassent alentour* ».

Le magazine *Quick* du 14 novembre 1991 navigue dans les mêmes eaux. Un certain Manfred Hart utilise tous les registres du genre :

« *Ce sont des visages étrangers, sombres. 76 personnes qui ne comprennent pas notre langue. Des gens qui cherchent le confort en Allemagne.* » Le petit Manfred se bricole un faux demandeur d'asile méchant et inquiétant. On ne s'étonne pas, alors, de trouver cet intertitre indépassable : « *Si je n'étais pas policier, je serais aussi skinhead.* »

Il faudra attendre un an pour que de jeunes extrémistes de droite, à Rostock, déversent leur haine sur des Rom et des Sinti, contre des réfugiés sans défense, et mettent le feu à un immeuble où séjournaient 150 Vietnamiens.

Le 6 avril 1992, le *Spiegel* se retrouve sur la ligne de ce que l'on prétend être le « sentiment populaire » allemand. Un jour exactement après le succès électoral triomphal des « Républicains » d'extrême droite aux élections régionales dans le Bade-Wurtemberg, où ils ont récolté 10,9 %, et du « Deutsche Volksunion » dans le Schleswig-Holstein, on publie une curieuse « une ». Les deux élections régionales avaient été placées sous le signe du combat contre le prétendu « afflux des faux demandeurs d'asile ». On voit alors sur la couverture du *Spiegel*, en grosses lettres brillantes, le mot « Asile », et en dessous cette phrase qui sert de slogan aux « Républicains » et au DVU : « La carence des politiques ». Sur l'image, on voit, à perte de vue, une foule d'« étrangers » qui se pressent dans un portail ouvert : un flot qui semble se diriger directement vers celui qui l'observe.

Une affiche électorale des REP ou du DVU n'aurait pas pu être mieux conçue.

Bien entendu, l'hebdomadaire allemand a des explications pour les attaques contre les étrangers et les réfugiés. Dans chaque numéro, on donne la parole à des éducateurs et à des sociologues allemands; tous vont dans le même sens. On interprète les délits racistes comme une protestation de la jeunesse, on leur dénie tout arrière-plan extrémiste et l'on présente les auteurs de ces actes comme des victimes, sans orientation, sans perspective, sans travail et sans logement.

« *C'est une grave erreur que de mettre les émeutes actuelles dans le même sac que l'extrémisme de droite* », explique par exemple le spécialiste de l'éducation Klaus Hurrelman dans une interview au *Spiegel*. Les jeunes mis en cause dans ces attaques ne peuvent « *pas si bien s'exprimer verbalement* », leur « *véritable mobile est une profonde déstabilisation* ». C'est une bonne chose de savoir que ces casseurs ne sont, en fait, que « déstabilisés ». La prochaine étape serait vraisemblablement d'invoquer une « irrésistible pulsion de jeu » pour excuser les coupables. Pour ma part, j'ai vu à plusieurs reprises les néo-nazis se taper sur les cuisses en hurlant de rire quand ils entendaient ce genre d'analyses.

L'été 1992 voit réapparaître cette ambiance apparemment réelle, en fait sciemment attisée, cette hostilité aux Rom et aux Sinti, qui constituent à l'époque le groupe de réfugiés qui suscite la plus grande hostilité en Allemagne. Le *Spiegel* constate un « *antitsiganisme* » : des citoyens se plaignent, lit-on, de vols, de dérangements, de tapage, de mendicité et de désordre partout où surgissent les Rom. « *C'est précisément ce peuple de nomades non conformistes, sans doute le groupe d'immigrants le plus difficilement intégrable, qui constitue aujourd'hui le plus grand contingent* » des réfugiés en Allemagne, déplore le magazine.

« *Le comportement, qui donne encore parfois une impression d'archaïsme, des immigrants, entre partout en collision avec le code des normes des citoyens allemands normaux.* » Les pogromes de Rostock et d'autres lieux d'Allemagne, quelques semaines plus tard, étaient-ils aussi des « *collisions* » avec des citoyens normaux ?

Ils sont en tout cas au goût du *Nationalzeitung*, qui se fait l'avocat des « *gens du cru, profondément irrités par les faux demandeurs d'asile* », des « *contribuables dont on suce le sang* » et des prétendues « *nombreuses victimes allemandes de la criminalité due aux étrangers* ». « *La violence contre les étrangers – une recette pour l'Allemagne ?* » Derrière le point d'interrogation, on devine, le 28 août 1992, l'appel à de nouveaux pogromes. Rostock, dit le journal, a été « *l'avertissement* » adressé par les citoyens aux « *partis établis* » à Bonn, pour qu'ils mettent un terme à ce « *flot, en croissance constante et gigantesque, d'étrangers le plus souvent criminels* », qui se déverse sur la République fédérale d'Allemagne. Car le « *peuple allemand n'est pas disposé* » à tolérer plus longtemps « *l'invasion galopante, notamment celle des Tsiganes* ».

Fin novembre 1992. Les journaux étrangers sont pleins des nouvelles en provenance de la « hideuse » Allemagne : c'en est trop, même pour l'ancien secrétaire général du CDU, Heiner Geissler. Face aux 4 500 délits à mobile raciste recensés depuis le début de l'année (à cette date, ils avaient fait 18 morts et 800 blessés), l'homme politique du CDU constate rétrospectivement que « *le motif véritable de ces crimes est le fait que l'on ait levé le tabou qui pesait sur les thèmes d'extrême droite* ». Enfin, quelqu'un l'a dit – et un chrétien-démocrate, en plus! Voilà qui résume parfaitement l'état de la Nation. La question de *l'« identité nationale saine* » n'est pas la seule en cause : il y a aussi la discussion sur les réfugiés et le maniement de la nouvelle grandeur de l'Allemagne. « *Dans la querelle qui s'est enflammée autour des étrangers, l'âme du peuple s'est déformée* », poursuit Geissler, en parlant de l'effet de « *désinhibition* » qu'a eu le « *funeste débat sur les demandeurs d'asile* ». Cette discussion à propos du droit d'asile est, depuis des années, l'un des thèmes centraux non seulement des conversations de comptoir, mais aussi de la politique officielle et des médias. La « *question étrangère* », jusqu'alors un thème exclusivement traité par l'extrême droite, est ainsi devenue un sujet de débat courant; on l'a consciemment attisée et l'on a élevé le seuil d'inhibition, si bien que les néo-nazis, souvent jeunes, qui faisaient justice eux-mêmes ont pu être applaudis par les « *citoyens normaux* ». Les jeunes pouvaient, dans une relative impunité, transformer en actes les désirs profonds du petit-bourgeois.

Je me rappelle précisément la dernière ligne droite de la campagne des élections municipales, à Francfort, en 1989. A l'époque, j'habitais Darmstadt, et j'étais souvent à Francfort. Deux semaines avant les élections, les chrétiens-démocrates de Hesse (CDU) lancèrent une offensive. A chaque coin de rue, on vit à Francfort des affiches criardes, dont les lettres géantes se détachaient en noir-blanc-rouge (les couleurs du Reich allemand).

Elles s'opposaient aux « *faux demandeurs d'asile* » et au « *droit de vote pour les étrangers* ». On tentait ainsi de copier les règles du succès qu'avait connu celui qui était alors candidat au poste de maire, Walter Wallmann. Dès 1985, celui-ci avait proclamé aux citoyens de Francfort que le « *problème des étrangers* » était « *entre leurs mains* ». Et il était devenu maire. En 1989, un véritable flot de slogans se déversa sur la métropole de Hesse : « *Arrêter l'afflux des faux demandeurs d'asile* », « *Nous sommes pour une ville de Francfort ouverte au monde, mais contre le détournement du droit d'asile* », « *Le SPD et les Verts veulent faire venir toujours plus de demandeurs d'asile dans la ville* », ou simplement « *Zuhause, Zukunft, CDU* » (« Chez soi, l'avenir, CDU ») et « *Attention la Hesse! Le CDU, maintenant* ». La terminologie était directement empruntée au NPD et aux Républicains. Les électeurs l'ont compris. Ils ont préféré voter pour l'original plutôt que pour l'imitation. Le NPD, à Francfort, remporta 6,6 % des suffrages et envoya ainsi six conseillers à l'hôtel de ville. Deux d'entre eux avaient des contacts avérés avec Michael Kühnen et le NSDAP-AO. L'un d'entre eux me dira face à la caméra : « *Je suis national-socialiste.* »

Dans d'autres municipalités, d'autres cantons, les extrémistes de droite arrivent parfois en deuxième position.

Depuis, aucune élection ne se passe plus sans une confrontation portant sur le droit d'asile; plus une pause estivale n'a lieu sans ces grands débats sur les réfugiés. Le phénomène va encore s'accentuer après l'unification. Lors de la campagne pour les élections au Bundestag, à l'automne 1990, les partis de l'union chrétienne CDU/CSU peuvent se réjouir d'un premier succès : la phalange des défenseurs du droit d'asile au sein du parti social-démocrate commence à s'émietter*. Le candidat du SPD à la chancellerie, Oskar Lafontaine, ministre-président de la Sarre, considère qu'une modification légale allant dans le sens d'une limitation est « nécessaire ». Le nombre des réfugiés augmente. Rien d'étonnant à cela : l'Europe de l'Est s'écroule, des conflits surgissent entre les nations, la Yougoslavie se décompose, la guerre civile commence. A présent, même au sein du SPD et des Verts, on entend de plus en plus souvent réclamer des quotas d'entrée. L'aile droite (majoritaire) de l'Union se concentre sur les « faux demandeurs d'asile », les réfugiés de la misère qui veulent « *uniquement s'enrichir grâce à la prospérité allemande* » – des arguments qui rejoignent le niveau du *Nationalzeitung***.

Les attaques contre les réfugiés et contre le droit d'asile deviennent alors de plus en plus massives; elles s'accompagnent d'une campagne de presse incroyable, menée, notamment par le *Bild-Zeitung****. A Brême, des élections vont avoir lieu; le maire SPD Klaus Wedemeier tente de s'y donner un profil de boute-feu : il refuse d'accepter de nouveaux réfugiés. Mais c'est le DVU d'extrême droite qui en récolte les fruits. Le 20 septembre, il obtient 6,1 % des suffrages, et atteint même 10 % à Bremerhaven.

Le débat prend un nouveau tour. Le CSU bavarois tente de limiter la garantie de recours judiciaire pour les réfugiés; dans l'intervalle, il a pratiquement repris l'intégralité du programme des « Républicains » comme

---

* Le droit d'asile politique est garanti par la Loi fondamentale allemande (NdT).

** Le *Nationalzeitung* est dirigé par l'extrémiste de droite Gerhard Frey, membre du DVU.

*** Journal à très grand tirage (NdT).

catalogue de revendications. Durant l'été, le ministre de l'Intérieur de Bavière, Stoïber, a déjà exigé que l'on fasse du droit d'asile un « droit en friche ».

Peu de temps après, Volker Rühe, à l'époque secrétaire général du CDU, et qui occupe aujourd'hui le poste de ministre de la Défense, avait envoyé une circulaire détaillée aux élus de son parti dans les conseils municipaux, dans les conseils régionaux et au Bundestag. Il y réclame que l'on renforce le débat sur le droit d'asile, afin de pouvoir rassembler une majorité favorable à la transformation de ce droit constitutionnel. Dans un « *modèle de requête à déposer par le groupe CDU au conseil municipal* », Rühe recommandait aux politiciens communaux de faire constater par le conseil le fait qu'il est nécessaire d' « *empêcher l'accueil de nouveaux demandeurs d'asile* ». En annexe à cette circulaire, on trouve des questions types à adresser aux administrations municipales à propos de la « *situation géographique des demandeurs d'asile* » et un « *communiqué de presse type* » demandant une modification du droit constitutionnel.

Ce genre de prestations de service au profit des hommes politiques locaux du CDU est soutenu par plusieurs séries d'articles publiés par le *Bild-Zeitung*, dont les titres sont par exemple « *Les demandeurs d'asile dans la Ruhr – qui doit payer?* » Ou, le 7 août 1991, avec une grosse manchette à la une : « *Les demandeurs d'asile – reportage sur un problème allemand* ». Les millions de lecteurs du journal peuvent y lire ce qui suit :

« *Imaginez-vous ce cas : un homme sonne chez vous, il voudrait entrer. L'homme dit qu'il a de puissants ennemis qui en veulent à sa vie. Vous l'hébergez. Mais, vous le constatez rapidement : cet homme n'était pas du tout persécuté, il voulait simplement vivre dans votre maison. Et puis il se comporte très, très mal. Il bat vos enfants. Il vole votre argent. S'essuie les chaussures sur vos rideaux. Vous aimeriez vous en débarrasser. Mais vous ne vous en débarrassez pas. C'est la réalité de l'asile en Allemagne en 1991. Cette maison est la ville de Francfort, l'homme est un Yougoslave, que l'on appelle un " Cento " dans la pègre.* »

Sans commentaire !

A l'automne 1991, la ville de Hoyerswerda, en Saxe est « *libérée de ses étrangers* ». Au lieu de donner quelques coups sur la figure des néo-nazis, comme il eût convenu de le faire, la police, inactive par « *manque de personnel* », dit-on, finit après plusieurs journées d'agressions par évacuer les réfugiés. Les sections de la police, qui sont immédiatement sur place quand les antifascistes militants apparaissent, sont curieusement hors d'atteinte quand l'extrême droite se déchaîne. Mais quand les antifascistes se mobilisent pour une manifestation, voilà les troupes de la police qui resurgissent pour embarquer les « gauchistes » !

La répétition générale a été un succès. Hoyerswerda est un signal : le pogrome va déclencher une vague d'attaques et d'attentats. A cette époque, le chancelier Kohl assure l'étranger que l'Allemagne est un pays « *qui n'a aucune inimitié pour les étrangers* » et qui demeure ainsi. Mais on n'enterre pas le débat sur le droit d'asile : on le ranime au contraire.

Les hommes politiques se voient confirmés dans leur croyance : il faut vraiment prendre au sérieux les angoisses et les détresses de la population. Ils prétendent déjà que seule une modification de la Loi fondamentale et une protection de l'Allemagne contre les étrangers seront la panacée contre les attaques de l'extrême droite. Pendant ce temps-là, les agressions redoublent d'intensité, et surtout de brutalité. Elles concernent avant tout les étrangers, les réfugiés, les juifs, les sans-abris et les handicapés.

Octobre 1991. Les extrémistes de droite peuvent se considérer comme vainqueurs. Car le CDU, le CSU, le FDP et le SPD négocient une accélération de la procédure de demande d'asile – sans prévoir pour cela le personnel nécessaire dans les instances compétentes. Les procédures ne deviennent donc pas plus rapides, des centaines de milliers de cas non résolus s'accumulent. Bien sûr, c'est un chaos provoqué, mais il alimente fort bien le désir de transformation de la Loi fondamentale.

Le débat devient de plus en plus vif. Dans le *Bild-Zeitung,* les manchettes rivalisent : « *La salle de séjour réquisitionnée : une famille est contrainte d'accepter des demandeurs d'asile* », « *L'offre d'emploi la plus incroyable d'Allemagne : foyer de demandeurs d'asile cherche femme de ménage allemande* », « *Les demandeurs d'asile sont à présent installés dans les cours d'école* », « *Etat d'urgence! Un village de toile installé par les demandeurs d'asile dans le parc de Hessen* ».

Ces nouvelles sèment la panique. Les attaques sont désormais quotidiennes. A Rostock, fin août 1992, on assiste chaque jour, sous les applaudissements de la population, à des charges de jeunes extrémistes de droite contre un foyer d'étrangers et contre l'« Office central d'accueil des réfugiés en Mecklembourg-Poméranie antérieure », et à des batailles de rue avec une police indécise et hésitante. Cent cinquante Vietnamiens échappent de peu aux flammes. La veille de l'incendie, le SPD annonçait qu'il était disposé à réformer le droit d'asile.

Deux semaines plus tard, l'ancien chancelier fédéral Helmut Schmidt s'exprime dans une interview accordée au *Frankfurter Rundschau* (12 septembre 1992). Le social-démocrate parle de l'erreur qu'on a commise en « *faisant venir, avec zèle et en utilisant tous les instruments possibles, des salariés étrangers en Allemagne fédérale* ». Il considère l'idée que l'Allemagne pourrait devenir une société multiculturelle comme une pure « *aberration* ». « *On ne peut pas transformer en creuset, après coup, un pays comme l'Allemagne, qui a tout de même une histoire millénaire, depuis Otto Ier... (Nos) sociétés ne le supportent pas. Cela fait dégénérer la société.* »

J'ai bien lu : Helmut Schmidt, un homme auquel j'ai toujours voué une haute estime, emploie le terme « dégénérer », issu de la plus parfaite terminologie nationale-socialiste. L'ex-chancelier est inquiet : « *Nous sommes* de facto *submergés* ». En bon homme d'Etat, il considère que la « *stabilité de la démocratie* » serait en péril si l'on devait, « *chaque année, laisser entrer en Allemagne un demi-million d'étrangers* ».

Du grain à moudre pour les piliers de comptoir.

A la mi-septembre, le ministre fédéral de l'Intérieur, Seiters, célèbre la conclusion d'un traité avec la Roumanie. Ce texte prévoit de faciliter le renvoi vers la Roumanie des demandeurs d'asile dont la requête aura été rejetée. L'intitulé du traité est élégant : « Réintégration des ressortissants allemands et roumains ». En fait, ce ne sont pas des Allemands qui sont concernés, mais surtout des Sinti et des Rom. La Roumanie s'engage à accepter les demandeurs d'asile déboutés, même quand ceux-ci ne détiennent pas de papiers en règle. Les associations Rom parlent de « *déportations de masse* » de plus de 40 000 Rom et Sinti, et rappellent les devoirs qu'a l'Allemagne fédérale, précisément envers les membres de ces deux peuples décimés par les nazis. En Allemagne, ce genre de critique reste sans effet. Les seules réactions de colère proviennent de l'étranger. Les journaux anglais et français parlent d'un « *traité de déportation* », le ministre de l'Intérieur Seiters, lui, n'y voit qu'un « *pas efficace vers l'endiguement de l'immigration illégale* ». « *Maintenant, nous expulsons* », annonce Seiters en commentant le traité, dans le *Bild-Zeitung* du 24 septembre 1992. Pour lui, les Rom et les Sinti sont simplement « *de faux demandeurs d'asile* ». On oublie qu'ils sont persécutés et victimes de pogromes en Roumanie, on oublie que seuls 0,1 % des demandeurs d'asile en provenance de Roumanie sont reconnus comme réfugiés politiques en Allemagne, contre 16 % en France.

En Bavière, le CSU continue à exiger la suppression du droit de recours en justice. Le ministre-président du Land, Streibl, préfère s'esquiver plutôt que de défiler, le 8 novembre, à Berlin, avec le président allemand von Weizsäcker et le chancelier Kohl, pour rappeler l'intangibilité de la dignité humaine. Cela lui vaut le témoignage de respect du chef des Républicains, Schönhuber.

Quelques jours plus tôt seulement, Helmut Kohl a parlé d'une menace d'état d'urgence. Non pas à cause des attaques contre des réfugiés, qui sont déjà devenues à cette époque une partie de la normalité allemande, ni à cause des incendies et des tendances antisémites, mais à cause de l'afflux des réfugiés. Kohl parle du « *risque d'une crise de confiance profonde envers notre Etat démocratique* » parce que « *l'afflux des étrangers* » a « *dépassé le seuil du supportable* ».

Stoiber, le ministre de l'Intérieur de Bavière, est satisfait et renchérit. Les démocrates-malgré-eux laissent tomber le masque. Il faut protéger l'Allemagne, disent-ils, si besoin est « *en contournant volontairement la Constitution* ». Lors du congrès du CSU, le 6 novembre, on est entre soi. Le ministre de l'Environnement, Gauweiler, fait campagne contre la multiculture, ce « *mélange explosif* », exige un « *minimum d'identité culturelle* », tempête contre « *l'homme uniforme et le visage uniforme* ». Un délégué voit son intervention saluée par de longs applaudissements : « *La Loi fondamentale a été rédigée en 1949. Moi, je travaille dans l'automobile. Croyez-vous que nous pourrions, encore aujourd'hui, vendre un modèle de 1949?* » Devant le congrès du parti, le secrétaire d'Etat à l'Education et à la Culture, Otto Wiesheu, avait déjà apporté une preuve de sa compétence pour la philosophie à la petite semaine. A l'en croire, le fait d'être un persécuté politique n'est pas à lui seul un motif suffisant pour obtenir le droit d'asile. « *Nous aussi, au CSU, nous sommes l'objet de la persécution politique des Verts et du SPD. Nous ne demandons pas l'asile pour autant* », proclame-t-il.

Début décembre, enfin, c'est l'union sacrée sur le droit d'asile. On conserve sans doute le droit fondamental, mais on lui ôte toute signification. Car parmi ceux qui entrent en Allemagne fédérale, seuls ceux qui ne proviennent pas de ce que l'on appelle « un pays tiers sûr » peuvent demander l'asile et demeurer en Allemagne pour mener à bien la procédure. De manière élégante, on affirme que tous les pays voisins, y compris la Pologne, la République tchèque et la République slovaque, sont des pays « sûrs », si bien que les réfugiés ne peuvent plus arriver en Allemagne que par ULM, parachute, planeur ou bateau. Le droit fondamental est définitivement désactivé. A présent, le ministre de l'Intérieur Seiters compte mettre une nouvelle question à l'ordre du jour : ne pourrait-on pas employer la Bundeswehr pour protéger la frontière allemande*?

Parallèlement à cette évolution – qui s'en étonnerait? – on voit jaillir au sein de l'Union chrétienne des « cercles » et des « groupes de travail » qui refusent d'exclure une collaboration avec les « Républicains » d'extrême droite. Le patron du CSU, Theo Waigel, avait déjà expliqué que les élections de 1994 ne pouvaient plus être remportées « *qu'à la droite du centre* ». Ces cercles réclament à présent un refus résolu de la société multiculturelle, lancent la polémique contre le « *concept fumeux d'une soupe européenne uniforme et sans contour* » et réclament une « *Europe des patries* ». Le ministre des Finances du Bade-Wurtemberg, Gerhard Mayer-Vorfelder, résume la situation : « *Celui qui exercera le contrôle aérien sur les comptoirs de bistrot aura la majorité dans le pays* ». Et il indique immédiatement à quelle altitude il compte évoluer : « *Nous ne devons pas nous jeter constamment de la cendre sur la tête uniquement parce que nous sommes allemands.* »

Les membres conservateurs de l'Union tentent, avec leur « Forum Allemagne », de mettre en œuvre cette rénovation intellectuelle et morale que Kohl leur a promise voici des années et qui, de leur point de vue, n'a toujours pas été mise en œuvre. Bien que Kohl, dans sa déclaration gouvernementale du 30 janvier 1991 – l'anniversaire de la prise du pouvoir par Hitler –, ait cru pouvoir affirmer que « L'Allemagne » avait « *refermé son histoire. Elle peut désormais ouvertement assumer son rôle de puissance mondiale, et doit l'étendre* ». Mais les gens du « Forum Allemagne » ne s'en satisfont pas. Que veulent-ils donc de plus?

---

* Ce projet a été abandonné pour inconstitutionnalité (NdT).

L'histoire est donc « refermée ». Dès lors, pourquoi ne pas profiter du 3 octobre 1992, le jour de l'Unité Allemande, pour célébrer à Peenemünde le lancement de la première fusée V2 par Hitler sous forme de « 50e anniversaire du vol spatial »? C'est ce qu'avait imaginé le secrétaire d'Etat à l'Economie Erich Riedl. La fête est décommandée, mais Riedl ne voit pas pourquoi. L'homme du CSU qualifie les protestations internationales de « *réaction hystérique et absurde* ». Ce n'est pas tout.

Lorsque, le 1er juin 1992, la reine mère veut inaugurer le monument dédié au général de l'armée de l'air britannique Sir Arthur Harris, on entend de nombreuses récriminations hargneuses dans les chaumières allemandes. Harris a organisé le « *premier meurtre de masse aérien pré-nucléaire* », écrit le *Spiegel*. Et *Die Welt* qualifie le Britannique d'« *architecte de la destruction* ». Harris, qui considéra son offensive de bombardement comme la seule possibilité, à un stade avancé de la guerre, d'affaiblir physiquement et psychiquement l'Allemagne afin qu'une reconquête de l'Europe puisse avoir lieu, est systématiquement dénoncé comme un « *boucher* ». Il ne faisait cependant qu'employer des méthodes que Hitler et ses sbires avaient eux-mêmes volontiers employées contre les villes anglaises. On connaît ce célèbre dialogue :

« *Voulez-vous la guerre totale?* » *(Goebbels)*

« *Oui!* » *(Le « peuple »)*

Quand on annonçait la « guerre totale », il fallait aussi pouvoir vivre et mourir avec elle. Ce sont les dizaines de milliers de civils innocents qui payèrent cette logique de leur vie quand Dresde fut détruite.

Le 9 mai, le rédacteur du *FAZ* Günter Gillessen entreprend même de réhabiliter la *Luftwaffe*. Comme si

Guernica ou Coventry n'avait jamais eu lieu, il écrit que l'armée de l'air allemande, contrairement à Harris, s'en est tenue, *« en gros, à la distinction traditionnelle entre objectifs militaires »* et civils, et a *« tenté d'épargner les non-combattants »*. Après une lettre de protestation de plusieurs villes bombardées pendant la guerre, le ministre des Affaires étrangères, Genscher, intervient lui aussi dans le débat sur cette affaire de monument : *« Le projet est susceptible de rouvrir d'anciennes blessures. »*

Les réunions d'expulsés des territoires de l'Est organisées à l'automne 1992, pour le Jour de l'Unité, sont placées sous le signe de la révision de l'histoire. Le thème général est parfaitement clair : *« Pour le droit et la vérité historique »*. L'Union régionale de Thuringe estime tout de même nécessaire de développer ce slogan dans son bulletin d'information *Ruf der Heimat* (« L'appel de la patrie ») du 11 août 1992 :

« La tâche essentielle sera d'abord de faire en sorte que les Allemands sortent de leur rôle de pécheurs en pénitence et retrouvent une saine confiance en eux-mêmes. Même dans une Europe unifiée et sans frontières, l'identité nationale et l'identité de groupe seront la structure porteuse d'un ordre légal. Dans cet ordre juste, les expulsés veulent enfin qu'on leur donne la possibilité d'exercer leur droit à l'autodétermination et à la patrie. »

Cap à l'Est, donc, c'est bien cela?

« Quand un cimetière juif est profané en Allemagne, ça fait un gros titre dans le *New York Times* », m'explique à l'été 1992 un rédacteur de la télévision que notre film *La Peste brune* a choqué.

Mais ces profanations incessantes sont aussi embarrassantes. Tandis que ces exactions contre les cimetières juifs continuent, le chancelier Kohl rencontre fin mars 1992 le président de l'Etat autrichien, contesté dans le monde entier pour son passé militaire. Kohl repousse vivement la critique du Congrès mondial juif :

« *C'est à moi, en tant que chancelier fédéral, de décider qui je rencontre ici, à Munich, en compagnie de mon ami Max Treibl. Je n'ai pas besoin de conseil pour cela.* »

Dans la nuit du 22 au 23 novembre 1992, dans la ville de Mölln, dans le Schleswig-Holstein, une femme et deux petites filles turques périssent lors d'un incendie allumé par des extrémistes de droite organisés. La famille vit depuis longtemps en Allemagne. Les enfants sont nés dans le pays. Le crime et la recherche de ses auteurs ne prennent même pas la première place aux informations de la chaîne ZDF, qui évoque d'abord la sonorisation défectueuse du nouveau bâtiment du parlement, qui a coûté 256 millions de marks.

Après une année émaillée d'agressions racistes extrêmement brutales, on change subitement d'avis sur l'extrémisme de droite. Juste avant les meurtres de Mölln, le journaliste Klaus Hartung juge nécessaire de publier dans les pages culturelles de l'hebdomadaire *Die Zeit* un plaidoyer « *Contre l'alarmisme de gauche* ». La menace d'extrême droite, écrit-il, a toujours fait partie, dans la vieille Allemagne fédérale, « *des éléments obligatoires de la culture de gauche* ». Depuis les pogromes d'Hoyerswerda, « *la culture défensive de gauche* » s'est « *restructurée. On ne cesse de lancer des mises en garde, les Cassandre tournent autour de l'horizon des malheurs à venir* ». Hartung dénonce ces avertissements comme du « *bavardage alarmiste* ». Il conteste que la « Querelle des historiens » ait eu le moindre effet, et critique les « *rites de la culture défensive de gauche* ». L'image du « *danger d'extrême droite omnipré-*

sent » lui paraît « *commode* ». Le feuilletoniste du *Zeit* félicite les idéologues de la droite, qui ont selon lui « *distingué une chance dans le vide social, un terrain dans l'ordre effondré* ». Puis il ajoute, à propos de la Yougoslavie : « *Qui, avant 1989, aurait pu imaginer qu'au cœur de l'Europe un pays allait préparer une guerre de conquête et la déclencher sur la base d'une idéologie nationale-socialiste, installer des camps de concentration, déporter, organiser des exécutions de masse ?* »

Cela suffit.

A l'automne 1992, divers sondages montrent à quel point Hartung s'était trompé. L'ambiance, en Allemagne, s'est transformée. On publie des chiffres effrayants. Selon une « *Etude sur la Jeunesse 1992* »* représentative, quelque 30 000 Allemands de seize à vingt-quatre ans sont disposés à employer la violence contre les étrangers et les réfugiés. Selon cette étude, près d'un tiers des jeunes peuvent être considérés comme « *touchés par une xénophobie cohérente et persistante, ou tout du moins accessible aux pensées xénophobes* ». 13 % pourraient « *être classés dans le groupe des successeurs du fascisme* ».

35 % des lycéens défendent la revendication d'une « *Grande Allemagne, territoires de l'Est compris* », et un apprenti sur trois est convaincu que « *les Allemands ont toujours été les plus grands* ». Cette « *lacune* » regrettée par Elisabeth Noelle-Neumann, qui déplorait que les Allemands, « *à l'échelle mondiale, n'expriment plus la moindre fierté à propos de leur nationalité* », est donc enfin comblée. « Je suis fier d'être un Allemand » : tel est le nouveau slogan. Parce que deux skinheads

* Effectuée à la demande d'IBM.

n'apprécient pas qu'un homme de cinquante-trois ans affirme que Adolf Hitler était un criminel, ils le tuent. L'homme était un capitaine allemand. Les meurtriers ont dix-neuf et vingt-cinq ans.

Les spécialistes de la jeunesse constatent aussi que la propagation des idées de l'extrême droite va de pair avec une forte tendance à banaliser la période nazie. 17 % des 4 000 jeunes de Saxe et Saxe-Anhalt interrogés en 1992 considèrent les récits de l'holocauste comme « *largement exagérés* ». Un quart des lycéens et 40 % des apprentis approuvaient l'idée que le IIIe Reich a aussi eu « *ses bons côtés* ». 11 % des lycéens, et à peu près un quart des apprentis approuvent cette affirmation : « *Les Juifs sont le malheur de l'Allemagne.* »

L'université de Cologne en vient, quant à elle, à la conclusion que les citoyens juifs en Allemagne recomment à avoir peur. Un quart des juifs de dix-huit à vingt-quatre ans se sentent « personnellement menacés » en Allemagne occidentale. Dans le même temps, dans une enquête représentative, l'Infas-Institut établit qu'un tiers environ des citoyens de l'Allemagne fédérale estiment que les juifs portent une part de responsabilité dans leur persécution historique.

A la même époque, la directrice du mémorial du camp de Dachau, Barbara Distel, déplore une nette régression du nombre de visiteurs. En 1991, le nombre des personnes qui témoignaient ainsi leur intérêt pour l'analyse du national-socialisme avait baissé d'environ 30 %. La part des Allemands dans les visiteurs diminua de 14 %. Barbara Distel relie cette chute à une « situation de bouleversement ». En Allemagne, le terme de « travail sur le passé » est de plus en plus lié au débat sur l'histoire de la partie orientale du pays dans l'après-guerre et de son service de Sécurité d'Etat.

Les historiens du refoulement ont réussi – hélas.

Peu après les événements de Rostock, l'Infas publie des résultats qui montrent à quel point les criminels d'extrême droite peuvent s'appuyer sur des courants profonds. 37 % des Allemands estiment que « les Allemands, dans leur propre pays, doivent se défendre contre les étrangers ». 51 % approuvent le slogan « L'Allemagne aux Allemands », et 26 % « Etrangers dehors ». Après l'incendie dévastateur de Mölln et les premières mesures officielles contre l'activité néo-nazie, ces chiffres ont un peu baissé, mais cela n'apaise pas mon inquiétude. Une majorité de la population demeure sensible aux thèses de l'extrême droite. Mais assez de statistiques. Même le président de l'Office de Protection de la Constitution à Hamburg, Ernst Uhrlau, a montré que les sujets majeurs des années quatre-vingt-dix seront l'extrémisme de droite, la xénophobie et le nationalisme :

« *Plus de 29 % des jeunes sympathisent avec les partis d'extrême droite. Une fois qu'ils se seront établis, ils transformeront la société, dans le sens inverse, plus profondément que ne l'ont fait les gauchistes après 1968.* »

Uhrlau est en retard. Ces sujets sont « établis » depuis longtemps, pas seulement dans les partis d'extrême droite, mais au cœur de la société.

[illegible]

[illegible] Les [illegible] les stratèges [illegible] Dépourvus [illegible] avertie [illegible] importants. [illegible] les Allemands estiment que [illegible] Marne, dans la [illegible] guerre [illegible] devrait se [illegible] contre le [illegible] l'invasion [illegible] les Allemands [illegible] l'armement [illegible] après [illegible] Metz, et [illegible] [illegible] multitude [illegible] la population [illegible] Mais [illegible] la Lorraine [illegible] que [illegible] lorraine.

[illegible] de 1870 [illegible]

Enfin [illegible] au cours de [illegible].

4.

Les démocrates malgré eux

Depuis le pogrome d'Hoyerswerda, en septembre 1991, quand je lis le journal, je m'attarde surtout sur les colonnes des brèves, ou aux derniers paragraphes des articles portant sur la question du droit d'asile. C'est là qu'en règle générale je trouve les nouvelles sur les attentats et les agressions xénophobes. J'ai l'impression que, si le nombre des actes de violence augmente constamment, les informations sur le sujet se font, elles, de plus en plus brèves.

Deux exemples pris au hasard, en novembre 1992 : « *A Friedland, dans le Neubrandeburg, six jeunes attaquent en lançant des pierres un foyer de demandeurs d'asile. Ils ont causé des dégâts matériels. Les auteurs de cet acte ont pu s'échapper sans être reconnus.* » Ou encore : « *A Lehrte, près de Hanovre, des vandales nocturnes ont mis le feu à un abri pour demandeurs d'asile. Les habitants ont pu éteindre l'incendie eux-mêmes, on a relevé des dégâts matériels sans* gravité. »

Dégâts matériels sans gravité – s'il ne s'agissait que

de cela ! Des vandales – si ce n'était que cela ! Il ne faut pas une grande imagination pour s'imaginer ce qui s'est passé durant ces nuits-là. Les réfugiés sont tirés du sommeil par de jeunes hommes qui vocifèrent des slogans nazis. Les étrangers ont peur, les enfants crient et pleurent. Tous se jettent au sol pour ne pas être atteints par les projectiles. Ils sentent la fumée, constatent qu'un cocktail Molotov a volé à l'intérieur. Le chemin qui permettrait d'atteindre la cabine téléphonique la plus proche pour avertir les pompiers est bloqué : dehors, les salauds attendent. Panique dans le foyer, tentatives désespérées pour éteindre l'incendie... Et le surlendemain, on lira ce simple entrefilet : « ... *des dommages matériels sans gravité* ». Par la suite, on se contentera d'ouvrir une enquête pour dégradation de biens ou tentative d'incendie contre les responsables, pour autant qu'on aura mis la main dessus.

Il a fallu attendre que les deux petites filles turques Yeli et Ayshe, ainsi que la femme turque Bahide Arslan, soient brûlées vives lors de l'incendie criminel de Mölln, dans le Schleswig-Holstein, dans la nuit du 21 au 22 novembre 1992, pour que les autorités judiciaires allemandes compétentes le comprennent enfin : la seule différence entre les quelque 500 incendies volontaires recensés entre le mois de janvier et le 21 novembre 1992, et celui de Mölln, tient exclusivement au fait que cette fois-ci les criminels ont vu leur projet aboutir. Le parquet et les juges d'instruction commencent alors, enfin, à considérer qu'une attaque au cocktail Molotov contre un foyer de réfugiés n'est pas seulement une dégradation de biens ou un incendie volontaire, mais un assassinat et une tentative de meurtre. Il faut attendre cette date pour qu'ils se décident à interpréter la préparation de cocktails Molotov comme un élément d'un acte prémédité. Alors seulement, le procureur général de la République, Alexander von Stahl, se charge des enquêtes.

En 1991, le nombre des délits à motivation raciste s'élevait à bien plus de 2 000. L'année suivante, ils dépassaient les 4 000. Mais le gouvernement fédéral est encore intimement persuadé, à l'automne 1992, qu'il n'existe « *aucun indice* » permettant de penser que ces actes de violence cachent « *un processus organisé* ». « Ce sont des actes spontanés commis par des individus ou des groupuscules locaux », dit-on.

Dans le *Spiegel*, le professeur de psychologie Reinhard Tausch explique, à propos de la vague d'agressions qui a suivi Hoyerswerda :

« *L'accueil de centaines de milliers d'immigrés provoque naturellement des réactions de stress manifestes chez ceux qui habitent à proximité de grands groupes d'immigrés. Qualifier de xénophobie cette réaction de stress, c'est se tromper sur ce qui se passe réellement.* »

« *Quand on parle avec les jeunes extrémistes de droite, on trouve souvent des gens désorientés, dont l'idéologie politique est plaquée artificiellement, qui veulent provoquer à tout prix et veulent attirer l'attention sur leur manque de perspectives d'avenir.* » – Ces lignes-là sont signées par le mouvement néo-nazi « Offensive nationale »!

La politique, la science, la police et la justice sont donc unanimes : dans notre pays, il existe un très grand nombre de xénophobes isolés, agissant spontanément, tellement stressés par les immigrés qu'ils n'ont d'autre choix que, par ennui et faute d'autres possibilités de se faire comprendre, de frapper jusqu'à la limite de la mort – ou au-delà de cette limite – les étrangers et les étrangères, ou de faire flamber les foyers de réfugiés. Les actes eux-mêmes, bien évidemment, n'ont aucune espèce d'arrière-plan politique, et leurs auteurs s'appuient encore moins sur des organisations.

La justice se cale elle aussi sur la politique officielle. Quelques exemples, pris au hasard.

En décembre 1991, la justice veut punir le progrome de Hoyerswerda. Dans le procès intenté à trois des initiateurs de ces exactions (trois skinheads néonazis âgés de vingt-deux à vingt-huit ans), le tribunal se contente d'une peine de dix-huit mois avec sursis. On considère comme une circonstance atténuante l'irresponsabilité des accusés au moment des faits, « en raison de leur consommation d'alcool ». « Nous n'avons pas à juger la dimension politique de leur manière de procéder », souligne le juge à plusieurs reprises. Accessoirement, la reconstitution montre que les trois meneurs ont été accompagnés par un véhicule de la police pendant toutes les exactions, que les policiers ne sont pas intervenus.

Le 12 février 1992, un skinhead de dix-neuf ans qui a poignardé un Angolais à Friedrichshafen, sur le lac de Constance, s'en sort avec une peine de cinq ans de détention pour la jeunesse. Le tribunal le condamne simplement pour meurtre avec préméditation limitée, considérant qu'on peut estimer que « *la couleur de peau de la victime a joué un rôle essentiel dans le crime* ». Les juristes ne paraissent pas comprendre qu'en adoucissant ainsi la peine ils prononcent un verdict parfaitement raciste. La loi ne frappe donc dans toute sa rigueur que ceux qui abattent des « aryens ».

De mes rencontres avec Kühnen, je sais parfaitement que ce genre d'arguments est très exactement la tactique utilisée pour obtenir des diminutions de peine. « *Toujours dire : " J'étais soûl... Je m'ennuyais. J'ai été provoqué ". Comme ça, tu ne prends que la moitié!* » : c'est ce que l'on conseillait aux skinheads lors de différentes rencontres auxquelles j'ai assisté. La police le sait. Les procureurs le savent. Les juges le savent. Rien n'y fait.

En septembre 1992, cinq skinheads sont condamnés à des peines de réclusion pour la jeunesse, allant de quatre ans de privation de liberté à deux ans avec sursis. En novembre 1990, à Eberswalde, ils ont tué sans pitié, à coups de pied, l'Angolais Antonio Amadeu Kiowa. Auparavant, ils s'étaient rencontrés dans une discothèque et étaient partis ensemble « casser du nègre ». En chemin, ils démolissent des voitures, la police les suit à distance de sécurité. Quand Kiowa tombe entre les mains de ses futurs assassins, trois fonctionnaires en civil de la police observent l'action, toujours de loin. Ils ont vu les trois skinheads attaquer l'Angolais à coups de batte de base-ball, le frapper avec leurs lourdes bottes et lui sauter sur la tête. Les skins n'abandonnent l'Angolais qu'au moment où il baigne dans une mare de sang, dans la rue, inanimé. Alors seulement, les policiers en civil sortent de leur cachette et chassent les skins. Ils n'ont pas songé à interpeller les coupables en flagrant délit. Antonio Amadeu Kiowa, lui, ne sortira plus jamais du coma. Le tribunal de Francfort-sur-l'Oder considère que cette agression meurtrière n'est au bout du compte qu'une « *faute typique de la jeunesse* ».

Je ne crois certes pas que manier le droit pénal comme un bâton suffise à venir à bout de l'extrémisme de droite. Mais il me paraît extrêmement problématique que les verdicts se conforment au traitement réservé par la science et la politique officielle aux extrémistes de droite : comme des criminels spontanés, dépourvus de liens politiques, d'idéologie affirmée ou d'organisation; comme des perdants de la modernisation, de jeunes déracinés, des chômeurs, des victimes du grand nombre de divorces, des êtres désorientés, sans perspective, souffrant du manque de loisirs. Bref : non pas comme des coupables, mais comme des victimes.

Et l'on s'intéresse tout aussi peu aux victimes de ces criminels qu'aux faits qui pourraient démentir ce point de vue officiel. N'est-il pas exact, par exemple, que des membres dirigeants du Ku-Klux-Klan parcourent l'Allemagne et se livrent avec les néo-nazis à des exercices paramilitaires? N'existe-t-il pas de réseaux internationaux d'anciens combattants SS qui soutiennent les néo-nazis? « *Blood & Honour* » ne constitue-t-il pas un réseau international de groupuscules skinheads? Michael Kühnen et sa troupe n'avaient-ils pas de contacts internationaux? Les divers groupes néo-nazis qui existent en Allemagne n'ont-ils strictement aucun rapport les uns avec les autres? Que veulent au juste nous faire croire les « experts » et les protecteurs de l'Etat, en accord avec les fonctionnaires de justice?

A force de nier constamment les liens nationaux et internationaux des groupes néo-nazis, on se retrouve contraint de défendre la théorie du criminel isolé : il s'agit de solitaires, le plus souvent psychopathes, et sans aucun lien avec aucune espèce de groupe. Je me rappelle encore fort bien le cas de l'apprenti Josef Saller, âgé de dix-neuf ans. Ce Josef Saller se sentit « irrésistiblement » poussé, par une nuit de décembre 1988, à mettre le feu à un immeuble habité en majorité par des familles turques, au centre-ville de Schwandorf. Trois ressortissants turcs et un Allemand périrent dans les flammes. La désinformation policière commença quelques instants après l'extinction de l'incendie. La police de Schwandorf n'exclut certes pas l'incendie volontaire, mais démentit aussitôt les rumeurs d'attentat politique. Le lendemain de l'incendie, les enquêteurs découvrirent l'autocollant « Turcs dehors » sur une maison voisine. La piste les mena à un extrémiste de droite bien connu dans la cité, Josef Saller. Le 5 janvier 1989, l'apprenti passa des aveux complets et détaillés. Son mobile : il avait voulu « agacer » les étrangers.

L'aveu de cet extrémiste contraint la police à diffuser une nouvelle version des faits. Il est, selon cette nouvelle version, clairement établi (c'est ce qu'indique la police dans un communiqué de presse, peu après les aveux), qu' « *aucune deuxième personne n'a participé au crime, et qu'aucun groupe d'extrême droite n'a agi dans l'ombre, soit qu'elle eût été au courant, soit en ayant incité au crime* ». Avant même qu'une perquisition chez Saller n'ait permis la découverte d'un abondant matériel de diffusion de documents et de propagande du groupe activiste « Front Nationaliste » (NF) et du FAP, avant même que la participation active de Saller, au NF, à un poste élevé, n'ait été connue, et bien avant que l'on n'ait seulement interrogé ses contacts dans les milieux d'extrême droite, la police judiciaire diffusait la version du criminel isolé. Une version qu'elle soutint obstinément jusqu'à la fin de l'enquête, et que le tribunal d'Ambergen finit également par adopter.

On passa systématiquement sous silence les indices qui permettaient de penser que Saller était membre d'une organisation néo-fasciste organisée. Les enveloppes trouvées chez Saller furent transférées, sans être ouvertes, dans la salle des pièces à convictions. Il fallut la pression des parties civiles pour qu'on les ouvre et qu'on y trouve les documents de propagande révisionniste d'un néo-fasciste autrichien de premier plan. Des billets de la Bundesbahn, qui indiquaient que Saller, immédiatement avant le crime, s'était rendu à Bielefeld pour participer au 4e congrès fédéral du NF, ne furent pas versés au dossier. Les chefs du NF et du FAP ne furent jamais interrogés sur leur « camarade Josef », comme ils l'appelèrent ensuite dans leurs publications. On passa sous silence ses contacts avec les « Républicains » locaux, et l'on n'interrogea même pas ses relations dans ce parti.

Le lien entre la propagande d'agitation raciste menée par le NF et l'action mortelle de Saller n'a intéressé ni la police criminelle, ni le Parquet, ni le tribunal. Saller est présenté comme un criminel isolé qui, « *d'homme solitaire, est devenu un combattant solitaire* ». Il est finalement condamné à douze ans et six mois de prison, non pas pour meurtre, mais pour incendie volontaire avec circonstances aggravantes. Depuis, son nom se trouve sur la liste des « *prisonniers nationaux* » dans la revue *NS-Kampfruf* du NSDAP-AO. Dans des « interviews » publiées par des magazines skinheads néo-nazis comme *Querschläger* ou *Frontal*, Saller prend la parole depuis sa cellule. Son « *plus grand désir politique* », dit-il, est de connaître une « *Allemagne libérée de ses occupants et de ses étrangers, dans la tradition germano-prussienne, dans les frontières de 1938, une Europe sans nègres, sans rouges ni nez crochus* »; mais il désire « *surtout que le national-socialisme s'impose de nouveau* ».

Ces propos sont signés Josef Saller, criminel isolé, sans lien connu avec une organisation d'extrême droite.

Mais la justice n'est pas seule en cause; on évoque aussi le rôle de la police; le *Spiegel* parle d'un « *étrange mélange d'incompétence et de complicité passive de la police avec les criminels* », qui « *encourage les auteurs de ces émeutes à passer de nouveau à l'acte* ». Que les gardiens de l'ordre se fassent les complices passifs des casseurs n'est pas étonnant : le nombre des policiers qui sympathisent avec les « Républicains », ce parti d'extrême droite qui prétend défendre l'ordre et la loi, atteint les 30 %. Selon une enquête réalisée par le syndicat de la police, la moitié des fonctionnaires de police bavarois se disent même en accord avec les objectifs des « Républicains ». Le chef du parti, Franz Schönhuber, remercie fièrement, à chaque apparition publique, « *nos camarades et amis de la police* ». En Hesse, les unions régionales des « Républicains » ont annoncé que le nombre de policiers dans leurs rangs atteignait localement les 15 %. Le président régional des « Républicains » en Rhénanie-Palatinat, Jürgen Schröder, est un fonctionnaire de la police criminelle, et il n'est pas le seul à figurer dans les sphères dirigeantes du parti.

On en vient alors à se réjouir de la rare franchise avec laquelle Andreas Schuster, président du syndicat de la police, affirme après avoir critiqué l'équipement et la formation de la police en Allemagne orientale :

« *Il y aura un deuxième et un troisième Rostock, et cela peut se répéter partout.* »

Il faut mentionner avec reconnaissance un fait important pour la démocratie : en décembre 1992, en Allemagne, des milliers de policiers ont manifesté contre le néo-fascisme. Ce n'est pas ceux-là que nous attaquons ici, mais ceux qui ont indiscutablement oublié que nous vivons dans une démocratie. Moi-même et d'autres collègues en avons fait l'expérience.

Le 25 janvier, au café « Napoléon », à proximité de Francfort-sur-le-Main, les néo-nazis de la « *Gau* de Hesse » se retrouvent une nouvelle fois. Sont également présents des membres de « l'Alternative Allemande » venus d'« Allemagne centrale », l'ancienne RDA. Cette « réunion de section » des quelque quarante extrémistes a lieu, ce jour-là, en présence de la police et d'une équipe de télévision du Hessischer Rundfunk. Heinz Reisz, ce nazi de parade à barbiche, est en plein discours. Une fois encore, il semble se parodier lui-même :

« Je suis un Germain, et que Dieu protège les fusées germaniques de notre anti-cosmopolitisme », crie-t-il d'une voix rauque. Les néo-nazis qui l'entourent ricanent. Reisz déverse ses slogans stéréotypés, mais dans leur version dépourvue de « *Sieg Heil* » et de saluts hitlériens, puisque la caméra tourne :

« Vive l'Allemagne, vive le mouvement... »

Puis il laisse deviner quel est l'arrière-plan de la rencontre :

« ... vive le combat pour Saddam Hussein, vive ce peuple, vive le Führer, Dieu protège la région arabe ! Merci. »

Les journalistes Ulrike Holler et Herbert Stelz tournent la scène, font des interviews, enquêtent sur le contexte et en arrivent à la conclusion suivante, qu'ils présentent dans leur reportage :

« *Des membres du groupe de Kühnen prévoient de créer une armée de volontaires pour Saddam Hussein.* »

Cinq volontaires apparaissent déjà dans le reportage, diffusé dans le magazine politique allemand *Panorama* et aux actualités régionales de la Hesse.

Les deux journalistes ont pris contact avec la police avant le tournage. Lors des prises de vue aussi, des policiers étaient présents, mais ils n'ont vu aucune raison d'intervenir. *Business as usual.*

La diffusion du reportage, le 29 juin, n'a pas un écho démesuré. On considère ces néo-nazis comme des dérangés – de toute façon, on ne peut pas prendre ces gens-là au sérieux. Qu'ils partent réellement participer à la guerre en Irak paraît aussi indifférent aux autorités allemandes qu'aux hommes politiques. Et quelques jours plus tard, toute cette histoire est oubliée.

Mais la situation change d'un seul coup.

Le reportage télévisé est également diffusé à la télévision israélienne. A cette époque, le 4 février, la présidente du Bundestag allemand est en visite en Israël. Rita Süssmuth est venue pour témoigner de la sympathie allemande. Mais au lieu d'une profonde reconnaissance, elle trouve des visages en colère. Les missiles irakiens utilisaient déjà de la technique allemande. Mais le fait que, par-dessus le marché, des néo-nazis allemands viennent prendre leur poste dans le combat contre l'Etat juif emplit beaucoup d'Israéliens d'une rage impuissante. Rita Süssmuth n'a plus d'autre choix que de s'émouvoir à son tour.

Alors, en coulisses, on prie certains policiers de bien vouloir faire preuve d'un zèle spontané et assez inhabituel. On achève en panique un rapport du préfet de police de Francfort commandé plusieurs jours auparavant, et on le transmet au ministère de l'Intérieur. Mais ne croyez pas que l'on ait immédiatement mis le holà au projet des néo-nazis : ce serait une lourde erreur.

Le préfet de police de Francfort, Karlheinz Gemmer, recommande de « *publier un démenti* » – « à cause, dit-il, de « *la résonance internationale* ». Il croit en effet savoir que, « *pour l'essentiel* », les journalistes Holler et Stelz avaient pour but de « *renforcer l'image de "l'affreux Allemand" que l'on agite ces jours-ci dans la politique internationale* », et joint à son appréciation les douze pages du rapport établi par ses fonctionnaires, rapport qui présente le tournage effectué onze jours plus tôt comme un « *show* ».

Le préfet de la police Karlheinz Gemmer n'est tout de même pas complètement sûr de son affaire; il propose aussi de prendre « *d'autres mesures au niveau de la région* », en accord avec le Parquet et la Protection de l'Etat.

La suite est un exemple typique de la politique de refoulement ouest-allemande. Tandis que Thomas Hainke, à Bielefeld, Gerrit Et Wolsink, à Amsterdam et Gary Rex Lauck à Lincoln, dans le Nebraska, aux Etats-Unis, coordonnent la mobilisation des volontaires et, avec le Français Michel Faci, alias « Leloup », les font passer en Irak, groupe par groupe, le préfet de police de Francfort accuse les journalistes d'avoir « *mis en scène* » cette réunion de section et d'avoir versé aux extrémistes de droite « *entre 4 000 et 5 000 marks* ». Unique source de cette information : Heinz Reisz.

Le 3 mars, Heinz Reisz affirme, sous serment, qu'il a fait de telles déclarations « *pour vérifier quel était leur état d'esprit* (celui des policiers), *pour leur monter un bateau. J'ai déjà fait de telles tentatives pour d'autres tournages télévisés. Cette fois-ci, ça a marché* ».

La presse locale, elle aussi, fait triste figure ; elle ne perçoit absolument pas la dimension de ce scandale. Suivant naïvement les accusations inconsistantes du préfet de police, les journaux parlent aussitôt de « *journalisme du carnet de chèques* ». La seule exception est le *Bild Zeitung*, qui écrit dès le 27 février : « *La direction de la police paraît une fois de plus avoir poussé le bouchon un peu loin!* »

Ulrike Holler et Herbert Stelz portent plainte contre le préfet de police, afin qu'il revienne sur ses affirmations mensongères.

Le 5 avril, le préfet de police retire ses accusations. Il confirme « *volontiers* », dans une lettre au directeur du Hessischer Rundfunk, « *que les recherches menées par la police [...] n'ont pu, fort heureusement, confirmer le soupçon selon lequel le Hessischer Rundfunk aurait versé des honoraires aux néo-nazis* ». Il regrette « *que cette affaire ait été traitée sous les yeux du public* ».

La presse locale de Francfort annonce la volte-face du préfet de police. Herbert Stelz estime qu'il resterait à faire un commentaire politique de cette affaire. Effectivement.

Et les volontaires?

L'auteur du rapport de police paraît singulièrement mal informé :

« *On ne comprend pas comment Kühnen peut affirmer qu'entre 300 et 400 camarades de son groupe seraient prêts à répondre à la demande de Hussein et à participer à d'éventuels combats.* »

Mais on comprend encore moins comment le policier chargé d'établir ce rapport peut conclure, malgré la correspondance intensive entretenue par les intermédiaires de Kühnen avec l'ambassade irakienne à Bonn :

« *On ne peut pas même affirmer que des contacts existent actuellement avec la représentation de l'Irak ou d'autres Etats/organisations du secteur arabe.* »

En réalité, dès la mi-juillet de l'année précédente, Thomas Hainke avait pris contact par téléfax avec l'ambassade irakienne. Kühnen raconta aussi qu'il s'était rendu à l'ambassade irakienne dès le mois de septembre 1990, et que l'on avait prévu de désigner Christian Worch comme partenaire de discussion avec les Irakiens.

En avril 1991, en Thuringe, lors de l'arrestation de Michael Kühnen agonisant, la police trouve un projet de contrat entre la « Légion antisioniste » et le « Gouvernement de la République d'Irak ». Selon ce contrat, les néo-nazis comptent soutenir l'Irak « *contre l'agression actuelle des forces sionistes et impérialistes américaines* », et mettre en place, dans ce but, une « *unité internationale de volontaires* ».

Le chef de la police de Stockholm est extrêmement étonné d'apprendre, non pas de ses collègues allemands, mais de moi-même, lors d'une interview, que Copenhague ou Stockholm étaient les points où l'on comptait rassembler les volontaires avant leur transport vers l'Irak.

Cela signifie en effet, tout simplement, qu'aussi bien à Copenhague qu'à Stockholm, on disposait de moyens logistiques permettant d'héberger en toute sécurité « *jusqu'à cent volontaires allemands* » pour au moins une nuit. Et de le faire chez d'autres néo-nazis : on voit mal les paramilitaires descendre à l'Ambassador avec leur paquetage de combat.

Légèrement effaré, le chef de la police de Stockholm observe le projet de contrat que je dépose sur son bureau. Mais il reprend très vite contenance.

« S'ils avaient eu un projet de ce genre, assure-t-il, nous serions au courant ! »

Il réfléchit un instant, penche la tête sur le côté et ajoute :

« Nous aurions au moins été au courant après coup. »

Voilà qui me tranquillise !

Dans le projet de contrat, on lit également qu' « *après l'arrivée des premiers volontaires* », et dans un délai de quatre semaines, « *d'autres volontaires, dont le nombre pourra atteindre la centaine, en provenance de divers pays occidentaux (dont des ressortissants des USA et de la Grande-Bretagne) se mettront au service de la LÉGION* ». Eux aussi doivent passer par Stockholm ou Copenhague.

On prévoit également que la signature de ce contrat

aura lieu dans l'une ou l'autre de ces villes. On ignore si la signature solennelle de ce document a jamais eu lieu.

Ce qui est avéré, c'est qu'au mois de mai 1992, un certain B.E. Althans tente de faire des affaires avec l'intervention bien réelle de ces mercenaires. Il envoie par téléfax la proposition suivante :

COMMUNIQUÉ DE PRESSE

PHOTOS SPECTACULAIRES A VENDRE

Concerne : liaison néo-nazie internationale en Croatie et en Irak. Vous pouvez acquérir plus de cent photos...

Mais nous reviendrons sur cette affaire et sur la personnalité de B.E. Althans.

Il est d'autre part évident que l'intervention d'une centaine de néo-nazis, peut-être, ne pouvait avoir aucune influence militaire. On se demande alors quel intérêt l'Irak pouvait bien avoir à une telle collaboration.

Quand j'en parle avec Kühnen, en septembre 1990 – bien avant l'éclatement de la guerre –, il me donne une explication lumineuse :

« De notre côté, c'est le fruit du principe " l'ennemi de mes ennemis est mon ami ". Pour les Irakiens, c'est très utile sur le plan de la politique intérieure. Ils peuvent s'en servir dans leur propagande pour montrer qu'ils n'ont pas le monde entier contre eux, mais que des patriotes ont une autre opinion dans des pays ennemis, comme l'Angleterre ou les USA. Et ça, ça peut jouer. »

Les hommes de liaison internationale utilisés pour

l'occasion sont Et Wolsink, pour les « camarades » anglais, et le chef du NSDAP-AO Gary Rex Lauck, pour les « volontaires » en provenance des Etats-Unis. Mais toute l'opération a été montée par Hainke et trois autres activistes fort bien connus des autorités. L'un d'entre eux, Roland Tabbert, est même considéré par certains de ses propres « camarades » comme un informateur de l'office de Protection de la Constitution – il a été autrefois membre de l' « Organisation Gehlen », l'ancêtre du Service fédéral du renseignement, le BND. On peut donc estimer que les autorités compétentes connaissaient parfaitement et dans le détail toutes ces informations. Y compris le préfet de police de Francfort.

Lorsqu'on affirme que les autorités allemandes sont « aveugles de l'œil droit », il ne s'agit ni d'une exagération, ni d'un hasard : cette cécité partielle est entre autres le résultat logique d'une attitude bien précise, celle que Ralph Giordano, dans son livre *Die Zweite Schuld* (« La deuxième faute ») décrit comme un « *anticommunisme pervers* » :

« *Professionnel, doctrinaire, ouvertement militant, sa variante, en Allemagne fédérale, a été durcie dans le haut fourneau du IIIe Reich. Il n'y a aucun rapport entre lui et un rejet humain et démocratique du système soviétique.* »

Un exemple :

En 1955, une organisation jadis dénommée « *Fremde Heere Ost* » (Légion Etrangère Est, FHO) est rebaptisée « Service fédéral du renseignement » (BND). Elle a été mise en place entre 1941 et 1942 par un colonel nazi, Reinhard Gehlen; il s'agissait d'une unité d'espionnage du IIIe Reich, destinée à collecter les renseignements sur l'Union soviétique. En mai 1945, le département « FHO » de l'état-major général suspend provisoirement son activité. Pas pour longtemps. Car en coulisses, on travaille depuis longtemps déjà avec les services secrets américains. En 1946, le service reprend, avec la quasi-totalité de son personnel. Et dans le même sens : une conséquence de la Guerre Froide. Reinhard Gehlen profite de l'occasion : on recrute des anticommunistes fervents. On ne se demande pas si cet anticommunisme s'appuie sur une idéologie nazie, et même quand la chose est révélée, on ne s'en formalise guère. A présent, le service s'appelle « Organisation Gehlen ». Les « jeunes » du Bureau Central de la Sécurité du Reich (le RSHA nazi) sont confraternellement répartis dans l'« Office fédéral de Protection de la Constitution » fondé en 1950. Les valets de la Gestapo sont de nouveau en fonction.

Mais on ne se débarrasse pas aussi facilement des esprits qu'on a invoqués. Les services secrets d'Allemagne fédérale se voient aussi enrichis de « démocrates malgré eux » anticommunistes; faute de menace russe réelle, ils sont de plus en plus souvent mis en sommeil. De rares exceptions confirment la règle.

Quand des services secrets ont un tel passé, qui peut s'attendre à ce qu'on y mène ne fût-ce qu'une réflexion sur les valeurs démocratiques? Ne nous leurrons pas : quel genre de personne un vieux nazi fera-t-il nommer dans son service pour l'épauler et lui succéder? Un « merdeux démocrate »? Ou même un homme ayant tendance à ne pas voir un monstre dans chaque Russe, un communiste dans chaque pacifiste? L'ennemi est à gauche! Nous sommes à droite, point à la ligne. J'exagère? Dans ce cas, j'ai sans doute mal compris les propos du chef des « Protecteurs de la Constitution », qui réclamait en octobre 1992 un nouveau nom pour son administration : il souhaitait qu'on la baptise *Bundessicherheitsamt* (service de sécurité fédérale). Le président de l'Office, Eckart Werthebach, estime avec une franchise ahurissante que le mot « protection de la constitution » en Allemagne peut être « *historiquement considéré comme une défense contre le communisme* ». En revanche, l'analogie des termes *Reichssicherheitshauptamt,* le nom des services de sécurité nazis, et *Bundessicherheitsamt,* ne lui semble pas chargé de significations négatives.

« *Le général Gehlen, mon vieil ami, qui a dirigé pendant des décennies des services secrets essentiels, et en dernier lieu, avec succès, le Service fédéral du Renseignement, m'a décrit plus d'une fois un système intéressant de services secrets antiallemands* » *:* c'est ce qu'écrit le Dr Gerhard Frey, leader du DVU d'extrême droite, dans son journal, le *Nationalzeitung,* le 17 avril 1992. Gehlen (BND) et Frey (DVU); de vieux amis, unis dans le papotage sur les menées « antiallemandes ». On ne peut pas présenter les choses plus clairement. Entrer dans une étude plus détaillée du BND dépasserait très largement le cadre de ce livre. Mais quelques lignes sur l'Office fédéral de Protection de la Constitution sont indispensables.

L'Office édite chaque année les « rapports de l'Office de Protection », dans lesquels on recense les menées d'extrême gauche et d'extrême droite, les activités d'étrangers extrémistes mettant en péril la sécurité du pays, ainsi que les affaires de contre-espionnage. Une « *contribution importante à l'information des citoyens et un élément essentiel d'une démocratie réelle et capable de se défendre* », déclare le ministre fédéral de l'Intérieur, Wolfgang Schäuble, en 1990.

Mais si l'on regarde de plus près le rapport de l'Office, on découvre des différences révélatrices dans la terminologie, lorsqu'il s'agit de recenser les crimes extrémistes. Dans le rapport*, on qualifie ainsi de « meurtres/tentatives de meurtres » des faits commis par les extrémistes de gauche. Mais les mêmes actes, lorsqu'il s'agit d'extrémistes de droite, sont désignés par le terme aimable de « délits provoquant la mort ».

Quand il s'agit d'inventorier les personnes et les organisations, les Protecteurs de la Constitution entrent aussi bien plus dans le détail pour la « gauche » que pour la « droite ». On considère notamment qu'il est nécessaire d'inventorier précisément les membres du mouvement pacifiste. Pour ce qui concerne la droite, en revanche, on laisse des organisations clefs, comme la HIAG** passer à travers les mailles du filet. Il a aussi fallu attendre neuf ans, jusqu'au mois de décembre 1992, pour que l'Office prenne les « Républicains » en compte dans ses rapports. Alors qu'on sait pertinemment à quel point ce parti, depuis sa fondation, a été soutenu par des néo-nazis convaincus et des extrémistes de droite criminels.

La HIAG est un cas à part. Cette organisation a certes été citée trois fois dans le rapport de l'Office. Mais cela a changé depuis.

Quand les criminels de guerre nazis et les meurtriers SS, avec l'aide des services secrets et du Vatican, se furent réfugiés dans des zones sûres, le réseau bien organisé qui avait permis les opérations de sauvetage demeura en place après leur succès et leur achèvement. Les membres de l'ODESSA*** ne restèrent pas longtemps inactifs. Mais il fallut d'abord fonder des organi-

---

* Rapport de l'Office de Protection de la Constitution, 1989, 1990.

** Communauté d'assistance mutuelle, association fédérale des anciens soldats de la Waffen SS. Organe : *Der Freiwillige* (le volontaire).

*** Ces initiales signifient : Organisation des anciens membres de la SS.

sations-écran et consolider les unions existantes, les « organisations avancées ». La HIAG en est un spécimen. Nous ne pouvons retracer ici en détail la manière dont la HIAG, de « communauté d'assistance mutuelle », est progressivement devenue une organisation clef des « vétérans », qu'on sache seulement que le nombre de nazis radicaux entrés dans cette association destinée, à l'origine, à apporter des secours aux héritiers et à rechercher les disparus, n'a cessé de croître. Les manipulateurs de l'ODESSA politisèrent cette « association fédérale des anciens combattants de la Waffen-SS » et firent pression, apparemment avec succès, auprès de leurs anciens collègues de la Gestapo et du FHO. En 1983, l'Office de Protection abandonna l'observation de la HIAG, bien que des personnages aussi remarquables que le général en retraite Otto-Ernst Remer soient présents à ses réunions.

En 1984, le *Bild-Zeitung* relate : « *Le Président de l'Office fédéral de Protection de la Constitution, Heribert Hellenbroich (46 ans) a depuis longtemps dans son viseur une organisation qui opère à la lisière de l'atteinte à la constitution. Détail piquant : le chef de cette organisation est son frère cadet Anno Hellenbroich (36 ans).* » Il s'agit de l'EAP (Parti ouvrier européen) qui appartient au réseau d'extrême droite de l'Américain Lyndon LaRouche*. Et *Bild* ne s'est pas trompé : Anno Hellenbroich était directeur de l'*Executive Intelligence Review*, un bulletin d'information où l'on trouvait par exemple des « reportages spéciaux » comme « *L'in-*

---

* LaRouche est lui aussi un tenant du « mensonge d'Auschwitz ». Le 8 décembre 1978, il écrivait déjà dans le bulletin de l'EAP, *Neue Solidarität* : « La sophistication méprisable, mais passionnée, que déploient les démagogues sionistes envers tous ceux qui sont assez bêtes pour se laisser impressionner par une telle fumisterie, est " la thèse de l'holocauste ". »

ternationale nazie verte ». A la question posée par les Verts au Bundestag, qui demandèrent si la « fin de la mise en observation » de l'EAP était due aux relations familiales, le gouvernement fédéral répondit par la négative le 1er avril 1985. Et qu'en était-il des autres contacts de l'EAP avec les services de surveillance? « *Le gouvernement fédéral n'a pas eu connaissance de contacts de ce type.* »

Dans ce climat de liberté des bouffons fleurissent, ce que les conservateurs du pays qualifient volontiers de « groupes d'agitateurs marginaux » – une catégorie dans laquelle on inclut aussi les « gauchistes », par souci de simplicité. En 1989, par exemple, quand le « Rassemblement National » de Michael Kühnen a été interdit, le porte-parole du ministère de l'Intérieur ne manqua pas de rappeler que l'on s'opposerait résolument aux ennemis de l'Etat, « *d'extrême gauche et d'extrême droite* ». Les observateurs attentifs du « milieu » voyaient pourtant s'annoncer depuis des années une escalade de la violence d'extrême droite. On peut se demander pourquoi tant de journalistes (faiseurs d'opinion) et d'hommes politiques (législateurs) de tout l'éventail démocratique ont refusé avec véhémence, en utilisant les arguments les plus divers, de discerner ce péril grandissant. On se demande même si ceux qui ont ainsi banalisé le phénomène ont seulement pris conscience de leur erreur d'appréciation. Et il est symptomatique que les experts de l'extrémisme de droite, comme l'ancien directeur de l'antenne de la Protection de l'Etat au service régional de la police criminelle des « nouveaux Länder fédéraux », aient été mis en disponibilité fin 1991, sans que cela déclenche une tempête de protestations. On a purement et simplement supprimé le poste de Bernd Wagner, l'un des quelques experts ayant une connaissance profonde du milieu néo-nazi est-allemand.

Wagner a eu l'audace de présenter des analyses qui prouvent l'existence de liaisons transversales entre les néo-nazis et les partis établis. Wagner n'estime pas non plus, comme on l'aurait souhaité, qu'il s'agissait de « désorientés ». Wagner a été remercié : un nouveau méfait des banalisateurs et des démocrates malgré eux. Après les attentats meurtriers de 1992, ils auront pourtant mauvaise grâce à ne pas approuver Bertolt Brecht, qui affirmait déjà peu après la « disparition » du IIIe Reich :

« *Le ventre est encore fécond*
d'où la bête est sortie »

5.

Le ventre fécond

« *Ce serait comique, si ça n'était pas aussi terrible.* »

Deux jours après que de jeunes hommes d'extrême droite, sous les applaudissements des riverains, ont incendié le foyer des Vietnamiens à Rostock-Lichtenhagen, Enno von Loewenstern introduit par ces termes son éditorial dans le journal *Die Welt*. Le titre : *Le triomphe du droit du plus fort*. Le reste de l'article aussi me fait frissonner. Loewenstern, dans le droit fil de l'historien Nolte, compare l'incomparable pour relativiser les crimes :

« *Ce qui s'est passé à Rostock, nous l'avons vécu cent fois, de Brokdorf à Wackersdorf, de la Hafenstrasse à Fribourg**. Alors, mesdames et messieurs, surtout à l'étranger, à quoi bon toute cette excitation ? Von Loewenstern sait aussi qui porte la responsabilité des événements qui surviennent à Rostock et ailleurs :

* Il s'agissait de manifestations de pacifistes et de militants antinucléaires. La « Hafenstrasse » et « Fribourg » étaient des immeubles occupés par des « autonomes » de gauche.

« *Pendant des années, l'Etat de droit a systématiquement violé le droit. Il a dépensé par milliards l'argent des contribuables, sans base légale, pour des personnes qui n'avaient aucun droit à être tolérées et entretenues ici.* » Les responsables, au bout du compte, sont donc les hommes politiques qui n'ont pas « *pris les mesures nécessaires* » pour « *endiguer l'inondation* ».

Puis Enno von Loewenstern clôt définitivement le débat sur le passé :

« *Aucun peuple ne mérite plus de reconnaissance pour son attitude honnête, légaliste, non fasciste, que le peuple allemand. Aucun peuple n'a été plus mal traité par ses propres " intellectuels ", prédicateurs et politiciens.* »

Bien, monsieur von Loewenstern, voilà qui est dit. Passons à présent aux choses concrètes.

« *Il est amer de constater que la modification de la Constitution n'est pas dictée par la raison, mais par le crime; cela ne justifie cependant pas le maintien d'une situation illégale.* »

Ne versons donc pas de larmes de crocodiles, messieurs : si le crime a raison, il a raison. Finissons-en avec le droit d'asile, mettons dehors les « faux réfugiés politiques ».

Monsieur von Loewenstern n'aura que trois mois à attendre pour que le gouvernement entende la voix du « crime » et limite le droit d'asile jusqu'à le vider de toute substance. Les victimes de Rostock, les Vietnamiens, doivent elles aussi partir. Ils ont été pendant des années assez bons pour servir de « travailleurs d'atelier » en RDA; à présent, on leur refuse le statut de « travailleurs immigrés » à l'Ouest. La justification glaciale du tribunal administratif fédéral : on peut estimer, « *avec une vraisemblance considérable* », que les personnes concernées ne seront pas punies au Viêt-nam.

En Allemagne, le climat s'est profondément transformé. Il y a désormais suffisamment de place à droite de l'Union chrétienne-démocrate pour qu'un parti puisse s'y installer, et le terrain est prêt pour les opérations et les organisations activistes. Tandis que les unions patronales, inquiètes pour les investissements et pour leurs débouchés étrangers, lancent des appels contre la montée du racisme, quelques chefs d'entreprise menacent de transférer leurs locaux si l'on installe des demandeurs d'asile à proximité de leur domicile personnel.

La Bavière, à l'automne 1992 : tandis qu'à Bamberg une Indienne de vingt-trois ans, saluée auparavant à la cathédrale comme la huit millième étudiante de la ville, est attaquée par trois Allemands qui déchirent son corsage, coupent son soutien-gorge et la frappent de plusieurs coups de couteau au bas-ventre, les téléspectateurs bavarois ne voient qu'une mire à la place de la retransmission, dans toute l'Allemagne, de la célébration funèbre organisée pour les victimes de l'attentat de Mölln.

Tandis que les handicapés sont de plus en plus souvent victimes des brutes d'extrême droite, on accorde des dommages et intérêts à des estivants qui ont dû supporter la vue de handicapés pendant leurs vacances. Et tandis que le chancelier Kohl explique l'attentat de Mölln par la hausse générale de la criminalité, à Berlin, des skinheads, forcent des enfants de dix ans, sous la menace de coups, à faire le salut hitlérien. Chaque jour, on recense des attaques contre les réfugiés, les étrangers, les juifs, les handicapés, les punks, les gens de gauche. Et elles sont de plus en plus brutales. Il ne semble plus y avoir de seuil infranchissable. Une situation qui fait peur à mes amis étrangers, mais qui m'effraie aussi, de manière tout à fait personnelle. Et ceux qui banalisent le phénomène, craignant uniquement que cela ne donne à l'étranger une mauvaise image de l'Allemagne, ne font qu'attiser mon angoisse.

Heins Reisz, de Langen, se réjouit au contraire particulièrement de cette situation. Il affirme clairement que lui et ses semblables n'ont pas actuellement pour but de prendre le pouvoir :

« *Ce serait irréaliste. Mais notre mission est de pousser les partis à dériver vers la droite. Et nous y sommes parvenus : le CDU, et surtout le CSU, sont aujourd'hui aussi à droite dans leur propos que le NPD il y a vingt ans.* » Les successeurs de Kühnen à la tête de l'organisation avancée du NSDAP-AO « *Communauté d'opinions du Nouveau Front* » (GndF) peuvent eux aussi s'estimer satisfaits. Depuis la ville néerlandaise de Delfzyl, on diffuse le bulletin du GndF *Die Neue Front.* Les fonds passent par la caisse d'épargne locale. De là, les permanents du GndF veulent « *porter la flamme de la révolution allemande de Rostock, Cottbus et Dresde à Hambourg, Francfort et Munich* ». Avec un titre parfaitement clair, « *Continue comme ça, Allemagne* », ils célèbrent comme un acte de « *résistance* » les exactions racistes qui ont été commises à Rostock.

Si les groupuscules activistes n'ont aucune chance aux élections, les partis d'extrême droite, comme les « Républicains », autour de Franz Schönhuber, et le « *Deutsche Volksunion* » (DVU) autour de l'éditeur et propriétaire foncier de Munich, Gerhard Frey, un homme dont les affaires pèsent plusieurs millions de marks, font leur entrée au parlement. Aux élections régionales bavaroises de 1986, les « Républicains », créés trois années plus tôt par des déçus du CSU, avaient déjà obtenu un premier succès avec 3 % des voix. A la suite de ces élections, Schönhuber attire les foules sous les tentes à bière; il devient un invité fort apprécié lors des fêtes de pompiers ou les manifestations organisées par les unions de tireurs à l'arc ou de chant choral. Il dit ce que les gens veulent entendre. « Dehors les faux demandeurs », « Nous ne sommes pas le bureau d'aide sociale du bassin méditerranéen », et « Nous voulons garantir l'espace vital écologique du peuple allemand – y compris contre l'invasion étrangère ».

Mais le thème central des « Républicains », outre la question étrangère, est le rapport de l'Allemagne avec son passé. Sur ce point, le chef du parti réclame, sans la moindre équivoque, que l'on « *en finisse avec le chemin de pénitence allemand* ».

« *Nous ne voulons plus qu'à la télévision, on montre Dachau sur la première chaîne, Treblinka sur la deuxième et Auschwitz sur la troisième. Nous ne sommes plus disposés à tolérer que les médias allemands crachent dans la soupe en permanence. Le soldat allemand n'était pas un criminel, il a servi son pays, comme le Français, l'Anglais et le Soviétique. Nous déclarons solennellement la fin de la rééducation des Allemands; le guichet de vente des billets pour Canossa est définitivement fermé.* »

Ses auditeurs sont enthousiastes et l'acclament. Lui sait parfaitement pourquoi : « *Il fallait bien qu'arrive un jour, dans ce pays, quelqu'un qui dise la vérité publiquement, et pas seulement sous le manteau.* » Applaudissements frénétiques. L'habile rhéteur qu'est Schönhuber en rajoute encore : « *Le vent tourne, le vent tourne vers la droite.* » De tels propos font un triomphe. Les gens se lèvent, on brandit les chopes, on est sûr de gagner. Ce parti arrivé dans la vie politique comme le « *rénovateur de l'Allemagne* », qui part en campagne pour le « *sentiment allemand* » et contre un

« *libéralisme débridé, qui désagrège le peuple* », va, un peu plus tard, faire les grands titres des journaux. Lors des élections à la Chambre des Députés berlinoise, en février 1989, un peu moins de 90 000 Berlinois de l'Ouest accordent leur suffrage au parti d'extrême droite. Ces 7,5 % ne lui donnent pas seulement onze sièges : ils font aussi tomber un demi-million de marks de remboursement de frais de campagne dans la caisse du parti. Celui-ci s'en sert afin de parachever son organisation et se jette dans la campagne électorale pour les élections européennes. Il obtient 7,1 % des voix pour l'ensemble de l'Allemagne, avec une pointe de 14,6 % dans son Land d'origine – les « Républicains » inquiètent désormais les autres partis.

Mais des querelles intestines, des combats pour la direction et un « putsch » échoué contre le président du parti détournent les « Républicains » de la voie du succès. L'opposant à Schönhuber, Harald Neubauer, a dû quitter le mouvement et a changé d'orientation en créant avec des cadres de premier plan du DVU et du NPD la « Ligue Allemande pour le Peuple et la Patrie ». Schönhuber a certes habilement présenté l'exclusion des membres et des permanents qui ne lui étaient plus fidèles comme une « *épuration* » du parti, comme un combat contre l'« *extrémisme* ». Mais ces incidents empêchent les « Républicains » de profiter de la chute du Mur et de l'unification allemande, qui exauçait pourtant l'une de leurs principales exigences. Ils sont certes arrivés en deuxième position dans certaines villes, lors des élections municipales en Bavière, en mars 1990, et sont depuis présents aux conseils municipaux de toutes les grandes cités. Mais ils ont manqué de très peu, avec 4,9 % des voix, leur entrée au Landtag bavarois. Aux premières élections nationales de l'Allemagne unifiée, seuls 2,1 % des électeurs, au bout du compte, votent pour le parti de Schönhuber. Mais cela va changer très rapidement.

Durant la longue pause qui sépare ces élections des suivantes, en 1992 (celles des députés au Landtag dans le Bade-Wurtemberg et dans le Schleswig-Holstein), le temps travailla pour les « Républicains ». Le climat est favorable à l'agitation raciste et antisémite. « *Nous luttons pour la deuxième place* », annonce devant les urnes l'ancien Waffen-SS, avec son goût habituel de la fanfaronnade. Mais il a presque raison. Avec 10,9 % des suffrages, les « Républicains » deviennent la troisième force du pays. Pour Schönhuber, c'est « la percée »; pour la caisse du parti, quatre millions de marks; et pour le parti lui-même la confirmation : droit d'asile, sécurité intérieure, lutte contre la drogue, interdiction de l'avortement et sauvetage du mark allemand contre l'ECU sont bel et bien des thèmes porteurs.

Les premières élections municipales de l'Allemagne unifiée, en mai 1992, à Berlin-Est et Ouest, lui apportent son prochain succès. Dans l'intervalle, les médias se sont tellement habitués aux succès des « Républicains » que les journaux, malgré les 8,3 % récoltés par les partis d'extrême droite dans toute la République, titrent : « *A Berlin, la poussée de l'extrême droite n'a pas eu lieu.* » Comme s'il n'y avait aucune raison de s'inquiéter tant que les « Républicains » n'atteignent pas 25 %. Franz Schönhuber peut donc être plus que satisfait. En l'espace de deux ans, il a radicalement transformé l'image de marque de son parti. Après leurs succès dans le Bade-Wurtemberg et à Berlin, les « Républicains » ont abandonné leur image de parti bavarois en costume traditionnel. Lors du congrès du parti de juin 1992, à Deggendorf, ce sont les intellectuels qui mènent la danse, en col de chemise et cravate. Au lieu de clamer « étrangers dehors », on dit maintenant élégamment que l'on veut lutter « *pour l'identité culturelle* » : c'est que l'on veut devenir fréquentable, et même pouvoir entrer dans une coalition. Mais d'autres éléments en disent long sur « l'épuration » démocratique du parti. Le fait, par exemple, que l'« Union de la Jeunesse Républicaine » prône un « *refus total de la société multiculturelle* », qu'elle parle de « *maintenir la pureté de la langue allemande* » ou de la « *restitution des territoires de l'Est* », ou qu'elle veuille totalement abolir les visites des écoles dans « *les prétendus lieux de commémoration* », ce « *travail de deuil massif sur le passé* » constituant un « *crime contre l'âme des écoliers* ».

Après Rostock, lors des nouvelles élections au conseil municipal de Passau, les « Républicains » obtiennent 11,34 % des voix, et Franz Schönhuber annonce un « afflux massif » dans son parti, qui compte à l'époque quelque 23 000 membres. Ambigu, il ajoute : « *Le temps travaille pour nous.* »

Le temps travaillait aussi pour le DVU. En septembre 1991, le parti fondé en 1971 par Gerhard Frey récolte 6,1 % des suffrages à Brême, et même 10 % à Bremerhaven. Cela permet à ce parti qui clame « *Les étrangers dehors* » de conforter encore son succès de 1987 (3,4 %). Le parti, qui regroupe aujourd'hui quelque 26 000 membres, avec ses groupes d'actions comme l'« Initiative pour la limitation du nombre d'étrangers », l'« Action Oder-Neisse » ou « L'Union allemande de protection pour le peuple et la culture », entre alors pour la première fois, sous forme de groupe, dans un parlement régional. Les millions engagés par Frey, qui ne gagne pas seulement son argent avec ses journaux * et ses immeubles, mais aussi avec le commerce en

* *Deutsche Nationalzeitung, Deutsche Wochenzeitung.*

expansion rapide des reliques nationales-socialistes, étaient rentabilisés. Six mois plus tard, le parti de Frey obtient 6,3 % des voix (93 000 suffrages) au Landtag du Schleswig-Holstein et célèbre sa « percée » comme une « *victoire pour la juste cause du peuple allemand* ».

Ces députés au Landtag se font aujourd'hui remarquer en déposant diverses requêtes visant entre autres à faire accomplir un « *travail d'utilité publique aux étrangers demandeurs de droits d'asile* », à « *épurer les manuels scolaires de la boue antiallemande* » ou à faire distribuer dans les écoles des cartes géographiques présentant « *l'Allemagne dans ses frontières légitimes* », c'est-à-dire avec la Prusse orientale, la Poméranie orientale et la Silésie.

« *Nous ne tolérerons jamais de nous retrouver de nouveau dans une situation où des gens comme vous et vos semblables pourront encore une fois nous passer la corde au cou. Nous frapperons avant* », s'emporte le député de la minorité danoise, Karl Otto Meyer, quand le DVU présente de telles requêtes. Avec son budget de groupe (1,15 million de marks en 1993), le DVU finance l'appareil de son parti à Munich. C'est aussi de là que viennent la plupart de ces questions écrites; les discours de ses députés s'inspirent souvent d'articles tirés des journaux de Frey.

Mais ces fonds permettent aussi au DVU de payer les déplacements de son président, notamment dans les nouveaux Länder, où il crée de nouvelles unions locales. Deux mois avant le pogrome de Rostock, le DVU et Frey font leur apparition dans la ville hanséatique. Ils mènent campagne contre le « *flot des demandeurs d'asile* » et les « *Tsiganes* ». Des membres du DVU se mêlent à « l'Initiative des citoyens de Lichtenhagen » qui, fin août, a appelé dans les pages de l'*Ostssee-Zeitung* les citoyens à « *prendre eux-mêmes en main le problème des demandeurs d'asile* ». Ils ont organisé un meeting public devant l'Office Central d'Accueil des demandeurs d'asile (ZAST) du Mecklembourg, à Rostock-Lichtenhagen; c'est au cours de ce meeting que le pogrome prit naissance. Ce sont des membres du DVU qui, au matin de cette première journée, ont fourni la logistique du meeting. Quand le terrain est bien préparée, il n'y a pas loin de l'agitation à l'action.

Ce que l'on a appelé la « *Nouvelle droite* » allemande s'est spécialisée dans les questions historiques; ses idées se sont aujourd'hui infiltrées partout, dans la quasi-totalité des partis d'extrême droite et dans les milieux conservateurs. Leur modèle est le groupe de la « *Révolution conservatrice* », qui, du temps de la République de Weimar, était composé de néo-conservateurs, de nationaux-révolutionnaires et de nationaux-populistes. Ils sont considérés comme les précurseurs du national-socialisme. Leur mentor, le juriste Carl Schmitt, avait dès le début combattu la démocratie parlementaire de la jeune république, et s'était engagé en faveur d'un Etat autoritaire mené par des élites. Schmitt n'était pas seulement membre du NSDAP, protégé par Hermann Göring : ce fut aussi l'influent directeur du *Deutsche Juristenzeitung,* le journal des juristes allemands. C'est à ce titre qu'il célébra les lois raciales de Nuremberg*. Enfin, disait-il, l'Etat était

* Entre 1933 et 1938 furent promulgées plusieurs lois qui garantissaient le « maintien de la pureté de la race aryenne » et qui devaient donner une base juridique à l'« élimination » des juifs. Parmi ces lois, on trouvait entre autres la « Loi pour la réorganisation du corps des fonctionnaires », du 4 avril 1933, la « Loi pour la protection du sang allemand et de l'honneur allemand » contre les relations sexuelles interraciales, et la « Loi sur les

« un instrument de la force et de l'unité populaires ». La renaissance de Schmitt, mort en 1985, ne se fait pas sentir dans la seule Allemagne. Ses textes sont réédités et débattus en Italie et en France. En Allemagne aussi, ils sont de nouveau très prisés, et pas seulement par le vice-président des « Républicains », Rolf Schlierer, de Stuttgart. Ce médecin et juriste de trente-sept ans s'est indigné, après le triomphe électoral de son parti dans le Bade-Wurtemberg, d'être encore obligé d'aller chercher les œuvres de Schmitt dans « *l'armoire à poisons du séminaire de droit* ».

A l'instar de leur modèle de la République de Weimar, les membres de la « Nouvelle Droite » allemande considèrent le libéralisme comme leur principal ennemi. Pour eux, par nature, l'homme n'est pas libre, et il faut donc une régulation sociale de la liberté, qui tienne compte de l'inégalité entre les hommes. La formule magique de la Nouvelle Droite est donc « *La liberté par l'ordre* » : un Etat autoritaire dans lequel l'individu doit se soumettre à la volonté du peuple. La nation, le peuple, la famille et l'ordre sont les piliers centraux de cette idéologie. En conséquence, les membres de la Nouvelle Droite ont mis à leur programme le nationalisme de libération des peuples et l'ethnopluralisme (la coexistence séparée des peuples). Dans l'esprit de l'antilibéralisme, ils se battent contre la »*Vodka-cola-culture* », contre le « *matérialisme occidental* » et prônent la « *troisième voie* », au-delà du capitalisme et du communisme.

Leur principal organe en Allemagne est la revue *Junge Freiheit* (« Jeune Liberté »), rédigée, en majorité,

---

citoyens du Reich » du 15 septembre 1935, ainsi que la « directive visant à écarter les juifs de la vie économique allemande » du 12 décembre 1938.

par des universitaires ayant eu des activités dans l'extrême droite. En l'espace de cinq ans, ce mensuel a pu faire passer son tirage de 400 à 35000 exemplaires; il compte devenir hebdomadaire à partir de janvier 1994. Ses auteurs de premier plan l'y ont aidé. On trouve dans les colonnes du magazine, à côté des signatures de parlementaires du CDU et du CSU (par exemple Heinrich Lummer, Harmut Koschyk, Eduard Lintner), celle du chef du FPÖ autrichien Jörg Haider, la ronde des professeurs nationaux-allemands qui entourent Helmut Diwald, Robert Hepp, Wolfgang Seiffert et Klaus Hartung, mais aussi le chef du NPD Günther Decker, l'« historien » David Irving, le leader de la « Ligue Allemande pour le Peuple et la Patrie » d'extrême droite, Harald Neubauer, et des permanents des « Républicains ». Cette mixture a valu à ce journal la renommée nécessaire pour éliminer la crainte du contact entre les conservateurs, « nationaux » et nationaux-révolutionnaires.

Dans l'esprit de « l'antilibéralisme », *Junge Freiheit* combat pour la pleine souveraineté de l'Allemagne. Ce combat vise aussi à la « *libération morale* » de l'Allemagne, c'est-à-dire à la neutralisation de l'histoire. La revue a spécialement créé dans ce but la rubrique « histoire contemporaine », placée sous la responsabilité d'un certain Alfred Schickel. Schickel est le directeur du « Centre de Recherche en Histoire contemporaine à Ingolstadt », et il est spécialisé dans les problèmes de révision de l'histoire. Il est parvenu, si l'on en croit un éloge adressé par l'Amicale régionale des Allemands des Sudètes, à faire « *sortir l'historiographie du ghetto de l'histoire écrite par les vainqueurs* ». Dans les pages qu'il dirige dans *Junge Freiheit,* on ne se contente pas de propager le « *mensonge d'Auschwitz* », on réhabilite systématiquement la Wehrmacht allemande, et l'on présente l'agression allemande contre l'Union soviétique comme un geste de légitime défense. Alfred Schickel, un homme qui ne publie pas seulement dans *Junge Freiheit,* mais aussi dans d'autres magazines d'extrême droite comme *Mut* (le courage), *Europa vorn* (l'Europe en avant), *Zeitwende* (le tournant), un conseiller de la « Société Rudolf Hess » auquel on a récemment rendu un grand hommage. Il a reçu des mains du ministre d'Etat bavarois Gerhard Glück, pour son travail contre « *l'ignorance, les préjugés et la désinformation* », l'ordre du mérite de la République fédérale d'Allemagne. Et personne n'a eu l'idée d'exprimer à ce propos une indignation publique et véhémente. Voilà qui illustre admirablement le climat qui règne en Allemagne

Jusqu'ici, ce genre de succès n'est pas échu aux membres déçus des « Républicains », du DVU et du NPD, qui ont fondé le 3 octobre 1991, dans la salle de cure de Bad-Canstatt, à Stuttgart, un mouvement des « droites unies », la « Ligue Allemande pour le Peuple et la Patrie » (DL). Le nouveau « mouvement fédérateur » n'a pas séduit les électeurs. Tandis que les hommes rassemblés autour de Harald Neubauer et de l'ancien président du NPD, Martin Mussgnung, s'inclinaient, envieux, devant le triomphe des « Républicains » et du DVU, ils faisaient tomber les dernières frontières qui les séparaient de l'extrême droite activiste.

Dans l'organe de leur parti, la *Deutsche Rundschau,* ils célèbrent alors Rostock comme l'expression d'« *impulsions saines et naturelles dans notre peuple* ». « *Aucun Etat, aucun peuple ne supporte, à terme, une immigration de cette espèce.* » Et, très clairement : « *Nos activités doivent encourager le peuple lui-même à mener la résistance contre les étrangers établis et peu appréciés.* » Aussitôt dit, aussitôt fait. A Villingen-Schwenningen, dans la Forêt Noire, les permanents de la DL appellent à la constitution d'une « *milice* »; en juillet 1992, ils délibèrent à Gross-Gaglow, dans le Brandebourg, avec des permanents de l'« Alternative Allemande » sur la possibilité d'une « *démarche commune dans l'avenir* ». En octobre, à Solingen, ils font la réclame d'un mouvement baptisé « *Deutsche Kampfsport-Initiative* » (initiative paramilitaire allemande), qui s'est donné pour objectif « *de diffuser dans le camp nationaliste le sport de combat et les arts martiaux* », et organisent à Eberswalde une manifestation « *contre les tiques de gauche* » – avec les activistes du « Front Nationaliste ».

« *Nous devons rendre le séjour des étrangers aussi inconfortable que possible.* » L'avocat hambourgeois Jürgen Rieger, éminence grise de plusieurs organisations d'extrême droite, fait cette déclaration en avril 1991, lors des rencontres fédérales du « Front Nationaliste » (NF), dans la ville hessoise de Niederaula. Il présente cet objectif comme une visée essentielle de l'organisation néo-nazie. Dans son « *plan en 9 points pour le refoulement des étrangers* », le NF exige non seulement « *que l'on expulse immédiatement les étrangers criminels* », mais aussi que soit prélevée une « *taxe d'intégration de 50 000 marks annuels pour chaque étranger salarié par son employeur* », l'attribution des logements sociaux « *aux seuls Allemands* » et la suspension des allocations familiales ou d'éducation aux étrangers.

Mais les quelque 130 membres (le chiffre est cité par l'Office de Protection) de l'organisation fondée en 1985 aux environs de Bielefeld ne se contentent plus depuis longtemps de ce genre de revendications. N'est-ce pas l'activité du NF Josef Saller qui, en 1988, a mis le feu à un immeuble de Schwandorf, en Haut-Palatinat, parce qu'il voulait « *agacer les étrangers* », tuant ainsi quatre personnes ? Ce même Saller qui fut considéré par le tribunal comme un « *solitaire* » ayant agi « *sans complices* ». La justice ne tient aucun compte de ses liens avec NF, ce parti qui proclame : « *Un camarade du NF est un combattant solitaire, conscient, révolutionnaire, nationaliste, qui suit sa voie, impassible, en conservant toujours à l'esprit le grand objectif.* »

On dit aussi que les deux skinheads qui, à la mi-novembre 1992, dans un restaurant de Wuppertal, ont roué de coup un homme de cinquante-trois ans parce qu'ils l'avaient pris pour un juif, l'ont aspergé d'alcool, et l'ont fait brûler avant de transporter son corps en Hollande, étaient membres du NF. L'année précédente, les membres du NF étaient présents lors des attaques contre les foyers de réfugiés de Brême et de ses environs. De la même manière, des membres du NF ont pris une part prépondérante dans les activités du Ku Klux Klan dans la ville de Herford, en Westphalie, et à Königs-Wusterhaussen.

On a du mal, désormais, à dénombrer ce genre de faits, en augmentation croissante, et plus encore à en dresser une liste précise. Quand mon collègue Graeme Atkinson doit envoyer en Angleterre, en novembre 1992, son rapport sur les actes de violence, il se limite aux lieux, dates et dommages constatés, sans recenser, comme d'habitude, les noms et les responsables. La liste n'en finit pas, et il doit constamment l'actualiser : chaque jour, désormais, on annonce des violences et des agressions aux quatre coins de l'Allemagne. Je l'entends sans cesse grogner : « *They're going mad* – ils perdent la boule ! », tandis qu'il classe, une par une, les coupures de presse avant de les saisir sur ordinateur. Le NF réapparaît presque constamment dans la chronique de Graeme.

Dans aucun autre groupe nazi, sans doute, on ne voit aussi clairement le lien entre la propagande agressive, le mépris de l'être humain et les actes. Le groupe se considère comme un successeur de la SA, comme la « *nouvelle force unie de tous les nationalistes révolutionnaires* ». Ses membres, qui doivent verser à la caisse du parti 5 % de leur revenu brut, ne veulent pas être des « *nationalistes de bistrot* », mais des « *nationalistes combattants* ». Ils prônent un « *socialisme national-populiste* », se disent anti-impérialistes et anticapitalistes. Avec cette idéologie, le NF n'a eu aucun mal à prendre pied à l'Est après la chute du Mur. Le NF se conçoit lui-même comme une organisation de cadres, structurée en « cellules » et en « points d'appui ». Outre les séances de formation idéologique et les anniversaires de Hitler, on organise chaque année des « camps de formation » paramilitaires à l'intitulé éloquent – « *Les jeunes colonnes marchent pour le IV*e *Reich* », par exemple. Voici deux ans, le NF a tenté de prendre la tête du mouvement révisionniste en essayant d'organiser à Roding, en juin 1991, un congrès sur le « mensonge d'Auschwitz ». La manifestation a été interdite.

Après la vente de leur maison de la Bleichstrasse, à Bielefeld, le centre de toutes les activités du NF est actuellement une maison de Detmold-Pivitsheide. Le terrain de manœuvre de la Bundeswehr de Senne, juste à côté, offre des conditions idéales pour des entraînements paramilitaires spontanés. Pour que chacun connaisse son objectif, le NF publie le bulletin d'information interne *Aufbruch*, ainsi que la revue *Revolte*. Ses membres y expriment ouvertement leur sympathie pour les actes de violence racistes. Des caricatures représentent des skins frappant à coups de botte un Turc couché au sol. Un lecteur détenu au centre de réclusion pour jeunes d'Ottweiler proclame dans une lettre publiée par le bulletin : « *Cet organe de combat éveille en moi l'envie de me lever et de combattre!* »

Les rituels du feu, un moyen de fascination des masses qui avait déjà fait ses preuves sous le nazisme, jouent un rôle important dans la propagande du NF. « *Aidez-nous à rassembler le bois dont nous ferons un feu* », demandait le NF à ses partisans lorsque le mouvement entra en lice pour les élections européennes de 1989. Les fêtes du « Solstice » ou de la « Lune de juillet » menées conjointement avec la « communauté de race » dirigée par Jürgen Rieger, sont aussi au programme du NF. Un appel rédigé par le « secrétaire général » du NF, Meinolf Schönborn, visant à la fondation de « Commandos d'Intervention Nationaliste » (NEK), déclencha une enquête du Procureur général de la République fédérale, pour présomption de création d'une association terroriste. Ces « *groupes ultra-mobiles, structurés comme des unités de l'armée* », devaient « *pouvoir mener le combat pour une Allemagne nationale-populiste d'une manière plus efficace, plus sûre et avec encore plus de succès.* » Malgré quantité de perquisitions menées sur la totalité du territoire de la RFA, les enquêtes continuent à piétiner : le NF peut ainsi se réorganiser en toute quiétude et participer aux élections au Landrat, dans la ville bavaroise de Kelheim. Lors d'une manifestation organisée dans cette jolie petite ville et au cours de laquelle on scande « Etrangers dehors », on voit marcher en tête Pedro Valera, chef d'une organisation néo-fasciste espagnole qui opère au niveau international, le CEDADE.

Le 27 novembre 1992, le ministre fédéral de l'Intérieur, Seiters, interdit le NF. Lors de perquisitions menées dans toute l'Allemagne, les policiers trouvent non seulement du matériel de propagande, mais aussi des armes, des explosifs et une liste noire. Malgré cela, aucun membre du NF n'est emprisonné. Prévenu à temps, le chef du NF, Schönborn, a pu s'éclipser. Les contacts « sérieux » et de premier plan du NF, comme l'avocat Jürgen Rieger, ne sont pas inquiétés, cela va de soi. Une semaine plus tard, Meinolf Schönborn, passé dans la clandestinité, donne de ses nouvelles. Le NF, dit-il, est « *victime d'un gigantesque viol médiatique de notre peuple, victime des politiciens aux ordres de l'occupant et de l'étranger* ». Il annonce que l'interdiction n'aura « *absolument aucun effet* » parce que « *nous sommes historiquement dans le juste, parce que nous aimons l'Allemagne, parce que le peuple allemand est à nos côtés, parce que cette interdiction engendre la HAINE* » (les majuscules sont dans le document original), parce que « *nous avons la volonté de prendre le pouvoir et parce que nous voulons VAINCRE* ». Schönborn considère l'interdiction comme une « *confirmation du travail politique que nous avons mené jusque-là* », car il témoigne, « *de manière impressionnante, de la justesse absolue de notre idéologie* ». Avec l'« Œuvre d'encouragement de la Jeunesse d'Allemagne centrale », fondée peu de temps auparavant, on dispose déjà d'une organisation de remplacement.

Deux semaines après l'interdiction du NF, le ministre fédéral de l'Intérieur, qui vient apparemment tout juste de découvrir qu'il existe des néo-nazis en Allemagne, demande que l'on retire aux néo-nazis Heinz Reisz, de Langen et Thomas Dienel, de Weimar, des droits civiques essentiels (éligibilité et droit à l'expression libre de ses opinions). Dienel, trente et un ans, est chef du « Parti national allemand », qui regroupe quelque 600 membres; il a de très bons contacts avec Christian Worch, ce clerc de notaire hambourgeois et correspondant du NSDAP-AO que nous avons déjà rencontré. Dienel, que même certains de ses camarades considèrent comme un psychopathe, a toujours une déclaration fracassante à faire, notamment devant les caméras : « *Personne n'a été assassiné à Auschwitz – hélas!* » couine cet homme pour lequel il « *n'existe qu'une seule Allemagne : l'Allemagne de la Meuse au Memel* ».

Devant la justice aussi, Dienel fait de grands discours. Quand il doit se justifier, début décembre, devant le tribunal de Rudolstadt où on l'accuse d'incitation à la haine, il explique : « *Nous ferons en sorte que les Canaques, les Chinois, les Vietnamiens et les Nègres n'existent plus, ici, en Allemagne.* » De telles déclarations lui valent deux ans et huit mois de prison. Commentaire de Dienel : « *On ne peut pas interdire les opinions.* »

On ne peut pas non plus lui interdire de penser que la guerre civile fait rage en Allemagne et que lui et sa troupe sont appelés à « faire le ménage dans ce pays », à le débarrasser des étrangers, des réfugiés et des juifs. L'instrument adéquat contre « cette racaille » lui paraît être les groupes paramilitaires capables de se promener avec des explosifs et entraînés au combat rapproché « homme contre homme ». Dienel transmet fièrement aux reporters de télévision des prises de vue de son groupe paramilitaire et proclame devant leurs caméras qu'il « *contrôle totalement la police* ».

Après la mort de Michael Kühnen, la grande heure de Dienel arrive, en Allemagne orientale. Cet homme, qui fut pendant des années secrétaire du FDJ * avant d'être directeur d'un « club sexuel » en Thuringe, devient à présent président du NPD pour la Thuringe. A

---

* Front de la Jeunesse, les jeunesses socialistes officielles - (NdT)

ce titre, il organise dans les mois qui suivent, avec Christian Worch, Ewald Althans, Heinz Reisz et Frank Hübner, des défilés néo-nazis à Halle, Leipzig et Dresde. Avec Worch, il mène au mois d'août de cette même année le défilé à la mémoire de Rudolf Hess, qui rassemble quelque 2 000 néo-nazis à Rudolstadt. Les néo-nazis tirent de ce genre de défilés une bonne partie de leur force. Ce n'est sans doute pas un hasard si le pogrome d'Hoyerswerda a eu lieu six semaines après le grand « défilé à la mémoire de Rudolf Hess » à Bayreuth, en 1991, ou si le foyer des Vietnamiens a brûlé à Rostock deux semaines à peine après le défilé de Rudolstadt.

Dans le plus pur style néo-nazi, Dienel avait fondé son DNP le 19 avril 1992, le veille de l'anniversaire de Hitler. La célébration de la naissance du Führer, qui suivit cette fondation, mais aussi ses fanions à croix gammée et à runes, trahissent le caractère néo-nazi de ce qui, selon ses responsables, était un « parti nationaliste radical ». Les tracts du DNP s'achèvent par les mots « *Heil Deutschland* », on y parle de « *génocide par métissage racial* » et ils rendent les « *escrocs africains du droit d'asile* » responsables de la « *contamination du peuple allemand par le sida* ». Lors de la fondation du parti, déjà, Dienel appelait au « *travail souterrain* » et au « *combat contre les ennemis à l'intérieur du pays* ».

Les alliés préférés du « camarade » Dienel sont les partisans de l'« Offensive Nationale » (NO), un autre groupe d'activistes qui a déplacé ses activités du sud de l'Allemagne vers l'est. Pas seulement vers l'est de l'Allemagne, notamment à Dresde, mais aussi vers les « territoires allemands de l'est », la Silésie. Comme la troupe rassemblée autour de Kühnen, la NO est constituée de membres insatisfaits du FAP. Ils fondèrent le nouveau parti le 3 juillet 1990, avec à sa tête le président bavarois du FAP, Michael Swierczek. Leur devise :

« Etre offensif, cela signifie mettre tout son poids dans la balance : car celui qui n'engage pas sa vie ne gagnera jamais la vie ! Attaque ! »

Le programme de leur parti réclame le « *refoulement des étrangers dans leurs pays d'origine* », car « *le métissage culturel est un génocide* ». Ils demandent que l'on envoie « *les revendeurs de drogue en camp de travail* », et précisent : « *mais la drogue n'est pas la seule à être orientale : les trafiquants de drogue le sont aussi* ».

Puisque le NO prône « *le rétablissement du Reich allemand dans ses frontières historiques* », ils ne distribuent pas seulement des autocollants « *L'Allemagne à nous, les Allemands* », mais aussi « *La Silésie reste allemande* ». L'activiste du NO Günter Boschutz a acheté avec des permanents du NPD une maison dans la ville polonaise de Dziewkowice (anciennement Frauenfeld), qu'il transforme en centrale du NO en Silésie. Depuis octobre 1991, on y publie aussi le *Schlesien Report,* un mensuel, « *la seule revue purement germanophone de Silésie pour les Silésiens* ». La « Radio Silésienne » émet aussi, déjà, de Zabrze (autrefois Hindenburg), 24 heures sur 24. On lit dans son appel de fondation :

« *Son programme donnera à quelques centaines de milliers d'Allemands le courage d'avoir confiance en un avenir dans leur patrie d'origine, et leur donnera le sentiment de ne pas avoir été oubliés, trahis et vendus par l'Allemagne, mais de faire partie, en tant que Silésiens, du cercle culturel allemand.* »

Pour toutes leurs activités, par exemple la mise en place de panneaux indicateurs bilingues ou la restauration des monuments militaires allemands en Silésie, les activistes du NO travaillent étroitement avec un groupe bénéficiant de subventions fédérales, les « Amicales Allemandes » en Pologne, et avec les « Germania-Reisen » du NPD. Le trésorier fédéral du NO se réjouit de pouvoir annoncer aux donateurs potentiels, en 1992, « *une bonne année d'activité* ». Bientôt, annonce-t-il, un « *centre nationaliste* » analogue à celui de Frauenfeld existera aussi dans la « *Prusse orientale occupée par les Russes* ».

A la mi-décembre, Günter Boschütz sera déclaré *persona non grata* par les autorités polonaises, et expulsé. Peu de temps après, le NO sera interdit.

Tout cela n'est qu'un rapide coup de projecteur sur la réalité allemande en 1992. Rolf Schmidt-Holz, le rédacteur en chef du magazine d'actualités *Stern*, résume dans son éditorial, le 10 décembre, ce qu'il convenait de dire sur l'état de la Nation – sans qu'il soit besoin d'y ajouter un commentaire :

« *Vous pensez, chers lecteurs, que les hommes politiques ont dramatiquement failli? C'est exact [...] On ne s'en sortira plus par des discours. Nous voyons tous ce qui se passe quotidiennement en Allemagne. Nous devons nous en occuper nous-mêmes.* »

Il a raison. Reste à savoir si les manifestations où l'on forme des chaînes lumineuses suffiront : les ennemis de la démocratie ne plaisantent pas. En juin 1990, dans une clairière retirée, en Bavière, à environ une heure de Munich, a lieu une cérémonie secrète. C'est l'un des derniers « actes » du « chef » néo-nazi Michael Kühnen. Il s'est placé en grand attirail (chemise brune, pantalon noir, grosses bottes) devant ses fidèles qui portent le même costume et sont alignés au garde-à-vous.

Kühnen tient un discours aux quelque trente activistes présents devant lui. Il regrette qu'ils aient été « aussi peu à passer » : à l'origine, il devait y avoir une centaine de participants. Mais, « malgré la persécution par la police », il est fier de pouvoir aujourd'hui, « en mémoire d'Ernst Röhm », faire « un appel des plus durs parmi les durs ».

La quiétude de la forêt estivale assourdit tous les bruits. Dans la fournaise du soleil de midi, les oiseaux se taisent, seuls les criquets continuent à émettre leurs cliquètements, depuis le pré voisin.

Les bras des néo-nazis présents s'élèvent vers le ciel pour faire le salut hitlérien. Kühnen entonne le *Horst-Wessel Lied* :

« Drapeaux dressés et rangs serrés
La SA marche d'un pas solide et tranquille
Les camarades abattus par le front rouge et la [réaction
Marchent dans nos rangs par l'esprit. »

Les trente hommes chantent, sérieux, recueillis. Aucune trace de braillement ni de fausses notes. Ils chantent, d'une voix sourde et solennelle, qu'ils sont tous « prêts au combat » et que les « drapeaux hitlériens » flotteront bientôt « au-dessus des barricades ». Car « le servage ne durera plus longtemps. »

Puis le « Chef de secteur » prend la parole.

« J'appelle : camarade Thomas. »

L'un de ceux qui se tiennent au garde-à-vous sort du rang et prend position devant Kühnen et le *Bereichsleiter* en faisant le salut nazi.

« Tu es admis dans le cadre. »

Le « camarade » Thomas leur serre la main à tous les deux et rentre dans le rang.

La scène se répète dix fois de suite, avec d'autres camarades qui « sont admis dans le cadre ». Puis

Kühnen prononce un serment qui ne le concerne pas personnellement : il sait qu'il ne lui reste plus longtemps à vivre. Mais il est empli de fierté en prononçant ces mots qui engagent le « cadre » pour le « combat à venir ». Pour les mensonges de la propagande, pour la violence, pour la terreur.

« Sur mon honneur d'Allemand »... prononce Kühnen, et les hommes au garde-à-vous répètent ses paroles.

« Je jure au Parti National-Socialiste des Ouvriers Allemands fidélité et courage.

Je jure fidélité jusqu'à la mort aux supérieurs qui me seront désignés par le parti.

Je jure le silence envers tous ceux qui n'en sont pas membres. Allemagne réveille-toi. Juif crève. *Sieg Heil!* »

La cérémonie est achevée. La SA, la *Sturmabteilung,* a trente membres de plus.

Un phénomène allemand? Non : uniquement une partie d'un réseau qui opère au niveau international.

III

LE RÉSEAU

Lors des procès de Nuremberg, la SA et la SS ont été déclarées organisations criminelles. Il est interdit d'en prolonger l'existence ou de les recréer. Mais cela ne dérange pas les extrémistes de droite de tous les pays. Au contraire. Ils s'inspirent de ces organisations pour mettre en place des unités de cadres reprenant l'idéologie et la structure de la SA et de la SS. Toutefois, dans le même temps, s'est développé un réseau international d'extrémistes de droite qui ravale presque ces nostalgiques de la chemise brune au rang de simple ornement. Ce réseau n'émerge que pour certaines occasions bien précises. On discerne alors de nouvelles relations, on constate que les anciens liens se sont approfondis. Au printemps 1990, j'ai l'occasion de découvrir plusieurs éléments de ce gigantesque puzzle extrémiste. Quelques figures majeures du mouvement, en provenance de divers pays, ont fait le voyage. Il me faut un peu de temps pour comprendre que cette rencontre, à laquelle j'ai été invité par Michael Kühnen, sera l'une des journées les plus importantes de mon enquête. Car au début, l'atmosphère est à peu près celle d'une fête de famille.

1.

« La vérité rend libre »

On jurerait les préparatifs d'une photo-souvenir : c'est une grande réunion de famille. Ils sont tous là, les vieux, les jeunes, les gentilles taties et les bons tontons, les vieux couples et la jeune génération, même les cousins d'Angleterre sont venus. La veille, c'était l'anniversaire de grand-oncle Adolf, les anciens se souviennent fort bien de lui. Toute la famille a fait la fête. Quelques jeunes ont encore la gueule de bois. Le beau-frère Manfred a apporté sa caméra vidéo. Oncle Otto-Ernst, le vieillard, et le cousin Michael sont brouillés. Mais le cousin Ewald, diplomate, les a installés à des tables différentes. Cette chère tante Christa a apporté des gâteaux, comme toujours. Gottfried et son cousin Thomas jouent à qui sera le plus extra. La blessure de Thomas est plus grande, mais Gottfried sait déjà jouer de la guitare. La cousine Uschi est tout émue, parce que le grand cousin David, son béguin secret, va bientôt tenir un discours. Et le petit Arno regarde encore une fois, ravi, son nouveau costume de matelot. Admiratif, il observe l'oncle Ekkehard, qui a toujours des pétards si rigolos. Le cousin Anthony, venu d'Angleterre, ne va pas bien du tout. Il est en pleine crise de schizophrénie et affirme qu'il ne s'appelle pas du tout Tony, mais Mickey.

L'instantané a été pris dans la « Löwenbräukeller » de Munich, le 21 avril 1990. Huit cents « parents » se retrouvent pour une sauterie qu'on a organisée avec tous les raffinements nécessaires. Ici, dans la Löwenbräukeller, on s'est même arrangé avec les policiers, qui ne font pas du tout partie de la tribu.

Mais connaît-on seulement la Löwenbräukeller de Munich ? C'est l'un des plus grands « halls à bière » de Bavière. Ah, la Bavière ! Ses tenues régionales, ses pieds de cochon, sa fête d'octobre ! Ici, la bière fait partie des produits de première nécessité. C'est là qu'a régné le roi légendaire Louis II, le protecteur des beaux-arts. C'est à lui que les Bavarois doivent le château féerique de Neuschwanstein.

C'est ici aussi, mais bien plus tard, que régna un homme très populaire nommé Franz Josef Strauss (CSU) dont les contacts étroits, en matière de politique étrangère, avec les dictatures racistes et fascistes ne furent dépassés que par son « amitié » avec monsieur Schalck-Golodkowski *. Qu'on s'en souvienne : ce négociateur en sous-main de la Stasi, dont on dit qu'il avait tant de boue sur les mains qu'on n'ose même pas

* Alexandre Schalck-Golodkowski fut secrétaire d'Etat de la RDA, officier de haut rang de la STASI, et principal « collecteur de devises » de la RDA. Pour ce faire, il avait créé un véritable empire de firmes, passant par des boîtes postales suisses, sous le nom de « coordination commerciale » (KoKo). Parmi ses transactions financières, on trouvait des affaires d'armes et d'antiquité d'origine incertaine. Avec F.J. Strauss, il parvint à collecter plusieurs milliards de crédit, ce qui assura une fois de plus quelques années d'existence à sa RDA déjà à bout de souffle. Une série d'entreprises ouest-allemandes et de personnes isolées profitèrent ainsi, aux frais du contribuable, de provisions et d'avantages distribués lors de cette « affaire ».

faire son procès. D'ailleurs, Schalck-Golodkowski qui, s'il était jugé, déclencherait aussi, sans aucun doute, une avalanche de procès, vit lui aussi en Bavière, aujourd'hui, dans une jolie maison au bord du beau lac de Tegern.

Et c'est aussi du Bayerischer Rundfunk, la chaîne de télévision publique bavaroise, que provient Franz Schönhuber, l'homme qui a dépassé F. J. Strauss sur sa droite, ce qui paraissait jusqu'alors impossible. Jusqu'en 1983, Schönhuber fut directeur de service central à la chaîne. Puis, dans un livre tapageur, intitulé *Ich war dabei* (« J'en étais »), il proclama qu'il avait appartenu à la Waffen-SS. Ce fils de boucher s'y était hissé jusqu'au rang impressionnant de sous-officier (*Unterscharführer*). C'en fut trop pour le Bayerische Rundfunk. Schönhuber devait partir, et le fit effectivement – non sans percevoir une indemnité rondelette de près de 300 000 marks. Aujourd'hui, en Bavière, il lui arrive d'atteindre les 18 % aux élections municipales : sa nouvelle vocation est de présider aux destinées des « Républicains ». Un parti dont les slogans sont moins démocratiques que l'intitulé *.

Mais cela ne suffit pas, loin s'en faut, à ce que l'Office de Protection Bavarois mette les Républicains « sous surveillance? On attend. Personne ne sait quoi » **.

---

* L'ancien vice-président régional des « Républicains », Franz Glasauer, fut condamné en mars 1990 pour incitation à la xénophobie. Il avait, un an plus tôt, affirmé que les Polonais étaient « *trop bêtes et trop paresseux pour travailler* ». Il avait également demandé des camps d'internement « *pour la racaille et le rebut... Le jour de la vengeance et des représailles arrive* ».

** En décembre 1992, l'attente est enfin récompensée. L'Office fédéral de Protection de la Constitution ordonne la mise en observation des « Répu-

La frontière qui trace la limite de l'ultra-droite en Bavière est rigoureuse par la forme, et un peu moins sur le fond. Les néo-nazis affichés n'y sont pas bien vus. Quand ils manifestent en criant « Etrangers dehors! », la police intervient avec sévérité. On ne tolère pas la concurrence de droite. Car le CSU, l'Union Chrétienne sociale au pouvoir, n'a besoin de personne pour réclamer une « *zone libre de demandeurs d'asile* »*.

Voilà l'air du temps, ici. Au cœur de la Bavière, à Munich. Et tout particulièrement à la Löwenbräukeller, où a été prise la photo de famille. Mais ce jour-là, le 21 avril 1990, il y a encore autre chose. C'est le lendemain de l'anniversaire du « grand-oncle » Adolf. C'est aussi dans cette belle ville de Munich qu'Adolf Hitler avait entrepris en 1923 sa marche sur la Feldherrenhalle et avait tenté son coup d'Etat. Près de soixante-dix-ans plus tard, tous s'accordent sur un point, au moins ici, dans la Löwenbräukeller : Munich est et demeure la « capitale du mouvement ».

De grandes baies vitrées, à l'avant de la salle, laissent couler la lumière du jour jusqu'au milieu de la pièce, où elle se mêle, bleuâtre, à l'orange des lampes. Cette salle haute avec galeries, tribune et travées latérales n'a aucun mal à accueillir les huit cents personnes.

---

blicains », avec une étrange spontanéité – juste après les assassinats de Mölln.

* La citation est d'Erich Riedl, CSU, secrétaire d'Etat au ministère fédéral de l'Economie. Riedl suscitera une fois de plus l'émotion internationale en 1992 en acceptant de parrainer une fête pour le 50e anniversaire de la fusée V2. (Voir p. 258) L'initiateur de ce projet de fête pour le V2 était l'ami de Riedl, Karl Dersch, membre du directoire de la Deutsche Aerospace (une filiale de Daimler-Benz). Dersch montre depuis des années dans quel camp politique on peut le classer en hissant dans son jardin la bannière de guerre du Reich. Aujourd'hui, les néo-nazis sont les seuls à l'utiliser.

On lit, lettre après lettre, le slogan « *La vérité rend libre* » sur les pancartes brandies, à l'avant de la tribune, par un alignement d'hommes vêtus de blousons d'aviateurs. Rien ne vous empêche, ici, de songer à un autre slogan, *Arbeit macht frei,* le travail rend libre : celui qu'on lisait à l'entrée du camp d'Auschwitz.

Devant eux, dans la salle, les clients sont installés à de grandes tables nappées de bleu et de blanc. Ils pourraient être vos gentils voisins. On dirait un grand clan familial, sans enfants, certes, mais uni comme un petit peuple. A droite, à côté de la table aux livres, on voit les deux dames avec ces deux ravissants chiens au museau pointu. Vêtues en style rustique et chic, elles discutent avec animation. Vous leur laisseriez les yeux fermés les clefs de votre appartement pour arroser les fleurs pendant les grandes vacances. De vieux messieurs, pipe et cigare, sont en conversation familière avec de jeunes hommes à raie bien peignée, qui laissent leur petite amie surveiller la bière à la table voisine.

De temps en temps, on regarde aussi de l'autre côté, vers la travée latérale de la salle, où de jeunes hommes se tiennent assis en chemise brune et en pantalons militaires. Ils ont un nerf de bœuf dans la poche de leur veste et sont prêts à intervenir en cas d'incident. De temps en temps, les membres de ce service d'ordre martial répondent aussi aux regards qu'on leur adresse : « Bonjour » – la gentille dame à la jupe bavaroise connaît l'un d'entre eux : « Oui, oui, comment ça va? – Bien, merci », grogne en retour la chemise brune.

Jeunes et vieux s'entendent admirablement. Pas trace ici de conflits de générations. Car on a quelque chose en commun : armés de leur chope de bière, de saucisses blanches et de choucroute, ces ultra-Allemands attendent l'orateur qui va leur dire ce qu'ils veulent entendre. Ils attendent en veste de loden et en jupe bavaroise, en complet sombre ou en costume coton et synthétique, en blouson aviateur et en robe noire de jeunes Hitlériennes. Ce qu'ils sont venus entendre, c'est la révision de l'histoire. Le *révisionnisme** – une nouvelle version de l'histoire. Ils attendent de nouvelles « vérités » : ils en ont assez de sentir la faute peser sur leurs épaules. La faute de la dernière Guerre mondiale, la faute des crimes de guerre, la faute de l'holocauste. Une faute qu'ils n'éprouvent pas le moins du monde comme un devoir, mais comme un fardeau. Ce fardeau, on va bientôt le leur ôter. La révision de l'histoire s'approche. Mais le « révisionniste », le rédempteur, ne vient pas de Bavière. C'est un ancien ennemi héréditaire, un Anglais. David Irving : tel est le nom de ce nouveau membre de la famille. Un historien que l'on qualifie volontiers de « controversé ». Ses livres se vendent par millions dans le monde entier. Et ils sont publiés par des maisons d'édition prestigieuses : Ullstein, en Allemagne, par exemple. Certes, la renommée d'Ullstein a été amoindrie quand un certain Herbert Fleissner, un homme de droite bien connu dont l'empire regroupe plus de vingt maisons d'édition a racheté l'entreprise. *Ich war dabei* de Schönhuber a, par exemple, paru aux éditions Langer-Müller Verlag, qui lui appartiennent. Et c'est aussi au Herbig Verlag de Fleissner qu'a paru la trilogie de David Irving sur Hitler, celle où l'on pouvait lire que le « Führer » n'avait rien su du gazage des juifs. Mais Ullstein n'en compte pas

* Nous avons conservé le terme de « révisionnistes », mieux connu du public. Il faut toutefois préciser que les spécialistes français parlent aujourd'hui de « négationnistes » pour désigner les négateurs de l'holocauste (NdT).

moins parmi les grands noms de l'édition. On peut dire également que Legenda, en Suède, est une maison parfaitement sérieuse. Mac Millan, à Londres, est au-dessus de tout soupçon, de même qu'Albin Michel en France.

Les livres de David Irving sont ainsi lus par beaucoup de gens qui n'ont aucune idée précise sur l'identité de cet « *historien anglais renommé* ». Bien sûr, on entend dire ici et là : « Il est contesté. » Mais ceux qui achètent ses ouvrages n'en savent manifestement pas beaucoup plus. Comment le pourraient-ils, quand le chancelier Kohl lui-même offre un livre de David Irving, pour Noël, à l'un de ses collaborateurs*? En Bavière, David Irving est même traité comme un « expert » par la station de radio pour automobilistes « Bayern 3 »**.

Les partisans du Deutsche Volksunion (DVU) connaissent déjà mieux la véritable personnalité d'Irving. Car le Londonien apparaît fréquemment et de bon cœur, moyennant un cachet rondelet, aux réunions du président Gerhard Frey, pour confirmer sous les applaudissements et devant la mer de drapeaux des teutonisants que les Anglais ont bien bombardé Dresde. Et que cela n'était pas du tout nécessaire.

Ici, en famille, dans la Löwenbräukeller, le lendemain de l'anniversaire du Führer, on connaît ce sujet sur le bout des doigts. Dresde, ici, n'intéresse que dans

* Sous le titre *Ein Reich, ein Irving,* on peut lire dans le journal anglais *Independant on Sunday* du 3 mars 1991 : « *Last Christmas, Chancellor Kohl gave one of his speech-writers a copy of Irving's notorious biography of Winston Churchill.* » Si même le chancelier ne sait pas ce qu'il en est d'Irving, on ne s'étonne pas que les abondantes publications de cet auteur remplissent les étagères de quelques autres citoyens estimant que l'homme est sans doute très conservateur, mais respectable tout de même.

** Au printemps 1992, on y affirme qu'Irving est un « expert du bombardement de Dresde ».

la mesure où l'on peut comparer le nombre des victimes avec celui d'autres victimes. Et cela, les tantes et les oncles du noyau familial s'en sont chargés depuis longtemps. Ici, David Irving doit changer de casquette pour être accueilli à bras ouverts dans le cercle familial. Ici, on va « à l'essentiel ». C'est de l'holocauste que l'on parle. Auschwitz ! Majdanek, Sobibor, Belzec, Kulmhof, Treblinka, Babi Yar, Chelmno, et tant d'autres lieux... tout cela est à présent réduit à Auschwitz. Ou plus exactement : aux chambres à gaz qui s'y trouvent.

Irving a une recette pour faire oublier tout cela : « *La vérité rend libre* ». Mais seule « rend libre » cette « vérité » qui leur ôtera cette culpabilité essentielle. C'est donc elle que l'on attend. Le gros monsieur au gilet de laine tape nerveusement des doigts sur la table. La rumeur s'amplifie à l'arrière de la salle quand quelque chose se déplace devant le stand des livres d'Irving. Les minutes s'écoulent. La tension devient presque insupportable. Même si chacun sait ce que va dire David Irving. Michael Kühnen regarde sa montre. Son fidèle, Gottfried Küssel, s'est annoncé, mais lui non plus n'est pas là.

Thomas Hainke, le « *Gauleiter de Westphalie Orientale – Lippe* » bronche à peine quand je lui souris. Il est en service. Il se tient juste à côté du pupitre de l'orateur, tendu, tout de noir vêtu comme le veulent les circonstances, bottes aux pieds. La tête dressée, il tient, formant un angle décoratif, le drapeau du Reich noir-blanc-rouge. Il surveille le pupitre, voilà une mission amusante ! Je me demande encore un instant si je vais l'interroger tout de suite sur ses nouvelles « blessures de guerre », mais David Irving arrive. Ce sera pour plus tard.

Le *Zarathoustra* de Richard Strauss retentit dans les haut-parleurs. Les cuivres monumentaux font vibrer la salle. Puis des ovations se mêlent aux sons de fanfare. Et David Irving remonte la travée, entre les bancs des spectateurs, avec la grâce de l'homme habitué aux applaudissements. Il ne manquerait plus que les vieilles dames lui attrapent la main pour la baiser.

Irving porte un costume noir. Regard droit, chemise blanche, il rayonne de cette compétence souveraine indispensable pour mener à bien la révision de l'histoire. Il a été chez Thyssen*, en Allemagne, quand il avait vingt et un ans, en tant que métallurgiste – cela explique que l'allemand coule presque sans peine de sa bouche britannique :

« J'ai la vérité! » tonne Irving après une longue présentation. Puis il entretient le suspens. Il ne « le » dit pas encore.

« Nous savons... » proclame-t-il finalement,

« ... si je le mentionne ici, c'est seulement comme note de bas de page... »

Mais c'est précisément cette note-là, ce « détail », qu'ils attendent tous. Irving le sait. Les huit cents spectateurs retiennent leur souffle. Irving les libère :

« qu'il n'y a jamais eu de chambres à gaz à Auschwitz!... »

« Ouiiii » hurle le peuple, ivre de bonheur. Irving doit s'interrompre, car l'ovation n'en finit pas. Comme une jubilation après une émotion torturante, le bonheur de cette innocence toute fraîche jaillit de la poitrine des auditeurs. Pas de chambres à gaz – pas d'extermination de masse – pas de culpabilité.

« Bravo! » crie le retraité robuste. « Bravo! »

Au milieu de la salle, quelques personnes se dres-

---

* Fritz Thyssen, qui hérita en 1926 du gigantesque groupe du même nom, fut l'un des plus grands soutiens financiers de Hitler.

sent. Ovation debout pour la « libération ». La dame à permanente et au col pointu s'essuie le nez. Reconnaissante, secouée par l'émotion. Quel délice, quel plaisir!

Ici, Irving ne tient pas à ce qu'on le prenne pour un historien sérieux. Il explique donc ce qui lui paraît logique :

« De la même manière que la chambre à gaz de Dachau, dans les premières années d'après-guerre, était un leurre, les installations de chambres à gaz que l'on présente aujourd'hui aux touristes à Auschwitz ont été construites après la Seconde Guerre mondiale par la Pologne actuelle. Les preuves existent, les installations ont été examinées par des chimistes, nous avons publié dans le monde entier des documents sur ce sujet – je peux vous le dire, mesdames et messieurs : la poussière qui tourbillonne à présent va abasourdir nos ennemis! »

Cette promesse de propager la bonne nouvelle jusqu'à l'épuisement de l'adversaire proooque de nouvelles ovations.

« Aaah! Tout à fait! » « Exactement » « Bravo! » « Très juste! » – les témoignages d'assentiment s'individualisent, mais ils ne cessent pas pour autant. Irving, au pupitre, muet, laisse passer la vague. A côté de lui, Thomas Hainke tient fermement son drapeau du Reich, sans se départir de son air grave et énergique.

« Il n'y a qu'une vérité », proclame Irving avec la fougue de l'illuminé, « et c'est la vérité totale! La vérité rend libre! »

A présent, les huit cents auditeurs libérés ne tiennent plus sur leur chaise. Nouvelles ovations debout. « Vérité totale » comme « guerre totale », « la vérité rend libre » comme « le travail rend libre » : c'est exactement ce dont on a besoin en ce moment. En avant, sus à l'ennemi! Les « galopins juifs » changeront d'avis quand on les confrontera aux preuves accablantes qu'Irving dépose sur la table!

Les « preuves » qu'Irving mentionne ici sont cependant tout, sauf « accablantes ». Il s'agit en effet, en premier lieu, de ce que l'on a appelé le *Leuchter-Report.*

Un « révisionniste » français, le professeur de littérature Robert Faurisson, a eu l'idée de « prouver » scientifiquement la non-existence des chambres à gaz. On a cherché un spécialiste, et l'on a trouvé Leuchter. L'Américain Fred A. Leuchter est sans aucun doute un expert acceptable pour la mise à mort d'êtres humains : lui-même se qualifie de « *spécialiste en construction et en réalisation d'appareils d'exécution* » et a « *spécialement dessiné et travaillé à des aménagements tels que ceux utilisés aux Etats-Unis pour exécuter des personnes condamnées à mort par hydrogène cyanuré* ».

Ces titres de gloire suffirent apparemment aux « révisionnistes » pour en faire leur « ingénieur », ct pour l'envoyer en Pologne, en février 1988, avec une « troupe de documentation », – le terme nazi pour désigner les reporters – moyennant 37 000 dollars d'honoraires. C'est en Pologne, en effet, que l'on trouve les restes des camps d'extermination d'Auschwitz, Birkenau et Majdanek, exposés au vent et à la pluie depuis un demi-siècle.

Arrivé sur place, il ne se laissa pas décourager par le mauvais temps persistant, et alla patauger dans la boue gluante des installations du camp, comme le prouve le film vidéo spécialement tourné pour l'occasion. Il récolta minutieusement des « échantillons » pour en vérifier la teneur en gaz toxique Zyklon B. Comme on le lui avait demandé, et il ne pouvait en être autrement, « *l'auteur juge les preuves terrassantes. Dans aucun de ces lieux il n'y a eu de chambres à gaz destinées à des exécutions. L'opinion d'ingénieur de cet auteur est que les prétendues chambres à gaz présentes sur les lieux inspectés n'ont pas pu être utilisées à l'époque comme chambres à gaz d'exécution, et qu'on ne pourrait sérieusement envisager de les utiliser aujourd'hui pour remplir une telle fonction* ».

Le nom de Fred Leuchter n'apparaît certes pas sur la liste des ingénieurs recensés dans le Massachusetts, où il devrait être enregistré (*ADL Research Report*, été 1989, New York, USA). mais peu importe : lui-même, en signant son rapport, se bombarde :

Fred A. Leuchter, Jun.
Ingénieur supérieur.

Il fournit une autre preuve de ses facultés analytiques dans son « expertise », avec une découverte impressionnante; « on prétend, dit-il, que des camions à gaz ont également été utilisés par les nazis pour l'exécution*. « *On prétend avoir utilisé du monoxyde de carbone. Comme on l'a déjà montré plus haut, le monoxyde de carbone n'est pas un gaz d'exécution. Selon le rédacteur, avant que le gaz n'ait pu faire effet, tous avaient déjà été étouffés.* »

Et l'ingénieur en chef en conclut, tranchant, que « *personne n'est mort par exécution au moyen du CO* ».

---

* A titre d'alternative à l'exécution en chambre à gaz, l'Obersturmbanführer SS Walter Rauff testa l'emploi de « camions à gaz ». Les gaz d'échappement des poids lourds étaient acheminés à l'intérieur des camions où les victimes étaient enfermées (Cf Klee : *Was sie taten, was sie wurden*).

Les affirmations imbéciles du *Leuchter-Report** sont cependant encore dépassées par l'autre « preuve » apportée par les « révisionnistes » pour faire disparaître par le mensonge la faute de l'extermination de masse. Un « récit vécu » du « témoin de l'époque » Thies Christophersen porte ce titre évocateur : *Die Auschwitz-Lüge*, le mensonge d'Auschwitz. L'ancien Sonderführer SS écrit qu'il n'a rien remarqué des exterminations de masse à Auschwitz, bien qu'il y ait été en poste. Nous reviendrons sur ce livre et sur cet auteur. Ici, à Munich, à la Löwenbräukeller, Thies Christophersen n'est pas présent : un mandat d'arrêt a été lancé contre lui en Allemagne.

Irving ne parle plus, mais la réunion continue à la Löwenbräukeller. Beaucoup de visages de cette photo de famille me sont déjà connus.

C'est Ewald Althans, un homme grand et blond, qui m'a invité à ce « congrès des révisionnistes ». Il a environ vingt-cinq ans, c'est un national-socialiste convaincu. Il est justement en train de s'entretenir avec David Irving, qui a pris place à côté de lui sur l'estrade. Je connais déjà Althans, depuis l'échec de ma tentative

---

* Cela ne signifie cependant pas du tout que Leuchter ne suscite l'intérêt que chez les durs du mouvement : dans son numéro 4/90, la revue juive *Semit* rapporte que l'ancien directeur de la Fondation Carl-Friedrich-von-Siemens, Armin Mohler, se réfère au rapport Leuchter, dans l'article « Dans le maquis du deuil du passé », qu'il a rédigé pour son livre *Der Nasenring* (1989). Mohler est lauréat du « Prix de l'Essai Adenauer », qui lui a été personnellement remis en 1967 par Konrad Adenauer. Ce qui ne l'empêche cependant pas non plus de publier aussi dans le *Nationalzeitung*, sous le pseudonyme de Michael Hintermwald. Armin Mohler, natif de Suisse, est cofondateur du « Conseil Allemagne » (dont les initiateurs sont entre autres Franz Schönhuber et le professeur Robert Hepp).

pour filmer David Irving avec une caméra cachée, à Hambourg – une entreprise pour laquelle Gerald Hess m'avait apporté son aide. A l'époque, et comme cette fois-ci, Althans avait collaboré avec Christian Worch.

Bela Ewald Althans est encore teenager quand il entre au FAP de Kühnen. A treize ans, il est déjà choisi par les vieux adeptes de Hitler, et systématiquement préparé à son futur rôle de Führer. Il a ainsi le soutien d'une certaine princesse Hélène von Isenburg, qui avait auparavant tenté, dans les années cinquante, par le biais de l'organisation avancée de l'ODESSA *Stille Hilfe* (aide silencieuse), d'arracher les principaux criminels nazis aux griffes de la justice en envoyant dons et requêtes, jusqu'au pape Pie XII lui-même. Plus tard, c'est le HNG qui a repris les missions assumées par *Stille Hilfe*. L'un des dirigeants du HNG, Christa Goerth, que j'ai déjà rencontrée lors de ma première conversation avec Kühnen, est elle aussi présente, aujourd'hui. Althans a également les faveurs d'Otto-Ernst Remer, le « garde du corps du Führer », lui aussi parmi les spectateurs. Althans a suivi une formation systématique en Allemagne : on l'a également envoyé à l'étranger. Il parle couramment l'anglais, un français et un italien passables, et il s'exprime suffisamment en espagnol pour ne pas avoir besoin d'un interprète lors des rencontres de la CEDADE à Madrid.

Althans correspond fort bien à l'idéal aryen : il est grand, blond, a les yeux bleu-gris et des traits réguliers. Certes, il est homosexuel*, ce qui lui aurait valu de

* Althans, une exception dans son milieu, reconnaît ouvertement son homosexualité. Dans une lettre envoyée au magazine gay *Don und Adonis*, et publiée dans le courrier des lecteurs, il affirme : « Je suis nazi – et alors? [...] – mes amis gays continuent à me soutenir, parce qu'eux savent où se trouve la vérité. »

finir en camp de concentration sous le IIIe Reich. Mais il considère tout de même Hitler comme « l'homme le plus parfait de tous les temps ». Althans a un don pour les discours et l'organisation. Il prouve sans cesse ce dernier talent dans les « congrès » organisés avec David Irving et autres « révisionnistes ». Dans le privé, il est « journaliste » *. Il prétend écrire sous un pseudonyme pour le magazine *Life-Style,* « sur le champagne, la nourriture, etc. » Son entreprise s'appelle « Althans Vente et Relations publiques » (AVÖ) ** Il est en effet très compétent dans ce domaine. Au début de 1992, il montre fort bien comment il gagne l'argent avec lequel il entretient son téléfax, son téléphone portable et ses ordinateurs dans son bureau de Munich. Il envoie cette offre, dont nous avons déjà parlé, à divers journaux :

COMMUNIQUÉ DE PRESSE

PHOTOS SPECTACULAIRES A VENDRE

Concerne : liaison néo-nazie en Croatie et en Irak. Vous pouvez acquérir plus de cent photos.

Puis il propose à celui qui saura se décider vite (« *le 26 mai au plus tard* ») des prises de vue de mercenaires néo-nazis qui sont allés apaiser leur soif de combats en Croatie et en Irak, à l'époque de la guerre du Golfe. Ces

---

* « Journaliste » est l'une des professions les plus souvent alléguées, faussement, par les nazis. Même Michael Kühnen s'en donnait le titre. C'est un camouflage pratique – le journaliste est un curieux par profession, dont les services secrets font également usage.

** Mais selon le client, ces trois initiales peuvent aussi signifier « Bureau pour l'Education populaire et les Relations publiques », comme l'écrit par exemple l'Office bavarois de Protection de la Constitution dans son rapport 1991.

photos, promet également le néo-nazi, « *n'ont jamais été publiées dans la presse* ». Il offre également une prestation de service qui emplit le non-initié d'un respect craintif : il peut aussi fournir les noms des combattants et les « *informations de fond* ». « *B.E. Althans* », dit le communiqué, peut même établir le contact avec ces « soldats ».

Quand il n'est pas en train de gagner de l'argent en vendant ses camarades aux médias, Althans est souvent en voyage. La ville de Toronto, dans l'Ontario, au Canada, est un des lieux qu'il fréquente le plus. C'est là que réside un néo-nazi germano-canadien qui s'est lui-même proclamé « révisionniste » après avoir, avec sa maison d'édition nommée *Samizdat**, récolté suffisamment d'argent en vendant des textes et des documents néo-nazis. On y trouve entre autres des bandes magnétiques de discours de grands noms du national-socialisme. Il signe du pseudonyme de « Christoph Friedrich » ses propres productions littéraires. Son nom véritable est Ernst Christoph Friedrich Zündel. Il a rédigé un panégyrique qui porte ce titre éloquent *L'Hitler que nous aimions, et pourquoi nous l'aimions*. Il est né en 1939, et a émigré au Canada à l'âge de dix-huit ans. A l'origine, c'était un publicitaire, photographe et retoucheur. Ernst Zündel, originaire de la Forêt Noire, est un antisémite virulent. Il a bâti un réseau mondial d'« antisionistes » qui partagent ses idées; on y trouve aussi bien des historiens « respectés » comme David Irving qu'un criminel anglais coopérant avec les terroristes et répondant au nom d'Anthony

---

* Samizdat signifie, en russe, « auto-édition ». Le *Samizdat* était utilisé depuis les années soixante par l'opposition russe qui publiait, au péril de sa vie, des textes critiques contre le système soviétique.

Hancock. Celui-là est présent aussi, aujourd'hui, à la Löwenbräukeller, mais il paraît souffrir, pour l'instant, d'un dédoublement de la personnalité.

Le grassouillet « Tony », comme l'appellent ses « proches parents », a apporté des aquarelles de Hitler. Il est justement en train de les montrer à quelques autres « membres de la famille », à la table de presse, à côté de l'estrade. J'avais déjà remarqué auparavant qu'il évitait constamment ma caméra. Il accepte volontiers que je filme les productions artistiques du « Führer », mais quand je lève ma caméra vers lui, il devient nerveux. Je lui demande, en anglais, d'où il vient. De Londres, dit Anthony Hancock, l'homme aux ongles en deuil. Plus tard, on m'explique que les ongles noirs sont un trait fréquent chez ceux qui travaillent dans le graphisme et l'imprimerie. Et à quelle organisation appartient-il ?

« Je ne suis lié à aucune organisation, je suis... hum... je suis une espèce d'ami d'ami... »

Il bredouille. Je l'aide de bonne grâce. Il a sans doute oublié ses aquarelles :

« Vous êtes collectionneur... »

Tout heureux, il saisit la perche :

« Oh, je collectionne des livres et divers objets...

– Puis-je vous demander votre nom ? »

Tony Hancock hésite un instant. Mais il finit par me dire en souriant :

« Oui, je m'appelle Michael !

– Michael...

– Yeah ! »

Ça n'est pas si facile de trouver rapidement un pseudonyme. D'autant plus que je ne le lâche pas :

« Michael... ?

– Carter. »

Ça y est, il a trouvé.

« Michael Carter?! », Je répète ce nom, qui est à peu près aussi rare en Angleterre que Jean Dupont en France. Tony Hancock, *alias* Michael Carter, juge utile de se présenter comme une figure marginale de la famille :

« Je suis seulement un ami d'ami, vous savez, et je... je collectionne les vieux livres. Les livres sur la Seconde Guerre mondiale, sur l'avant-guerre, etc. Je suis simplement une sorte de collectionneur...

– Vous n'avez donc aucun rapport avec le National Front?

– Non, non! continue-t-il à mentir. Je suis juste un indépendant... »

Hancock s'arrête et se demande ce qu'il pourrait bien être. Son idée de collectionneur n'était pas si mauvaise. Il confirme :

« ... Une sorte de collectionneur. Je suis ici pour une semaine, *some nice days in Munich, you know...* »

Peu après ces journées sympathiques à Munich, il sera interpellé en Angleterre, arrêté et inculpé pour avoir émis plusieurs millions en faux chèques et pour falsification de passeport. C'est de l'imprimerie de Hancock, près de Brighton, que provient cette infâme brochure de négation de l'holocauste intitulée *Ont-ils vraiment été six millions à mourir*, publiée en anglais, en français et en allemand. C'est Ernst Zündel, l'ami canadien d'Ewald Althans, qui se charge de sa diffusion au Canada.

Althans a le don d'entretenir de bonnes relations aussi bien avec les extrémistes de droite « modérés » qu'avec les nazis clandestins et pratiquant le terrorisme. On le voit particulièrement bien ici, dans la Löwenbräukeller, le 21 avril 1990. Les serveurs ne cessent de rapporter de nouvelles palettes de bière écumante dans la salle où la grande famille d'Althans est installée. Le lendemain du 101e anniversaire du grand-oncle Adolf, ils sont assis là, en parfaite harmonie. Mais ils ne veulent pas tous figurer sur la photo de famille.

L'homme un peu tassé à la barbiche, par exemple, qui fait des signes du doigt quand il voit ma caméra pointée sur son visage, et qui disparaît ensuite avec agilité derrière les têtes des hommes assis entre nous. En analysant mes prises de vue, je découvre qu'il s'agit d'Ekkehard Weil. Cet ancien infirmier, né en 1949 à Berlin-Est, a fait plusieurs séjours en prison pour incendie, coups et blessures et attentats à la bombe*. Après avoir réduit ses peines de réclusion à deux reprises, en ne revenant pas des périodes de liberté conditionnelle qu'on lui avait, curieusement, accordées, il s'installe en Autriche. Là, il se lie d'amitié avec Gottfried Küssel. Küssel lui-même est déjà brutal. Mais Weil, lui, affiche ouvertement son goût pour la violence. Il arrive aux photographes, qui veulent faire son portrait, de l'entendre menacer :

« Si tu appuies sur le déclencheur, je te descends ! »

En règle générale, ceux qui connaissent son casier judiciaire baissent alors leur appareil. Malheureusement, je ne sais encore rien de tout cela ce jour-là, quand je braque ma caméra sur son visage. Mais nous avons de la chance – il n'aura pas non plus à me liquider : de toute façon, je comptais justement m'avancer vers la scène, devant laquelle s'est installée la haute volée de la famille. A droite de celle-ci se trouve en effet un porteur de lunettes aux cheveux blancs, un parfait honnête homme. Althans, un peu plus tôt, l'a présenté à l'assistance, l'a salué et l'a fait applaudir.

---

* Entre autres contre la maison de Simon Wiesenthal.

Il s'agit de Manfred Roeder, né en 1929. Il est en train de s'entretenir avec ses voisins de table, qui ont l'air de deux invités au thé du dimanche après-midi. A sa gauche, une femme en corsage pimpant à col pointu, à sa droite un jeune homme blond châtain portant une veste en loden fort mal assortie à ses bottes militaires. Roeder lui-même, avec son fin sourire et son costume infroissable, donne une impression exactement inverse de ce qu'il est réellement : un terroriste qui vient tout juste de passer plusieurs années en prison. Ce chrétien convaincu a commencé sa carrière en attaquant des sex-shops et a connu son apogée en 1980, avec plusieurs incendies et attentats à la bombe commis par les membres de son groupe. L'incendie d'un foyer de réfugiés, près de Hambourg, a causé la mort de deux Vietnamiens, dont on n'a manifestement pas porté longtemps le deuil. Roeder a été condamné à treize ans de prison. On le laisse filer au bout de neuf années. On peut se demander si la prison a eu un effet quelconque. Les voyages qu'il entreprend fréquemment, notamment en Angleterre, où il rencontre les extrémistes du mouvement clandestin local, laissent plutôt penser qu'on aura encore des nouvelles désagréables de cet homme. A la Löwenbräukeller, j'aurais pu ne pas le remarquer, mais c'est un homme important, dans les « affaires » depuis longtemps.

Tout d'un coup, Roeder se lève et fait signe à Tony Hancock. Il sourit brièvement et disparaît derrière un pilier en voyant ma caméra. Il s'écarte de moi, sans hâte, mais avec une discrétion trop appuyée pour ne pas éveiller l'attention. Tony, *alias* Michael, est toujours nerveux. Et il déteste être photographié. Quand il vient de s'installer à une table en pensant se trouver dans l'angle mort de la caméra, il ne faut pas dix minutes avant que je me trouve devant lui, à l'improviste, l'objectif braqué sur lui. Nous nous poursuivons ainsi à travers toute la salle, devant les parents de la grande famille qui dégustent leurs boulettes et leurs pieds de cochon. Nous passons devant les chopes à bière et les verres de schnaps, les tantes qui chuchotent et les oncles asthmatiques qui ont, peut-être, jadis, approché Hitler de très près et qui s'en rengorgent encore aujourd'hui. Nous passons devant le skinhead au doigt plâtré et devant Christian Worch, que je suis évidemment forcé de saluer : « Une belle journée ! – Tout va bien ? – Bien sûr ! » Tony profite de mon bref entretien avec Worch et se réfugie derrière la paroi d'affiches où le portrait d'Irving promet la vérité qui rend libre. A la table de devant, deux skinheads sont justement en train d'entrechoquer leurs chopes. « ADF », dit le premier, et l'autre, la pointe du nez déjà couverte de mousse, répète la formule utilisée par les néo-nazis lorsqu'ils trinquent. « ADF » signifie *Auf den Führer,* « au Führer ». Mais aux personnes étrangères au milieu néo-nazi, on préfère raconter qu'ADF signifie *Auf die Frauen* – « aux femmes ».

La partie avant de la Löwenbräukeller s'anime tout d'un coup. Tony Hancock peut enfin s'arrêter pour reprendre son souffle. Trois jeunes membres de la famille se mettent en position pour la photo-souvenir. Ceux-là, apparemment, veulent qu'on les photographie. En tout cas, ils ne se réfugient pas aussitôt derrière le pilier le plus proche, comme Tony. S'ils sont aussi prévenants avec les journalistes, c'est au nom de la propagande : le visage revêtu de masques en plastique qui représentent des têtes d'âne, ils se sont placés pour être vus de tous, et ont déclenché un orage de flashes. Sur le panneau qu'ils brandissent devant eux, on lit :

« *Moi, l'âne, je crois encore à tout ce que l'on me raconte* ».

Il est ainsi « démontré » que tous ceux qui croient aux « mensonges historiques » sont des ânes. Cette opération me rappelle cette célèbre photo où une femme porte autour du cou un panonceau où l'on peut lire : « *Je suis le plus grand porc de la ville et je n'ai de relations qu'avec les juifs.* » Elle a dû se laisser photographier avant que la SA ne la passe par les verges avec son ami juif, pour « crime racial ». Le panneau brandi par les têtes d'âne rappelle volontairement cette scène. D'ordinaire, c'est une provocation : on espère que ce renversement choquera les gens et les mettra en colère. Pour eux, la notoriété que leur apportent de telles opérations vaut largement le rejet qu'elles provoquent chez beaucoup de citoyens. C'est une idée de Michael Kühnen. En 1978, déjà, il avait fait marcher ainsi Christian Worch et ses fidèles dans les rues du centre-ville de Hambourg : avec des masques d'ânes et des affiches où l'on pouvait lire : « *Moi, l'âne, je crois encore que des juifs ont été gazés dans les camps nazis.* » La colère, mais aussi l'effet de propagande, avaient été énormes. Kühnen s'en vantait encore dix ans après.

Mais ici, à la Löwenbräukeller, personne ne s'indigne. Au contraire : la scène provoque une hilarité générale. La plupart des photographes ricanent, eux aussi. Bien que trois tables proches de la scène portent l'écriteau « presse », la plus grande partie de ces « journalistes » ne semble pas vraiment appartenir à la presse démocratique. C'est aussi ce que constate mon voisin, qui travaille pour l'*Abendzeitung* de Munich. Après un bref regard circulaire, il me grogne :

« Je crois que nous sommes les seuls journalistes normaux, ici ! »

Il a raison. Les autres font tous partie de la famille. Cet homme de quarante ans environ, que la scène des ânes amusait tellement un instant plus tôt, se rassoit à notre table. Il me regarde, les yeux exorbités, et se tourne vers son voisin bien coiffé, en veste de soie. En me promenant avec ma caméra, je l'entends dire :

« Oui, oui, dis-moi quel pain tu manges, je te dirai qui tu es. »

Je braque ma caméra sur lui : cette remarque lui vaudra quelques secondes de pellicule. Je lui demande :

« Quel genre de pain mangez-vous?

– Du pain blanc! dit-il en gloussant.

– Pas de noir, donc?

– Je vous l'ai dit : du pain blanc », confirme-t-il, et il tente de réprimer son sourire, sous sa moustache soignée. Il trouve le jeu de mots excellent. Son collègue à la veste de cuir beige, qui appartient également à la race « blanche, aryenne », ricane à son tour.

Ces deux-là n'ont pas cessé de tourner avec leur caméra vidéo. Le « collègue » s'appelle Manfred Lating. Il doit être au milieu de la quarantaine, c'est un petit format, mais il porte de grosses lunettes. Il faut « pour l'institut », dit-il, un reportage vidéo d'atmosphère.

Le siège principal de « l'institut » se trouve à Costa Mesa, en Californie, à proximité de Los Angeles, aux Etats-Unis. Il s'agit de l'*Institute for Historical Review* – institut de recherches historiques, IHR : le nom de l'une des organisations essentielles dans le réseau du néo-fascisme international. Sous couvert de recherche scientifique, ce mouvement rassemble des extrémistes de droite, des racistes et des antisémites qui veulent, en apportant des « documents probants », laver le IIIe Reich de toute culpabilité et réhabiliter Hitler. Parmi les « relations » de l'IHR, on compte, outre des « révisionnistes » et des néo-nazis du monde entier, des membres du Ku Klux Klan, des ressortissants de quelques Etats arabes et une série de criminels nazis, dont certains sont encore recherchés. On ne trouve pas beaucoup de documents véritables à l'IHR. En revanche, on peut y compulser une foison de « faux » plus ou moins raffinés. Les tristement célèbres *Protocoles des Sages de Sion*, par exemple, censés « prouver » une conjuration mondiale des juifs, et dont on a déjà établi dans les années vingt qu'il s'agissait d'un faux fabriqué par la police secrète du tsar. Au catalogue de cette organisation qui nie l'holocauste figure aussi le *Leuchter-Report*, ce document presque comique de Fred A. Leuchter, présenté comme la « preuve définitive » de la vérité.

Pour ceux qui veulent prouver que l'holocauste est un mythe, pas question de se référer aux témoignages des victimes. La quasi-totalité des « déclarations de témoins » sont celles des criminels ou de leurs collaborateurs – les crimes, bien évidemment, sont catégoriquement démentis. Tous les autres documents sont présentés comme des faux. Même pour les crimes personnellement avoués par les criminels de guerre, les collaborateurs de l'IHR trouvent encore des moyens de nier. « *L'aveu a été obtenu par la torture* », lit-on dans ces cas-là, comme si la torture n'avait pas, de tout temps, été une spécialité des régimes totalitaires. Les nazis avaient même une expression officielle pour la désigner : « *Interrogatoire poussé* ». On s'est empressé d'accuser les adversaires des nazis de la même cruauté.

Pour les « débutants » du révisionnisme, l'IHR publie aussi une brochure en plusieurs langues, qui répertorie « *66 questions et réponses sur l'holocauste* ». La question n° 14 est la suivante : « *Combien de chambres à gaz y avait-il à Auschwitz?* » Réponse :

« *Aucune* ». Question nº 53 « *Quelles preuves du fait que Hitler était " au courant " existent-elles?* » Réponse : « *Aucune!* » Les « révisionnistes » ne semblent même pas remarquer la contradiction. A moins que l'on ne veuille dire ainsi que Hitler n'était même pas au courant de l'existence de camps de concentration?... A la question 56 (« *Le Journal d'Anne Frank est-il authentique?* »), on répond en affirmant qu'il existe « *quantité de données* » prouvant que ce document est un faux. Ceux qui veulent en savoir plus apprendront que « *certaines parties ont été écrites au stylo à bille* », et que ce genre de stylo, on le sait, n'existait pas à l'époque. Ces « parties » sont en fait un petit bout de papier contenant des notes et ajouté par la suite; mais les « révisionnistes », bien entendu, ne le précisent pas.

Parmi ses collaborateurs allemands, l'IHR compte un juriste à la retraite, le docteur Wilhelm Stäglich, et l'« historien » Udo Walendy, un ancien maître d'école et membre du NPD qui s'est spécialisé sur la question de la « responsabilité du déclenchement de la guerre ». Stäglich, auquel on a récemment ôté son titre de docteur, est présent, lui aussi, à la Löwenbräukeller. Michael Kühnen, qui boit sa « *Spezi* », me met au courant. L'homme maigre au grand nez qui est justement en train de feuilleter un livre près de la sortie, « *c'est lui* », me dit Kühnen. Et il m'explique que Stäglich « a combattu à l'Est. Il en a sans doute vu beaucoup. Des exécutions, etc. » Quelle chance, pour Stäglich, d'avoir des amis qui croient tous de si bon cœur que tout n'a pas été aussi grave qu'on le dit. Stäglich est sans aucune équivoque membre du noyau de la grande famille de la Löwenbräukeller. Et il vient juste de retrouver un frère de sang, qui se sent lui aussi bien mal en démocratie. Il serre la main du général en retraite Otto-Ernst Remer.

Remer a déjà été salué avec respect par ceux qui l'entouraient. Sa femme Anneliese n'est pas avec lui : elle doit s'occuper des derniers livres à envoyer. Remer arrondit en effet encore ses fins de mois en diffusant des livres et des bandes vidéo. Chez lui, on peut commander des brochures telles que *l'Intégration des étrangers est un génocide* ou des vidéos comme *Le Document clef* (les échantillons prélevés par Fred Leuchter dans la boue des restes de camps de concentration). Pour pouvoir échapper à d'éventuelles poursuites, on fait précéder les films du message : « *Attention : ce film [...] ne nie pas l'holocauste des juifs.* » Ici, dans la Löwenbräukeller, un tel avertissement serait une indélicatesse : on est tout à fait convaincu du contraire. Mais on ferme volontiers les yeux sur les précautions prises par Otto Ernst. Car il prouve dans sa petite brochure *Recht und Wahrheit,* 6e année, nº 1 + 2, qu'il ne croit pas un mot de sa propre mise en garde. Nous y apprenons, sous le titre « *Le pogrome provoqué* », qui porte réellement la responsabilité des « *exactions* » du 9 novembre 1938 *, car, lorsqu' « *en Allemagne, cette nuit-là, les vitrines dégringolèrent, les gouvernants ne se doutaient de rien* ». Vraiment? Les casseurs étaient devenus autonomes? Après quatre pages et demie de falsification histo-

---

* Le 7 novembre 1938, un juif polonais âgé de dix-sept ans et nommé Herschel Grynszpan abattit à Paris l'attaché d'ambassade allemand von Rath. L'auteur de l'attentat voulait se venger de l'injustice commise envers sa famille, déportée comme beaucoup d'autres. Les nazis saisirent l'occasion, présentèrent l'attentat comme une « *agression du judaïsme mondial* » et, après un discours haineux prononcé par Goebbels, la SA et d'autres unités violentes lancèrent ce pogrome impitoyable qui culmina, dans la nuit du 9 au 10 novembre, avec la destruction et le pillage de la quasi-totalité des synagogues (la « Nuit de Cristal »). Plus de 7 000 boutiques juives furent détruites et dévalisées, des dizaines de milliers de juifs furent arrêtés, et près d'une centaine abattus. D'innombrables juifs furent matraqués, battus, blessés. Un avant-goût de la « solution finale ».

rique énorme, un certain Gerd Festerling en vient à cette conclusion :

« Le contexte des événements de la Nuit de Cristal apparaît de plus en plus clairement. Et l'on distingue de mieux en mieux les contours de ceux qui ont artificiellement provoqué le pogrome : le sionisme international, la puissance de la finance juive et du capital juif qui se trouvait derrière lui. » Une fois établi que ce sont les juifs qui ont eux-mêmes provoqué la Nuit de Cristal, *Recht und Wahrheit* prend le lecteur aryen par les sentiments :

« *Allemands, ouvrez les yeux! La Seconde Guerre mondiale n'a pas été la nôtre! Elle a été sciemment provoquée par le judaïsme international, qui a détourné les désirs d'hégémonie européenne contre l'Allemagne et a servi à détruire notre volonté germanique d'affirmer notre existence.* »

Otto-Ernst Remer a même son propre stand de livres au foyer de la Löwenbräukeller, où l'on peut acheter un condensé de sa version de l'histoire, sous le titre *Kriegshetze gegen Deutschland* (« Frénésie guerrière contre l'Allemagne »). La couverture de l'œuvre a été réalisée par un certain Jürgen Mosler, l'ennemi juré de Michael Kühnen. Celui-ci explique volontiers que Mosler a déjà montré ses talents de graphiste dans un dessin animé vidéo, un « comic-strip » répugnant de trois minutes, dans lequel un « juif typique », dans le style du *Stürmer**, se transforme en tête de mort au son d'une chanson populaire allemande. La vidéo est

---

* Le *Stürmer* fut publié sous le IIIe Reich par le *Gauleiter* de Nuremberg, Julius Streicher. Ce brûlot antisémite primitif, où les fantasmes sexuels horribles tenaient la première place, se distinguait particulièrement par ses caricatures outrancières du juif « hideux ».

souvent projetée en première partie du *Péril juif*. Jürgen Mosler, qui mena jadis une fraction d'opposants à Kühnen (l'aile des « antipédés ») est très proche d'Otto-Ernst Remer. Le général et le graphiste sont toujours bons amis, bien que Mosler, selon Kühnen, se soit récemment « rangé » par crainte de diverses procédures judiciaires intentées contre lui pour soupçon de constitution d'association criminelle, incitation à la haine raciale et autres délits. Sur ce point, Otto-Ernst Remer pourrait l'assister : il connaît bien les rouages de la justice. Dans une lettre adressée en 1989 au tribunal de Munich, il implorait par exemple la clémence :

« *Pour le reste, j'attends calmement de voir si notre "juridiction d'Etat de droit" [...] en arrive réellement à mettre en prison un vieil homme comme moi parce qu'il s'est engagé pour le DROIT ET LA VÉRITÉ!* »

N'ayez aucune crainte, Otto-Ernst. Si peine il y a eu, elle aura été assortie du sursis. Comme d'habitude.

Dans la Löwenbräukeller, à Munich, Otto-Ernst Remer et Wilhelm Stäglich conversent avec de gentils parents de la grande famille. J'avais bien l'impression d'avoir déjà vu ce visage rond avec la couronne de cheveux bouclés : là où Remer passe, Karl Philipp, le conseiller et « successeur » du général, n'est jamais bien loin. C'est cela! Philipp, avec son air de pasteur, sourit de toutes ses dents quand il se propose d'aller voir avec Ewald Althans, ce qui se passe au bord de l'estrade. Les petits soldats de Christian Worch sont en train d'y installer leurs pancartes. On y lit : « *Détruisez ce qui vous détruit!* » Et toujours, bien entendu, « *La vérité rend libre!* ».

Plus tard, Karl Philipp rejoint aussi David Irving sur la scène. Satisfaits, les deux hommes baissent le regard vers les tables pleines de convives, devant eux. L'auditoire a pris son déjeuner : on passe à présent au café. Un homme ventripotent portant le costume bavarois commande du *café au lait** – le garçon, interloqué, doit se le faire répéter. C'est que la manifestation a un niveau international ! Philipp sait qu'il a sa place ici : dans son bureau du Westend de Francfort, nous l'avons vu, il représente les Fiji-Airlines et les Solomon-Airlines. Et comme il nous l'a déjà dit, Philipp est aussi « journaliste ». C'est bien à lui que nous devons cet article paru dans le mensuel d'extrême droite *CODE* (n°4/1990) où il révèle aimablement que David Irving a été autorisé à propager le « mensonge d'Auschwitz » dans d'autres régions d'Allemagne. Cette fois-là, c'était à Dresde. L'article jubilatoire de Philipp révèle des faits qui méritent d'être mentionnés** : En 1990, David Irving a été accueilli avec des fleurs par le « directeur des affaires culturelles » de la ville de Dresde et par le « président du Conseil municipal ». C'était, lui a-t-on dit, « *un honneur de mettre la grande salle du palais de la Culture à la disposition de cet historien méritoire à l'occasion de sa conférence du 13 février* ». La conférence portait bien évidemment sur le bombardement de Dresde par les Anglais. Et l'on avait précisément invité David Irving pour le 45e anniversaire de la destruction de la ville. On pourrait dire, au moins, que les activités néo-nazies de ce révisionniste ne suscitaient pas un intérêt débordant. D'aucuns pourraient même dire qu'on les approuvait tacitement. Le directeur des Affaires culturelles de la

---

* En français dans le texte ! (NdT).

** L'article de Philipp a également paru dans une série d'autres revues d'extrême droite, dont le magazine néo-nazi *Bauernschaft* du *Sonderführer* SS Thies Christophersen).

ville de Dresde, un certain Matschke*, donne sans difficulté l'accolade typique de l'extrême droite à David Irving, et permet à cet historien d'opérette de présenter sa thèse en toute quiétude, en février 1990, après quarante années d'« antifascisme ». « *L'holocauste perpétré contre les Allemands à Dresde a été véritable. Celui contre les juifs, dans les chambres à gaz d'Auschwitz, est une invention.* » C'était le 13 février 1990, à Dresde, à l'époque où la RDA existait encore « réellement ». A une époque où Irving était recherché en Autriche, pays où la négation du génocide est interdite.

Voilà pour les faits. Philipp juge « étrange » le comportement des autorités autrichiennes – c'est ce qu'il écrit dans *CODE*. Le rédacteur en chef de cette revue, Ekkehard Franke-Gricksch, est lui aussi présent dans la Löwenbräukeller. Sur la photo, ce serait celui en haut à droite, le gros au costume chic. Il a même de véritables parents dans la famille : un certain Alfred Franke-Griscksch, ancien Obersturmbannführer SS, jouait dans les années cinquante un rôle éminent dans la *Fraternité*, l'une des nombreuses organisations satellites d'*ODESSA*. Les Franke-Gricksch sont soucieux d'avoir des relations bien placées. Il suffit de regarder les signatures de la revue pour comprendre que *CODE* joue un rôle important dans le réseau international de l'extrême droite. En parcourant la liste des rédacteurs, on se promène, entre autres, en Argentine, au Mexique, au Canada et aux Etats-Unis. Un certain Victor Marchetti y est par exemple présenté comme rédacteur pour le Proche-Orient. Marchetti est un ancien correspondant

---

* Philipp se trompe sur le titre exact du fonctionnaire. Matschke était simplement directeur du Palais de la Culture.

de la CIA. Il a toujours été un anticommuniste fervent. Son dada : l'armée soviétique. Cela l'a propulsé jusque dans l'équipe dirigeante des services secrets américains. Depuis qu'il en a été congédié, il laisse entendre que la CIA est une bande de falsificateurs (pour en venir à cette conclusion, il n'est d'ailleurs pas besoin d'être membre du service). Aujourd'hui, Marchetti est « journaliste », collaborateur de l'*Institut for Historical Review*, et met son expérience au service du révisionnisme.

Ici, dans la Löwenbräukeller, au « congrès des révisionnistes » du 21 avril 1990, le « journaliste » Karl Philipp se concentre avant les minutes importantes qui vont suivre. Philipp étant lui aussi un révisionniste, il s'apprête à tenir un discours. Il a d'ailleurs participé à l'organisation de la manifestation – Philipp le contesterait volontiers, mais une circulaire d'Ernst Zündel le cite parmi les personnes que l'on peut contacter pour ces manifestations, aux côtés du correspondant du NSDAP-AO Christian Worch, du publicitaire de l'AVÖ Ewald Althans et d'autres personnes :

« *Je voudrais demander à tous les camarades [...] de prendre contact avec moi ou Karl Philipps (sic!), ou avec Ewald Althans [...] Je compte sur vous! Ernst Zündel.* »

Puis on donne l'adresse de Philipp dans le Westend, à Francfort, bien que Philipp prenne garde, d'ordinaire, à ne pas utiliser pour ses activités militantes – notamment quand il joue au « journaliste » –, son adresse de NBd Reichenhalle : l'adresse de Francfort est en effet le siège européen des Fiji-Airlines et des Solomon Airlines. Une petite bévue. Devant moi, Philipp souligne que son travail révisionniste le place « dans une *situation financière assez mauvaise* ». Mais que ne ferait-on pas pour l'amour de la vérité! Sa belle Mercedes sombre est immatriculée à Francfort – il a même fait inscrire ses initiales sur la plaque d'immatriculation. Mais Philipp affirme que sa voiture « appartient à des amis ».

Il maîtrise de manière étonnante l'art du transformisme – il le montre aussi dans son discours, qu'il vient de commencer. Les auditeurs sont justement en train de savourer leur bière de l'après-midi. Et le *Gauleiter* Thomas Hainke continue à tenir le drapeau du Reich à côté du pupitre de l'orateur quand Philipp, de petit-bourgeois prêcheur, se fait agitateur écumant : je ne l'en aurais jamais cru capable. Son accent hessois, avec les roulements de « r », est devenu sec et dur, sa haine déborde :

« *On n'a encore jamais eu autant de liberté dans ce pays – liberté d'être hypocrite, de mentir, de déposséder tous les Allemands de leurs droits. Liberté de se laisser aller, de commettre des infanticides.* »

Approbation dans le public. L'homme à la cravate de soie hoche la tête, pris de colère. Madame son épouse, elle aussi, secoue ses tresses blondes. Comment tous ceux-là ne seraient-ils pas désespérés par la mollesse des démocrates ? Mais Philipp a déjà un remède à leur proposer :

« *Partout, les Nations se forment, elles se dressent contre un système d'oppression nivelant et réclament leur identité nationale.* »

Il faudrait présenter Philipp à madame Noelle-Neumann, cette conseillère du chancelier dont nous avons déjà parlé et qui déplorait elle aussi que les Allemands « *n'expriment plus la moindre fierté à propos de leur nationalité* ». La discussion pourrait être intéressante. Mais madame Noelle-Neumann n'est malheureusement pas là. Les personnes présentes, elles, savourent les mots de Philipp entre le café et le gâteau. L'opulente matrone assise à la deuxième table manque s'étouffer avec son morceau de tarte quand Philipp, fougueux, repart à l'attaque.

« *Les politiciens réalistes, comme on dit, ne savent pas encore que les événements qui surviennent dans ce domaine les dépassent. Et nous réclamons – nous le faisons auprès du Comité des Pétitions du Bundestag – que l'on paie un billet de train à ces gens-là. Pour l'Anatolie, pour le Mozambique, ou pour n'importe où... Au diable!* »

Philipp, le « directeur européen » des Solomon Airlines, s'y connaît bien en voyages organisés. Et ce spécialiste accueille avec décontraction l'ovation enthousiaste des huit cents spectateurs. Son général, lui aussi, applaudit avec reconnaissance. Sa table est bien entendu au premier rang, devant le podium. Juste à côté la table de la famille Roeder. Roeder, le terroriste aux cheveux gris, applaudit en connaisseur. Lui aussi aime voyager, de préférence en Angleterre, auprès de ses correspondants du *British National Party* et du *National Front*.

A la table d'à-côté, près du général en retraite Otto Ernst-Remer, qui s'autorise un petit schnaps en compagnie de son voisin, un autre vieux monsieur, on voit un jeune homme dont la gêne m'intrigue. En fait, je voulais simplement filmer le « garde du corps du Führer », mais ce jeune au visage blême se dandine nerveusement sur sa chaise, baisse la tête et, comme par hasard, tient la main devant son visage. Après avoir levé les yeux à plusieurs reprises, quand il est certain que je le filme réellement, il se lève et m'assure, avec son accent britannique :

« C'est un pur hasard que nous soyons assis près du général... »

Lui et son camarade, m'explique-t-il, viennent d'Angleterre, il est à Munich depuis trois ans. Et s'il est ici, c'est vraiment un hasard complet.

« Vous savez, d'ordinaire, je participe aux réunions du CDU. C'est un pur hasard si je suis ici... » bredouille-t-il. Il a tout de même cousu sur son pull-over en coton un écusson de l'organisation nazie britannique « National Front ». Comme je l'interroge à ce propos, il finit par avouer :

« Ça? Ce n'est rien. Enfin, c'est-à-dire, j'écris simplement pour le journal du National Front. »

Encore un « journaliste »? Mais oui, tout à fait! Dans *Vanguard,* un journal qui se consacre au « *progrès du nationalisme britannique* » en assemblant pêle-mêle toutes sortes de théories raciales, je trouve aussitôt un article de sa plume. Il y écrit sous le pseudonyme d'I.S. Taylor. Il parle du chef des « Républicains » allemands, Schönhuber, de celui du « Front National » français : les deux hommes s'efforcent d'établir l'unité des « droites européennes », Taylor s'en félicite.

C'est précisément ici que commence la zone d'ombre – brune – dans laquelle les patriotes « convenables » et les néo-nazis fanatiques marchent sur le même sentier. Yvan Blot, un proche de Jean-Marie Le Pen, membre du Bureau Politique du Front National, rencontrera par exemple Ewald Althans une année plus tard, au début de 1991. Le 12 mars 1992, le magazine d'information *Stern* publie un document prouvant que Blot a participé à un congrès du chef néo-nazi et qu'il s'y est fait photographier (document reproduit dans ce volume). Voilà qui devrait déplaire à monsieur Le Pen, le maître du « détail ». Car officiellement, le « Front National » affirme n'avoir aucun rapport avec les néo-nazis. Comme tous ceux qui, officiellement, ne sont que des « patriotes ». Et ne sont jamais, bien sûr, officiellement, que des « invités » à ce genre de réunions.

Le « camarade » de l'organisateur Ewald Althans, un homme qui vient de recoiffer sa raie, est justement en train de saluer les « *nombreux invités venus d'Angleterre* ». A la Löwenbräukeller, on applaudit les « camarades étrangers ». L'assistant blond d'Althans, avec ses lunettes chic, son costume et sa cravate, mentionne les Pays-Bas, et les invités venus « des montagnes, de Suisse », de l'« Ostmark », du Canada et des Etats-Unis.

La manifestation de la Löwenbräukeller de Munich illustre ainsi une réalité que la plupart des médias et des autorités ont jusqu'ici négligée ou dont ils n'ont pas pris conscience – et n'en ont de toute façon parlé que pour faire diversion : le néo-nazisme n'est *pas* un problème allemand. Il existe certes de profondes et solides racines en Allemagne, mais il serait aberrant de présenter comme une simple « désorientation » l'extrémisme de droite qui apparaît dans d'autres pays. Il existe aujourd'hui un réseau d'extrémistes qui opèrent au niveau international. Chaque groupe, chaque individu, établit des relations avec ceux qui partagent ses opinions dans les pays voisins et entretient des contacts avec les extrémistes de droite « plus extrêmes » ou « plus modérés ».

Il y a plusieurs raisons à cela. Cela permet par exemple de se procurer une « assistance » pour la propagande, ou d'offrir des abris aux terroristes. Quantité d'indices indiquent en outre qu'ils partagent, au fond, les mêmes convictions.

Ce qui saute aux yeux, c'est l'ardeur avec laquelle ces groupes défendent le « droit et l'ordre », tout en applaudissant, tacitement ou ouvertement, les opérations criminelles et les attentats terroristes commis par leurs propres membres – actions que l'on présente alors comme des mesures destinées à rétablir l'ordre. Les plus modérés expriment « une certaine compréhension », par exemple, pour les exactions contre les demandeurs d'asile*, tandis qu'ils réclament les peines les plus lourdes quand des gens « d'extrême gauche » sont poursuivis. Dans ce dernier cas, le fait de lancer des œufs constitue un acte de terrorisme.

L'antisémitisme, dans toutes ses variantes, est aussi l'un de leurs traits caractéristiques. On ne peut en citer ici que quelques exemples : l'« antisionisme » anti-israélien, pour commencer. Ici, on se sert du traitement injuste réservé aux Palestiniens comme prétexte pour se dresser contre les juifs sans rencontrer d'opposition. En réalité, l'extrême droite se moque totalement des Palestiniens : de toute façon, tous les « *mélanges de peuples pré-asiatiques qui vivent* » dans cette région ne sont « *pas des blancs* ». L'« antisionisme » arabe, lui aussi, se fonde exclusivement sur l'ennemi commun, Israël, le voisin mal aimé. Si les « antisionistes » se souciaient des droits de l'homme, ils ne se demanderaient pas si ceux qui oppriment les Palestiniens sont ou ne sont pas des juifs, et ils participeraient aux activités d'Amnesty International. Seulement, voilà : le problème, pour eux, ce ne sont pas les droits de l'homme, mais les juifs.

Ces groupes déploient d'autre part tout l'éventail traditionnel, de l'antisémitisme « politique » (« *Je n'ai rien contre le juif en tant qu'individu...* ») à la haine sourde analogue à celle du IIIe Reich, où les juifs étaient présentés comme des rats ou des enfants de Satan, en passant par la simple jalousie (« *Les juifs ont l'argent* »). La forme extrême, celle du IIIe Reich, est aujourd'hui baptisée *Identity*. Les adeptes des églises de l'*Identity*, apparues, essentiellement aux États-Unis, au début des

---

* Après Hoyerswerda, un journal idéologiquement proche du Front National français qualifia ainsi de « feu d'artifice » l'attaque au cocktail Molotov du foyer de réfugiés (NdT).

années quatre-vingt, affirment que les Anglo-Saxons sont le « peuple élu ». Les juifs sont selon eux les filles et les fils de Satan; les non-blancs ne sont pas des humains, mais des créatures situées au niveau de l'animal et dotées d'un « *aspect anthropoïde* ». Les racines idéologiques de cette « religion » se trouvent dans l'Angleterre du XIXe siècle; les spécialistes leur ont donné le nom d'« *anglo-israélisme* ». Heinrich Himmler en créa une variante allemande sous le IIIe Reich. La *sous-humanité* est décrite en ces termes, en 1935, dans un texte du Bureau central de la SS auprès du Reichsführer SS :

« *Le sous-homme – cette créature primitive qui paraît biologiquement de notre espèce, dotée de mains, de pieds et d'une espèce de cerveau, d'yeux et d'une bouche, est pourtant une tout autre créature, épouvantable, ce n'est qu'un pas vers l'humain; (le sous-homme) a des traits anthropoïdes – mais (il) se situe, intellectuellement et spirituellement, encore plus bas que n'importe quel animal [...] Le sous-homme n'a jamais laissé la paix aux autres, il ne les a jamais laissés tranquilles, car il lui fallait la pénombre, le chaos. [...] Et ce sous-monde des sous-hommes a trouvé son chef – le juif errant!* »

On y rencontre fréquemment aussi une forme outrancière et pervertie d'anticommunisme réactionnaire. On classe globalement dans la catégorie des « communistes » tous ceux qui ont une pensée de gauche ou libérale*. En Europe, cet « *anticommu-*

* Aux Etats-Unis, ce phénomène s'était manifesté dans les années cinquante avec les activités du sénateur John MacCarthy. L'« ère Maccarthy » de la « Guerre Froide » fut celle des listes noires, qui frappèrent d'interdictions de travail de fait les intellectuels de gauche et libéraux.

nisme pervers » sert d'alibi à ceux qui nient la responsabilité allemande dans la guerre et à ceux qui banalisent les crimes nazis. En s'appuyant sur leur anticommunisme, ces « démocrates malgré eux » s'efforcent constamment, nous l'avons-vu, de mettre sur le même plan le national-socialisme et le « régime criminel de RDA », en négligeant obstinément le fait que le régime est-allemand n'a pas provoqué de guerre mondiale, ni assassiné des millions de personnes dans les camps d'extermination. C'est aussi dans cette catégorie que l'on trouve les frontières, le plus souvent fluctuantes, entre les néo-nazis et les conservateurs. Nous les avons décrites dans la deuxième partie de ce livre.

La pression visant à réhabiliter le fascisme en le relativisant (« *Les camps de concentration sont une invention des Anglais* », « *D'autres que nous ont aussi commis des crimes de guerre* ») ou même la négation des crimes nazis (*Le Mensonge d'Auschwitz*) relie des historiens fort connus aux néo-fascistes radicaux, en passant par les « révisionnistes ».

Le pilier de l'édifice intellectuel de l'idéologie d'extrême droite est le racisme, sous toutes ses formes. On s'efforce souvent de donner des fondements « scientifiques » aux préjugés. Les racistes que l'on utilise le plus souvent comme caution sont l'éducateur américain Arthur B. Jensen et le psychologue Hans Jürgen Eysenk. On fait aussi fréquemment appel, dans les textes de propagande de la « Nouvelle Droite » allemande, aux textes de l'éthologue Konrad Lorenz. Le rejet raciste peut aller jusqu'à une véritable haine contre les étrangers, les réfugiés, les Sinti et les Rom, les handicapés, les minorités ethniques et tous ceux qui parlent une autre langue, pratiquent une autre religion ou ont, tout simplement, un aspect différent. Les thèmes centraux sont les valeurs « nationales » et « l'inégalité » des races.

Pour chaque sujet abordé, on dispose d'une véritable panoplie d'arguments apparemment bien étayés. Le néo-fasciste suisse G.A. Amadruz a ainsi écrit un livre au titre éloquent : *Faut-il rejeter la conscience raciale?*

A tout cela s'ajoute aussi le nationalisme, sous couvert de « patriotisme » (« *Tout de même, on ne peut pas interdire aux gens d'aimer leur patrie!* »). Un nationalisme qui sert d'ersatz au national-socialisme (« *L'Allemagne aux Allemands* »).

Les Allemands rassemblés dans la Löwenbräukeller et leurs invités étrangers répondent tous à plusieurs de ces critères. Et c'est ce jour-là, le 21 avril 1990, à la Löwenbräukeller de Munich, que je le comprends : j'ai vu un minuscule morceau de la pointe d'un iceberg dont on ne connaîtra jamais les dimensions véritables, capable de plonger de nouveau l'humanité dans l'horreur si les démocrates ne s'y opposent pas. Que nous leur laissions la moindre chance, et ils l'utiliseront. Immédiatement, et sans pitié.

La fin de la manifestation montre ainsi que ces gens qui pourraient être nos voisins ont beau être unanimes, ils disposent d'une quantité d'accoutrements différents.

C'était une longue journée à la Löwenbräukeller. Au terme de huit heures de propagande ininterrompue, on s'apprête à mettre un terme à la réunion de famille. Mais l'assistance est heureuse, détendue. On lui a ôté le poids de la faute : une sorte d'euphorie se répand à présent, tandis qu'on débarrasse les dernières assiettes de gâteaux, les derniers restes de bretzels. Un « révisionniste » venu d'Autriche se charge de conclure la journée. Il se tient au pupitre et exhorte les spectateurs :

« Levez-vous, dans cette salle ! » appelle-t-il, enflammé.

« Levez-vous, debout ! Debout, debout, levez-vous, soyez courageux, faites un acte courageux ! Levez-vous ! »

Huit cents chaises reculent. Comme une vague, de l'avant de la salle jusque dans le coin le plus reculé, Biedermann et les incendiaires se dressent. Le vieux monsieur, l'air sérieux, avec ses cheveux gris et ses lunettes, et sa jolie femme, juste devant moi, se regardent un instant avant de se lever à leur tour. Que va-t-il se passer maintenant ?

L'orateur appelle les personnes présentes à se rendre spontanément à l'extérieur, à sortir « dans la belle ville de Munich » et à y clamer, en manifestant spontanément, pourquoi elles sont venues ici :

« Nous n'admettons plus le mensonge, nous voulons la vérité, car la vérité nous rend libres, libres, libres... »

Les skinheads et les chemises brunes ne se contiennnent plus. Ils dressent le bras pour le « salut* » et chantent :

« Allemagne, Allemagne par-dessus tout. Par-dessus tout dans le monde... De la Meuse au Memel, de l'Etsch au Belt ! »

Il s'agit de la première strophe du *Deutschlandlied*, que l'extrême droite est la seule à utiliser encore, mais

---

* Le salut hitlérien, bras tendu, étant interdit en Allemagne, les néo-nazis contournent souvent l'interdiction en faisant le « salut de la résistance ». Pour ce salut, on tend seulement le pouce, l'index et le majeur, ce qui ressemble au « W » de Widerstand. Ce salut, souvent appelé « Salut de Kühnen », n'est plus répréhensible. Le sens en est cependant le même que le salut hitlérien.

dont la troisième strophe constitue l'hymne national allemand *.

Ici et là, quelques individus reprennent le chant. Ils sont bientôt de plus en plus nombreux. A la fin, les 800 gorges, Allemands et « invités » mêlés, chantent ensemble ce que tous ressentent au plus profond d'eux-mêmes :

« *L'Allemagne, l'Allemagne par-dessus tout. Par-dessus tout dans le monde...* »

J'ai mis en marche ma caméra, mon objectif balaie la salle, depuis les skins qui saluent sur les côtés jusqu'au centre de la salle. Là aussi, on voit quelques bras dressés. Y compris celui du monsieur sérieux, juste devant moi. Fidèle au Führer, il dresse le bras vers le haut, inflexible, et fait un parfait salut nazi tandis qu'il entonne, ému et fervent, la strophe suivante :

« *Les femmes allemandes, la fidélité allemande, le*

---

* Quand notre film *La Peste brune,* où l'on voit cette scène, a été présenté en mai 1992, lors de la conférence internationale de programmes, télévisés INPUT, à Baltimore, devant des délégués des chaînes publiques du monde entier, des producteurs allemands l'attaquèrent violemment. Le film, dit-on alors, ne contenait « *rien de nouveau* » et était « *exagéré* »; le néo-nazisme ne constituant « *pas un problème en Allemagne* ». Le soir, au bar de l'hôtel, le même délégué, un employé du Bayerischer Rundfunk (sic !), me demanda : « *Vous connaissez l'hymne national allemand – le* Deutschlandlied ! » Je l'admis : je le connaissais ! Il me demanda ensuite : « *Savez-vous que le texte a été rédigé par Hoffmann von Fallersleben, un grand poète allemand ?* » Cela aussi, je dus l'avouer, je le savais. « *Eh bien alors,* me dit-il d'une voix chargée de reproches. *Alors vous savez que vous avez détourné l'hymne national allemand, dans votre film* ! » Ceux qui nous entouraient et écoutaient la conversation posèrent leur verre. Je vous demande pardon ? « *Oui !* fit-il avec la gravité du patriote. *En montrant ces trublions qui chantent le* Deutschlandlied. *Ce film détourne l'hymne national allemand !* »

vin allemand et la chanson allemande doivent dans le monde conserver leur son vieux et beau... »

Mais on le dérange : sa jolie accompagnatrice, son épouse allemande, voit l'objectif de ma caméra se tourner dangereusement vers elle et son mari. Prise d'un réflexe panique, mais trop tard, beaucoup trop tard, elle attrape le bras de son mari et le baisse. Elle lui chuchote deux mots sans réplique. Et cet Allemand passionné n'a plus d'autre choix que de fourrer les mains dans ses poches et de continuer à chanter, comme un enfant puni et privé de son jouet, la tête légèrement inclinée :

« *Et toute notre vie, nous serons enthousiasmés par les femmes allemandes, la fidélité allemande, le vin allemand et le chant allemand, qui nous font agir noblement...* »

2.

Le « mensonge d'Auschwitz »

Un auteur établi comme David Irving ou un professeur de littérature comme Robert Faurisson propagent l'absurdité démente de la non-existence des chambres à gaz. Pourquoi ? Ces « révisonnistes » de premier plan auraient certainement la vie plus facile s'ils choisissaient des thèses plus modérées. Faurisson, par exemple, a été attaqué en septembre 1989, à Vichy, par un groupe de militants juifs, et sérieusement blessé. Pourquoi, malgré tout, s'entêter à nier un fait historique aussi flagrant et aussi indubitable, corroboré par le témoignage de milliers de victimes et de centaines de bourreaux ?

Il doit bien y avoir une raison à cela. Une raison plus profonde que les sentiments de faute ou de haine. Quand on la recherche, on touche aussitôt à des valeurs aussi fondamentales que la dignité de l'homme et la liberté d'expression.

L'œuvre de référence de la négation de l'holocauste a été écrite par un agriculteur de soixante-dix ans. Un agriculteur qui dispose de comptes en banque à Copenhague, Hambourg, Bruxelles, Vienne, Amsterdam, Johannesburg et Irvine, en Californie. Il a été *Sonderführer SS* à Auschwitz. Son nom : Thies Christophersen.

Un mandat d'arrêt a été délivré contre lui en Allemagne, parce qu'il a rédigé et diffusé un livre qui nie l'existence des chambres à gaz à Auschwitz. Ce livre, aujourd'hui interdit, s'intitule *Die Auschwitz Lüge*, « Le mensonge d'Auschwitz ». Nous avons déjà mentionné à plusieurs reprises l'ouvrage et son auteur. Dans ce pays démocratique qu'est l'Allemagne, il est interdit de nier publiquement l'extermination par le gaz sous le IIIe Reich, de nier l'holocauste.

Les néo-nazis contestent sans arrêt l'interdiction du livre *Die Auschwitz Lüge* et de ses variantes révisionnistes; ils présentent cette mesure comme un exemple du « dressage de l'opinion » ou de « l'oppression de la liberté d'expression dans la prétendue démocratie ».

Il faut être clair sur ce point.

Même si l'on oublie que les autodafés et l'élimination des adversaires idéologiques, tout comme la torture, ont été des spécialités du national-socialisme, l'argument du « dressage de l'opinion » est une absurdité. Comment des gens dont le plus ardent désir est l'élimination immédiate de la démocratie peuvent-ils brandir les grands sentiments démocratiques? Pourtant, lorsqu'il s'agit du droit de pouvoir mener leur propagande, les néo-nazis et leur escorte de révisionnistes réclament à cor et à cri les droits censés leur revenir.

En réclamant la liberté d'expression, ils savent parfaitement qu'ils détournent le sens même de la démocratie. Car la constitution allemande *garantit* justement, par exemple, la *protection contre l'agitation raciste* – une mesure qui paraît aller de soi, comme dans la plupart des Etats démocratiques, où la dignité de l'homme compte au nombre des droits fondamentaux.

Des intellectuels comme l'Américain Noam Chomsky – qui n'a rien d'un homme de droite – défendent avec des arguments fondamentalistes une liberté d'expression absolue, qui permettrait *à tout le monde de tout dire*. Cela lui vaut, à son corps défendant, les applaudissements des extrémistes. Il a beau rétorquer que cela ne change rien au problème, il ne peut ni négliger, ni assumer les conséquences d'une propagande de haine irréfrénée.

Mais interdire aux nazis de propager des mensonges créant une atmosphère insupportable ne revient pas à mettre en péril la liberté d'opinion. Aucun nazi n'est réprimé s'il dit publiquement, par exemple : « Je trouve que le national-socialisme est une bonne chose. Je hais les juifs. Je hais les intellectuels. » Personne n'interdira son opinion, parce que les opinions ne s'interdisent pas. Mais s'il affirme : « Il n'y a pas eu d'holocauste, finissons-en avec les mensonges de l'histoire et les inventions du judaïsme mondial », il doit être puni – car il ment. Et ce mensonge engendre une haine nouvelle. En outre, il ne ment pas par erreur, mais en toute connaissance de cause, pour des motifs qui sont faciles à comprendre. Pourquoi, donc, nie-t-on l'holocauste?

Si les nazis réfutent la réalité de la *shoah*, ce n'est pas qu'ils en aient honte. Au contraire : beaucoup sont encore fiers, secrètement, de la prouesse d'organisation qui a permis la création et le fonctionnement des camps d'extermination.

Pourtant, les « révisionnistes » travaillent en parfaite symbiose avec ceux qui considèrent comme un fardeau le poids du génocide. Les premiers mentent de manière aussi impudente que les autres croient impudemment à des mensonges manifestes. Car ils *veulent* y croire. Et l'on entretiendra le mensonge jusqu'à ce que le doute sur l'holocauste se soit *réellement* instauré.

Mais cela ne désigne pas encore la véritable source du révisionnisme. On peut peut-être la discerner dans cette phrase d'Ewald Althans : « Auschwitz doit tomber, car à ce moment-là seulement, les gens pourront accepter ce que nous voulons. Les gens disent tous : Althans, c'est un gars sympa. Mais il y a Auschwitz : c'est ça, le problème. »

Tant que l'Allemagne portera le fardeau de l'holocauste, les politiciens nationaux-socialistes n'auront pratiquement aucune chance d'y regagner un jour la sympathie de larges couches de la population. Quand on pense aujourd'hui au IIIe Reich, les images qui viennent à l'esprit sont celles de corps équarris, de montagnes de lunettes, de chaussures et de cheveux des victimes assassinées. Des femmes juives, nues avec leurs petits enfants, sur le chemin de la chambre à gaz. Les voilà, les images susceptibles de contrecarrer l'éventuelle fascination des défilés de masse, des uniformes-fétiches, des visages d'hommes blonds résolus, des foules en liesse. Les voilà, les images qui repoussent cette fascination et font comprendre que l'on ne devra plus jamais s'engager dans une telle politique.

Or le but des néo-nazis est précisément d'emprunter à nouveau ce chemin de terreur. C'est pour cette raison, et *uniquement* pour cette raison, qu'il leur faut effacer l'holocauste : ce terme ne doit plus rien signifier pour la population où l'on espère trouver des sympathisants. Il s'agit d'une pure question de tactique. L'holocauste doit être oublié pour que ces gens-là puissent exercer leur « liberté ». Ils ne se soucient pas plus de la « recherche de la vérité » que de la liberté d'opinion : leur seul objectif est la restauration du nazisme. Et le simple fait de détourner dans ce but les mots de « vérité » et de « liberté » est en soi une ignominie.

Mais *Le Mensonge d'Auschwitz* va encore plus loin dans l'immonde. Dans ce « *récit vécu* » du *Sonderführer SS* Thies Christophersen, on donne en effet l'impression que le camp d'extermination d'Auschwitz a été une sorte d'internat pour jeunes à problèmes, dans lequel les captifs se portaient mieux que les surveillants :

« *Dans notre station météorologique, nous avions une auxiliaire SS qui s'était un jour organisé une paire de bas de soie*. Cela lui valut de passer devant un tribunal de guerre... pour pillage. Mais les prisonniers qui travaillaient là-bas, eux, volaient comme des corbeaux. J'étais frappé de voir l'élégance avec laquelle nos prisonniers étaient habillés. Bien sûr, ils devaient porter leur tenue de prisonnier, mais leur linge, leurs bas et leurs chaussures étaient parfaits et impeccables. On ne manquait pas non plus de soins de beauté. Le rouge à lèvres, la poudre et la maquillage faisaient partie des ustensiles des prisonniers féminins.* »

Peut-on commenter un texte pareil? Si l'on voulait être objectif, on se contenterait sans doute de dire que chaque mot de ce récit est exactement l'inverse de la réalité. Une seule photo des créatures décharnées découvertes dans les camps de concentration, dont les yeux reflétaient une angoisse effroyable, suffit pour comprendre que cet homme est soit un fou à enfermer, soit un parfait salaud. Lui-même se considère bien sûr comme bienveillant. Ce « seigneur » qui traite les « non-aryens » comme des animaux, comme des chiens : « Non, les prisonniers n'ont pas eu faim à Raisko** « *Si nous avions un nouveau venu qui arrivait dans le camp mal nourri et maigre, il retrouvait un joli pelage au bout de quelques jours* ».

Son esclave personnelle (lui-même écrit « *Soubrette*

---

* Dans le jargon des prisonniers des camps, « organiser » signifiait « voler ».

** Raisko était un camp annexe d'Auschwitz.

serait l'expression appropriée ») était polonaise. Elle s'appelait Steffa. Dans son livre, il la baptise Olga. Elle était « *extraordinairement serviable* ». Tellement que cela finit même par lui peser :

« *A la longue, cette femme, avec son papotage perpétuel, me tapa sur les nerfs. Sa serviabilité me paraissait trop soumise, trop servile. Je n'aimais pas cela. On lui confia une nouvelle mission, que je ne lui aurais pas enviée. Elle fut nommée " veilleuse " au camp des femmes, chargée de veiller à ce qu'aucun prisonnier masculin ne passe sans y être autorisé dans le camp des femmes. Olga avait une telle maîtrise des jurons, c'était un plaisir de voir comment elle faisait sortir les hommes du camp des femmes! Les autres prisonnières l'appelaient Cerbère, le chien de l'enfer.* »

L'homme qui écrit ces lignes est le « témoin principal » des « révisionnistes ». Les falsificateurs de l'histoire ne considèrent pas en effet comme témoins sincères les prisonniers survivants, mais uniquement les collaborateurs et les SS comme Thies Christophersen. C'est sur lui que se reposent Irving, Faurisson, Zündel et tous les autres. C'est un personnage clef du néo-fascisme international. L'un des maillons essentiels dans la chaîne des mensonges. Je décide donc, à l'été 1990, d'aller lui parler.

C'est Kühnen qui m'en donne l'occasion. Il me raconte qu'il a prévu une rencontre avec Gary Lauck, le chef du NSDAP-AO aux Etats-Unis. Et que cette entrevue se déroulera vraisemblablement au Danemark. Comme par hasard, c'est là aussi qu'habite Thies Christophersen. J'annonce à Kühnen que je souhaiterais interviewer Lauck et Christophersen. Mais Kühnen réclame de l'argent. Cela me surprend un peu : jusqu'ici, je n'ai pas payé le moindre pfennig, et je n'aurais pas non plus accepté de le faire. Je lui demande donc de me laisser le temps de la réflexion.

Kühnen demande 8 000 marks (27 000 francs) pour organiser l'interview avec Lauck. Quand j'en discute avec Graeme Atkinson, il demande :

« Qu'est-ce qui en sortira?

– Peut-être rien du tout. Je ne connais pas Lauck. »

Graeme trouve un compromis :

« Si tu arrives à interviewer Lauck *et* Christophersen, ce serait déjà une bonne chose de faite. Mais 8 000 marks, il n'en est pas question. Nous ne leur finançons tout de même pas leur prochain meeting! Soyons réalistes : tu peux lui donner ce que tu paierais si tu te rendais toi-même aux Etats-Unis. En fin de compte, si tu le filmes ici, ça te fait des frais en moins. »

Une semaine plus tard, je rencontre de nouveau Kühnen. Jc lui laisse entendre que je suis disposé à payer une somme pouvant aller jusqu'à 3 000 marks. Cela correspond à peu près à ce que me coûterait un voyage à Lincoln, dans le Nebraska, aux États-Unis. Mais Kühnen n'en démord pas : il veut 8 000 marks, et d'avance. Nous nous séparons sans nous être mis d'accord.

Trois heures plus tard, je me retrouve à Stuttgart, dans l'appartement de Graeme. Il lève les yeux au plafond.

« *I saw that coming* – je m'en doutais!

– Et maintenant? »

Je perds le moral. Mes réserves financières étaient de toute façon déjà bien basses. Débourser ne fût-ce que 3 000 marks aurait déjà été une très grosse dépense pour moi. Graeme pointe son index sur mon sternum :

« Dis-lui que 3 000 marks est la plus grosse somme que tu puisses lui proposer. *Take it or leave it* – à prendre ou à laisser. Mais vous vous connaissez déjà bien, il acceptera. Et si ça ne marche pas, *so what?!* Tant mieux. Au moins, tu n'auras pas à te reprocher d'avoir payé quelque chose. »

Ce reproche, je me le fais pourtant aujourd'hui. Rétrospectivement, je pourrais me gifler pour l'avoir fait. Bien sûr, ce n'est pas la même chose de payer un cachet « en douce » pour filmer des hommes faisant le salut nazi ou entonnant des chants nationaux-socialistes de manière à « corser » le reportage, et d'assumer, comme dans mon cas, les frais de transport pour une interview importante après un an et demi d'enquête. Bien sûr, cela n'a eu lieu qu'une seule fois, et cet « investissement » s'est révélé rentable. Il n'empêche que cela ne correspond en aucune manière à la déontologie des journalistes : Kühnen a encaissé les 3 000 marks que je lui avais versés pour payer le billet d'avion de Lauck. Ce qui est payé est payé, ce qui est fait est fait.

Gary Rex Lauck est né en 1953 à Milwaukee, dans le Wisconsin, aux États-Unis. Il prétend avoir ressenti dès l'âge de onze ans sa « conscience nationale »; il a lu à treize ans le *Mein Kampf* de Hitler, un livre avec lequel il a pu « s'identifier ». A dix-huit ans, il se fait appeler « Gerhard » et a déjà une activité dans le milieu nazi américain. Peu de temps après, il participe à la fondation du NSDAP-AO à Lincoln, dans le Nebraska. Depuis, il approvisionne les « camarades » allemands en propagande, autocollants, livres, drapeaux, vidéos et cassettes audio; il leur fournit aussi de l'argent et un soutien logistique, par exemple en établissant des contacts. Bien que ses activités soient pour l'essentiel orientées vers l'Allemagne, le NSDAP-AO a des membres et des sympathisants dans le monde entier. Les contacts sont particulièrement bons avec la Suède, l'Autriche, la Hongrie, l'Australie et l'Afrique du Sud.

C'est Lauck qui a mis en place le système de cellules cloisonnées qui fait que les membres ne se connaissent pas les uns les autres. Cela entrave les enquêtes des autorités et permet de préparer des opérations terroristes.

On dit aussi que Lauck envoie de manière irrégulière, par l'intermédiaire d'un compte suisse, de l'argent à ses « camarades » allemands. Il gagne sa vie en vendant des reliques. Comme me le raconte Kühnen, il existe par exemple des entreprises qui fabriquent des maquettes d'avion de la Luftwaffe allemande. Les autocollants à croix gammée qui les décorent sont vendus par le NSDAP-AO. Pour ce genre d'affaires « sérieuses », Lauck utilise le paravent de la R.J.G. Engineering Inc., dont le siège se trouve également à Lincoln, aux États-Unis.

Lauck a des contacts avec le Ku Klux Klan et des organisations terroristes, comme *The Order*. Ce groupe activiste a commis jusqu'en 1984 une série de hold-up, de meurtres et d'attentats à la bombe aux Etats-Unis. Le bulletin publié par Lauck, *The New Order* – il s'agit en l'occurrence du n° 82, année 1989 –, porte ce titre :

ACTION PROGRAM FOR ARYAN SKINHEADS

Dedicated to David Lane

Dédié à David Lane. L'ancien activiste du Ku Klux Klan, David Eden Lane, purge actuellement une peine de cent cinquante ans de réclusion pour meurtre, vol et autres crimes. Il a participé au meurtre de l'animateur de radio juif Alan Berg, assassiné en 1984, à Denver, uniquement parce que son animation « offensive » déplaisait aux néo-nazis de *The Order*. Ce groupe donnait à ses opérations terroristes le nom de *Race-War* : guerre raciale contre le *ZOG**. C'est justement cette guerre raciale que l'on évoque dans ce *Programme d'action pour les skinheads aryens*. C'est là que Lauck donne les mots d'ordre dont il faudra tenir compte dans la « *phase suivante de la guerre raciale, quand on combattra au corps à corps* ». On y lit que « *tous les skins doivent faire en sorte que leurs parents ne découvrent pas leurs textes racistes. Les skinheads ne laissent pas ce genre de choses chez eux, mais les mettent à l'abri dans l'appartement sûr de skins plus âgés* ».

En ce qui concerne les armes à feu, le texte conseille : « *Les skinheads ne font pas mention de leurs connaissances à ce propos, et stockent leurs armes dans des endroits discrets.* »

Aux « débutants », on recommande :

« *For starters, don't vote, don't buy Jew Alcohol and dope, don't attend Jew movies, don't read Jew magazines and books* » – « Ne votez pas, n'achetez pas d'alcool et de drogue juifs, ne regardez pas de films juifs, ne lisez pas de revues ou de livres juifs. » L'endoctrinement par la haine doit, dans la mesure du possible, être mené à l'abri de l'éducation libérale – car c'est cela que désignent les mots « revues juives ».

Le dernier séjour « professionnel » de Lauck en

* Zionist Occupied Government (gouvernement sous occupation sioniste).

Allemagne remonte à 1976 : cette année-là, il est arrêté à proximité de Mayence, avec une grande quantité de documents de propagande illégale, puis expulsé. En 1979, on lui accorde un sauf-conduit afin qu'il puisse venir témoigner en faveur de l'inculpé Michael Kühnen. En raison de divers délits liés à la loi sur l'interdiction du national-socialisme, Lauck est aujourd'hui sous le coup d'un mandat d'arrêt en Allemagne.

Le 4 juillet 1990, je suis au Danemark avec une équipe de télévision.

Lauck est arrivé. Christian Worch est passé le chercher à l'aéroport de Copenhague, et a fait le voyage de nuit parce que l'avion avait du retard. Worch prend bien garde à ne pas franchir la frontière avec l'Allemagne, où Lauck est toujours recherché. C'est seulement quand Christian Worch, à la recherche de la maison de Thies Christophersen, arrive par erreur devant un poste de douane que j'ai une idée du sérieux de la chose : pris dc panique, Worch braque immédiatement le volant vers la gauche et dérape sur l'autre voie. « Deux précautions valent mieux qu'une... »

Nous sommes juste à côté de la frontière allemande, à Kollund, à moins de deux minutes de chez Thies Christophersen. La pension se nomme l'« Albatros »; elle dispose d'une « salle de danse ». Son meilleur atout est une superbe vue sur le golfe de la Baltique, avec les minuscules maisons de brique sur l'autre rive, en Allemagne. C'est là qu'a lieu la réunion.

Lauck mesure au moins 1,90 mètre. Il a une chevelure épaisse et sombre où la raie a bien du mal à rester en place. Avec sa moustache et ses lunettes métalliques, il a l'air plutôt inoffensif : on dirait un représentant de commerce. Costume gris, cravate ennuyeuse, chaussures à lacets noirs complètent cette image de brave homme. Mais les mots adressés par Lauck aux partisans et membres de premier plan du NSDAP-AO rassemblés ici le font apparaître sous un autre jour :

« J'estime que, de toute façon, les juifs ont été traités un peu trop humainement dans les camps de concentration, et je crois personnellement que nous ne devrons plus jamais répéter cette erreur. »

Son auditoire, qui l'applaudit, est de tout premier choix. Il y a là Michael Kühnen, Gottfried Küssel et Christian Worch. On y trouve aussi la toujours aimable Christa Goerth, du HNG, et le vétéran SS Berthold Dinter, celui qui organise les « défilés à la mémoire de Rudolf Hess » à Wunsiedel. Dans ses bulletins d'information, on lit aussi, sous le titre « Défends-toi », des phrases comme : « *En tant que jeune demandeur d'asile, je n'emmène dans ma chambre que des jeunes filles allemandes* » ou « *Aujourd'hui, Anette doit se faire sodomiser dans un lit graisseux par cinq Ghanéens* ». A côté de lui, Günther Rheintaler, *alias* « Hrouda », le *Gauleiter* de Salzbourg, dont les signes particuliers sont une queue de cheval blond châtain et un doberman, qui se promène constamment devant lui. Il compense par son allure vigoureuse les complexes que lui donne une main mal formée. En octobre 1990, sa BMW est incendiée par des antifascistes « autonomes ». Un fâcheux incident : dans le coffre de la voiture à moitié calcinée, la police découvre un pistolet-mitrailleur et 390 cartouches, un pistolet 9 mm et un fusil de chasse.

Trois autres « camarades » arrivent d'Autriche. Eux aussi, je les ai déjà vus. Tony Douma, de Groningen, est membre de l'ANS Pays-Bas. Je l'ai rencontré à Nuremberg, et c'est lui qui avait plaidé en ma faveur auprès de Wolsink. Thomas Hainke, le chef skinhead de Bielefeld, m'a déjà présenté sa toute dernière blessure – une entaille à la lèvre supérieure, qui est presque guérie. L'ex-épouse de Worch, Ursula, séduisante mais glaciale, me dévisage, l'air soupçonneux – elle hait les journalistes. Elle préfère les « révisionnistes », comme David Irving, avec lequel elle a toujours des entretiens animés lors des réunions où il est présent. Comme on me l'a raconté plus tard, sous le sceau du secret, Irving est même l'une des raisons pour lesquelles elle s'est séparée de son mari.

Lauck convainc les permanents de la « communauté d'opinion » qu'il faut répartir les tâches :

« Par exemple, l'histoire des révisionnistes. Je crois que c'est important. C'est bien. Mais laissons les historiens révisionnistes s'en charger. Ils le font mieux que nous. Il existe peut-être d'autres missions que les groupes nationaux-conservateurs peuvent assumer tout aussi bien ou même mieux que nous. Mais il y a des tâches que seuls les nationaux-socialistes peuvent accomplir, et c'est à eux de se charger de celles-là. »

Il ne dit pas de quelles tâches il s'agit. De toute façon, son auditoire le sait. En cas de doute, on peut se référer aux autocollants vendus par sa maison. L'un d'entre eux proclame en grosses lettres : « *Liberté ou révolution! Abolition de l'interdiction du national-socialisme.* »

En dessous, on voit un homme portant le brassard nazi qui fait sauter, avec un détonateur à distance, un pylône de télévision et les téléspectateurs.

Lauck est fier de travailler dans la clandestinité :

« *Ni la STASI* (le service de sécurité de la RDA), *ni le Verfassungs-Schmutz* (Verfassungs-Schutz, office de protection de la constitution ouest-allemand) *ne sont parvenus à nous éliminer en vingt années. Nous sommes là. Nous restons là. Nous combattrons jusqu'à la fin. Que cela dure un an, que cela dure cent ans. Nous durerons plus longtemps que les hommes politiques de Bonn, car nous avons aussi plus d'idéalisme, plus d'esprit de sacrifice. Mais aussi plus de volonté de combat. Heil Hitler.* »

Lauck prononce son discours avec un fort accent américain. Son allemand est assez bon – après tout, il est de « souche allemande »! Curieusement, il s'est aussi habitué à parler l'anglais avec l'accent germanique.

J'ai la possibilité d'interviewer Lauck après son discours. Il se montre tout à fait disposé à me renseigner tant que mes questions restent d'ordre général. Il me confirme alors la plupart des faits que Graeme et moi-même avons établis au cours de l'enquête. Quand je lui demande si l'on trouve des gens de son organisation au sein de ce que l'on appelle les partis « respectables », il me répond d'un joyeux :

« Oh, oui! »

Mais quand je l'interroge directement sur le Parlement européen, il devient déjà plus prudent :

« Je ne m'exprimerais pas de manière aussi catégorique sur cette question. Autrement, bien sûr, on dirait : allons, s'il a quelqu'un dans la place, ça n'est certainement pas un gauchiste. On dirait que c'est celui qui est le plus à droite au parlement. Alors on dirait : c'est celui-là! »

Mais Kühnen m'a déjà informé. Je précise ma question :

« Y a-t-il quelqu'un au Parlement européen qui ait appartenu à votre organisation? »

Lauck devient avare de ses mots – garder le silence fait partie des règles du mouvement.

« Pas de commentaire. »

Il s'agit de Harald Neubauer, député au Parlement européen depuis 1989. Avant cette date, il a effectué une longue carrière d'extrémiste de droite : il est passé par le NPD, l'Action Nouvelle Droite et le DVU, avant de devenir le deuxième homme des « Républicains » et d'entrer au Parlement européen. Il démissionne du parti après un krach avec Schönhuber. Il dirige aujourd'hui une organisation baptisée Ligue Allemande pour le Peuple et la Patrie. Neubauer restera membre du Parlement européen jusqu'en 1994. Michael Kühnen, informé au début de l'année 1990 que Neubauer le considère comme un « idiot », se met en colère et accuse Neubauer devant la caméra :

« Entre le début et le milieu des années soixante-dix, Harald Neubauer a été un permanent du NSDAP-AO dans le nord de l'Allemagne; à ma connaissance, il était trésorier de *Gau* dans le Schleswig-Holstein. »

C'est bien de cela qu'il s'agit. Mais Lauck continue à se taire. Même dans la deuxième partie de l'interview, pour laquelle j'installe Lauck et Kühnen l'un à côté de l'autre. L'un des deux va devoir se démasquer, maintenant. Et Lauck refuse obstinément de parler.

« Pas de commentaire! »

C'en est trop pour Kühnen. C'est son honnêteté qui est en cause, maintenant; il intervient :

« Bon, dans ce cas, je vais mettre mon grain de sel dans cette histoire. Je sais que Neubauer est membre du mouvement. »

Les traits de Lauck se décomposent. Car selon les statuts du NSDAP-AO, nul ne doit jamais révéler qui est membre et qui ne l'est pas. Mais Kühnen précise :

« Je n'invente rien, je l'ai vu de mes propres yeux et cela m'a été confirmé par deux camarades avec lesquels j'ai travaillé et avec lesquels Harald Neubauer a lui aussi travaillé à l'époque. »

Kühnen explique aussi comment cela s'est passé. Tandis que Lauck, ahuri par la franchise de Kühnen, ne fait plus que battre des paupières, celui-ci explique qu'il « existe et qu'il a existé des cellules isolées qui travaillent en toute indépendance, et qu'il a existé un entrelacs de contacts informels, opérant au niveau du *Gau* – cela correspond à peu près au niveau des Länder dans l'articulation actuelle de l'Allemagne. Il a travaillé à ce niveau-là, c'est-à-dire pas à l'échelon local, mais régional ».

Point. Il a parlé. Peu de temps après, j'arrête la caméra : la bande est terminée. J'entends alors Lauck dire à Kühnen :

« Et il est chez les " Républicains ", maintenant? Je n'étais pas du tout au courant.

– Oui, dit Kühnen. C'est un hypocrite. Une fois, nous lui avons organisé son service d'ordre, il était bien content. Tu n'as qu'à demander à Wrobel, ou à Rohwer. Mais maintenant, il ne veut plus avoir le moindre rapport avec nous. C'est pour cela que je le considère comme un adversaire politique. Même s'il est encore à l'AO – au NSDAP-AO ».

Rohwer, dont Kühnen vient de parler, a été condamné à neuf ans de prison en 1979 pour constitution d'association terroriste. Le correspondant du NSDAP-AO Uwe Rohwer et Harald Neubauer sont, la chose peut être prouvée, de vieilles relations.

Lauck est un peu troublé, mais il doit se reprendre aussitôt : dans l'intervalle, le cameraman a changé de bande. La caméra tourne de nouveau. Au grand soulagement de Lauck, nous passons à un autre sujet et nous évoquons – en anglais, à présent – quelque chose dont Lauck n'a manifestement jamais entendu parler : l'antisémitisme.

« Je n'ai rien contre les juifs, en tant que race et

que culture, dit-il comme s'il l'avait appris par cœur, mais s'ils tentent systématiquement d'éliminer ma race, je défendrai ma race. S'il est nécessaire pour cela d'en exterminer quelques-uns – pas de problème! Et s'il s'agit de dire si le dernier blanc de cette planète doit mourir ou si l'on abat le dernier juif, moi je dis " Tchao, juif! " »

Je ne trouve rien d'autre à demander. Face à un tel degré de fanatisme, je n'ai pas envie d'argumenter. Et je n'ai pas envie non plus de poser d'autres questions. Je prends acte, c'est tout. Mais je comprends aussi de mieux en mieux qu'il ne faut pas laisser la moindre chance aux nazis.

Les choses deviennent beaucoup plus intéressantes quand la porte s'ouvre, tout d'un coup, et que l'on entend cliqueter l'obturateur d'un appareil photo.

Lauck tourne la tête vers la porte et dit, tout heureux :

« *Heil* Hitler, Thies! »

Un vieil homme vient d'entrer, coiffé d'un chapeau clair. Une canne de promenade pend par la crosse à son avant-bras, et il tripote la bague des diaphragmes sur son appareil photo.

C'est Thies Christophersen, l'auteur du *Mensonge d'Auschwitz*.

Il est né en 1918. La première chose qui frappe quand on le voit, c'est le creux profond comme un poing d'enfant, à la racine du nez, entre les yeux. Une blessure de guerre qui lui fait dire :

« J'ai une araignée au plafond. Ça se voit. Chez eux, ça ne se voit pas. »

Comment? me dis-je. C'est *ça*, l'illustre témoin principal?

Thies Christophersen a le visage allongé. La blessure a aussi mis en berne l'un de ses yeux bleus, le gauche, dont la paupière est un peu baissée. Mais on ne le distingue pas très bien à travers les lunettes. Quand il a ôté son chapeau, on voit qu'il n'a plus guère de cheveux sur le haut de la tête. Quand il parle, et même quand il rit, la commissure de ses lèvres est étrangement baissée. Je lui demande :

« Pouvons-nous aussi faire une interview avec vous? » Christophersen n'était manifestement pas au courant du fait que l'on tournait un reportage : il prend l'air stupéfait. Michael Kühnen intervient et commence à expliquer :

« Ils tournent un documentaire de fond... »

Christophersen hoche la tête, reconnaissant. Il observe la caméra, admiratif. A cet instant, Kühnen est appelé par son collègue. Il demande pardon et quitte la salle en lançant, aimable : « Mais vous pouvez faire ça sans moi... » Lauck le suit. Nous sommes seuls avec Thies Christophersen.

Le voilà donc libre : il s'installe à la place de Lauck. Il observe la caméra, admiratif. J'ai la vague impression qu'il n'a pas compris qui nous étions. Comme nous nous rencontrons sans arrêt, Michael Kühnen est tellement habitué à moi qu'il souffre du même effet « d'accoutumance » que j'ai moi-même connu voici quelques mois. Une perte de distance. Comme Kühnen me traite en « camarade » et comme je me comporte tout aussi familièrement à son égard, Christophersen n'a pas compris que nous n'étions pas des néo-nazis : il donne du « camarades » au cameraman et au perchiste, tout en détaillant la caméra vidéo :

« Ça doit être cher, un outil comme ça. Hein, camarades? Moi, j'ai ma p'tite boîte », dit-il en indiquant son appareil photo. Il emploie quelques mots de dialecte. Il vient de la campagne – son bulletin d'information ne s'appelle-t-il pas *Die Bauernschaft*, la paysannerie?

Puis il demande sur quoi doit porter l'entretien. Quand je lui dis qu'il s'agit du *Mensonge d'Auschwitz*, il me fait un signe négatif :

« Non, ça ne donnera rien.

– Pourquoi donc? »

C'est tout de même son « œuvre maîtresse ». Et son explication m'ahurit :

« Vous ne ferez pas passer ça! Ça ne marche pas. Nous avons déjà essayé ».

A présent, mon doute se transforme en soupçon : Christophersen nous prend bel et bien pour des camarades de combat qui veulent placer leur film à la télévision pour réussir une opération de propagande cryptée. Je fais un dernier test pour en avoir le cœur net, et je lui dis :

« Nous y arriverons. Ça marchera. C'est certain! »

Il me sourit, pensif :

« On peut toujours essayer. Le mieux serait que je dise que je veux simplement avoir le droit d'exprimer mon opinion. Ça fait toujours bon effet. »

Gagné! Il nous prend pour des nazis.

Et c'est ainsi que Thies Christophersen va accorder une interview qui le tourmente encore aujourd'hui. Car le « camarade Thies » se croit entre amis, à présent; il n'a plus à prendre garde à ses contradictions éventuelles, il se fie à l'autocensure de ceux qu'il croit être ses compagnons d'armes. Et on croirait l'entendre raconter à un « camarade » l'époque où il était *Sonderführer SS* à Auschwitz :

« J'ai été transféré au service de la culture des végétaux. On le faisait à Auschwitz, parce qu'il y avait tellement de main-d'œuvre là-bas. »

Christophersen a les mains jointes. Un signe de tension intérieure. Mais sa voix est celle d'un pédagogue :

« J'ai sélectionné. Je suis allé chercher ma main-d'œuvre à Birkenau. Je disais : " Qui a travaillé dans l'agriculture ? " Alors ils venaient, et je disais : " Toi, toi et toi –, toi je te prends. " Vous savez comment j'ai fait ? Je les ai regardés dans les yeux – ceux qui avaient du blanc dans les yeux pouvaient travailler. »

Christophersen a un petit rire quand il se rappelle sa propre ingéniosité. On s'amusait, dans ce temps-là.

« Mais j'ai toujours eu quelques Tsiganes, parce que les Tsiganes jouent de la musique. »

Je tiens jusqu'au bout mon rôle de « camarade » en arrêtant de temps en temps la caméra pour lui demander s'il jugerait utile de parler de ceci ou de cela. Et il prend l'initiative :

« Le Danemark, ça serait bien. »

Je lui demande donc pourquoi il vit au Danemark.

« J'ai de nouveau été inculpé en Allemagne, dit-il, alors je me suis exilé. Le Danemark est un pays très libéral. Ici, on a le droit d'être tsigane, et juif, et nazi. »

Comme Kühnen est susceptible d'entrer dans la pièce à n'importe quel moment et de dissiper le « malentendu », je dois aller à l'essentiel. Et l'essentiel, ce sont les chambres à gaz d'Auschwitz. L'extermination de masse.

« Maintenant, je vais vous poser une question difficile », lui dis-je pour le préparer en lui faisant un clin d'œil éloquent. Puis je reprends mon ton officiel :

« Y a-t-il eu des gazages, oui ou non ?

– Je n'ai rien écrit sur les gazages dans mon récit », dit-il, et il poursuit :

« Mais j'ai entendu des rumeurs qui parlaient de feu, qui disaient que des gens étaient brûlés. Là-dessus, j'ai examiné toutes les sources de flammes qui se trouvaient dans le camp. Je savais qu'il y avait des crématoriums. Mais je n'ai pas vu d'incinérations de cadavres, et je n'en ai rien su non plus. »

Comme toujours : personne n'en a rien su. Pas même le *Sonderführer SS*. C'est cela, le témoin principal de Faurisson et d'Irving, du « célèbre historien britannique »! Au fait, Christophersen est-il en contact avec David Irving?

« Je connais David Irving depuis de nombreuses années, dit-il.

– Et que pensez-vous de David Irving?

– On continue à l'attaquer, parce qu'il est anglais et que nous n'aimons pas beaucoup qu'il raconte aussi les atrocités commises par les Allemands. Il y en a eu, c'est sûr. Mais je l'admets, je suis partial. »

Christophersen paraît de plus en plus désemparé. Il ne sait plus quoi dire. Il s'agit tout de même de l'extermination massive d'êtres humains par le gaz. Et il affirme dans son *Mensonge d'Auschwitz* que cela n'a jamais eu lieu. Mais ici, devant ce qu'il croit être des « camarades », il se dévoile. Il tente d'expliquer pourquoi il ment. Et il nous parle d'homme à homme, pour prononcer ces quelques phrases qui le démasquent, lui et son *Mensonge d'Auschwitz* :

« Je veux nous disculper et nous défendre, mais je ne peux pas le faire avec ce que nous avons réellement commis. Je ne le nie pas. Mais aucun avocat ayant quelque chose à défendre n'ira exposer les éléments à charge »!

Je l'écoute. Il vient de s'enfoncer tout seul. Et il ne l'a même pas remarqué. Il m'explique qu'il a déjà beaucoup enduré « à cause du livre ». Mais malgré l'arrestation, malgré l'exil (« maintenant, ils ont bloqué mes comptes en banque, vous vous rendez compte ! »), il veut être un modèle dans le combat pour la « vérité ». « Mon honneur est la fidélité » – c'était le serment de la SS. Et un SS n'abandonne pas :

« Mais cela ne me touche pas. Je continue. Je me ferais l'effet d'un traître envers mes amis si je reniais aujourd'hui. Je ne l'ai jamais fait. »

Le 18 septembre 1991, notre film *La Peste brune* est diffusé pour la première fois, en Suède, sous le titre *Wahrheit macht frei*. Il contient les propos de Christophersen. Un incident fort désagréable pour ceux qui nient l'holocauste. Dans le milieu nazi, on reste hébété. Certains considèrent tout de même que le film est de la propagande, mais la majorité est « déçue » et tous ceux qui ne figurent *pas* dans le film poussent un soupir de soulagement. En l'espace de quelques mois, le reportage est diffusé dans le plupart des pays européens. A ce moment-là, Christophersen commence à avoir des ennuis. Il se sent alors obligé de « tranquilliser » ses camarades en publiant le texte suivant dans sa revue *Bauernschaft*, en décembre 1991 :

Voilà comment on falsifie.

*Le 18 septembre 1991, la télévision suédoise a diffusé, lors de son programme de vingt heures, une interview de moi. Mes propos ont été totalement inversés. On n'a pas donné suite au démenti ci-dessous**.

---

* La télévision suédoise n'a reçu aucun démenti. On a entendu parler de ce « démenti » plus tard, par hasard, quand un membre de *Searchlight* a parcouru le bulletin de Christophersen, *Bauernschaft*.

Naturellement, cette émission m'a valu quelques lettres furieuses de lecteurs suédois et danois. Mais cet exemple prouve clairement à quelles tromperies primitives nos adversaires sont aujourd'hui contraints de recourir, dans l'embarras (sic)! où ils se trouvent. »

Christophersen, manifestement, croit toujours qu'il a été interviewé par ses propres camarades. Dans son souvenir, il me confond même avec le chef néo-nazi :

« Je n'ai jamais donné d'interview à la télévision suédoise. Il est exact que j'ai accordé un entretien à monsieur Michael Kühnen. »

Dans la suite de son « démenti », il s'embrouille dans ses souvenirs et invente :

« *J'ai d'autre part expliqué que j'allais arrêter mon travail pour des raisons liées à mon âge. Mais je me ferais l'effet d'un traître envers mes amis si j'acceptais leur aide sans rien faire en contrepartie. J'ai dit des chambres à gaz qu'elles avaient existé, mais uniquement pour gazer les poux...* »

Ainsi parlait Thies Christophersen, le témoin oculaire des « révisionnistes ». Il n'y a rien à ajouter à la remarque coquette sur son araignée au plafond, au début de notre brève relation. Et pourtant, fou ou pas fou, Christophersen est l'un de ceux qui tirent les ficelles.

[illegible] cette émission [illegible]
[illegible]
[illegible]
[illegible]
[illegible]
[illegible] monsieur Maurice [illegible]

Dans la suite [illegible]

[illegible]

[illegible] C'est [illegible]

[illegible]

3.

Quelques fils sur la toile

9 novembre 1989 : c'est la chute du mur de Berlin. Le lendemain, les amis de Thies Christophersen se retrouvent en France. La « session d'automne » des 10 et 11 novembre 1989 a lieu dans la petite ville de Hagueneau, en Alsace. Ce n'est pas la première fois que des néo-fascistes de toute l'Europe se donnent rendez-vous à l'« Hôtel National ». Les hôteliers ont d'excellents rapports avec les extrémistes. Ils « regrettent » que monsieur Christophersen ne puisse être présent*. S'il reste à l'écart, c'est qu'il est toujours sous le coup d'un mandat d'arrêt en Allemagne, et que l'on craint que la police française ne lui mette la main dessus et ne le livre. Certes, on pense que la police est loin, mais on ne

* : Lettre à Thies Christophersen, publiée dans *Bauernschaft* 4/89 : « *Nous vous remercions de votre aimable lettre et nous réjouissons que madame Christophersen, ainsi que les participants, aient été satisfaits de leur séjour en Alsace. Nous regrettons que monsieur Christophersen n'ait pu y assister et nous vous invitons cordialement pour votre prochain voyage. Les hôtes alsaciens.* »

veut pas courir de risques. Certes, on est certain qu'on n'aura pas d'auditeurs indésirables dans ce cercle restreint. Certes, la presse n'est pas admise, l'hôtelier veille au grain, et les participants constituent de toute façon un milieu très fermé.

Et pourtant, Christophersen est bien inspiré de ne pas se déplacer malgré toutes ces garanties. Car l'Office de Protection de la Constitution allemand, et des fonctionnaires du ministère français de l'Intérieur, ont installé des micros dans la salle de l'« Hôtel National ». Comme dans un mauvais roman d'espionnage, on a incité les « hôtes alsaciens » à se prêter au jeu. Et c'est ainsi que les services de renseignement des gouvernements allemand et français ont l'occasion de découvrir l'autre visage de l'« historien britannique » David Irving. Car ici, devant un public choisi, loin des regards, le « révisionnisme » est quelque chose de très amusant :

« A moins que ce n'ait été une chambre à gaz individuelle », explique Irving devant la centaine de participants hilares.

« Une chambre à gaz individuelle portée par deux soldats, qui la promenaient dans la campagne polonaise, à la recherche de juifs isolés... »

Le public d'Irving glousse, plein d'espoir. Le meilleur est certainement encore à venir.

« Cette chambre à gaz individuelle ressemblait un peu à une chaise à porteurs, je crois, mais elle était déguisée en cabine téléphonique. »

La tension monte. On va bientôt pouvoir rire. Irving, l'« historien », sait raconter des histoires.

« Et l'on se pose la question : comment va-t-on inciter la pauvre victime à entrer d'elle-même, volontairement, dans cette chambre à gaz individuelle? Réponse : il y avait vraisemblablement une sonnette de téléphone à l'intérieur. Cela sonnait, et les soldats lui disaient : " Je crois que c'est pour vous ! "... »

Parmi ceux qui se tordent de rire à présent, on compte des manipulateurs de haut niveau dans le milieu néo-nazi international.

Il y a par exemple le « Führer » de la « World Union of National Socialists » (WUNS), qui a de bonnes relations dans les Etats d'Amérique du Sud, Povl Rijs Knudsen, du Danemark. Le Suisse Gaston Armand Amaudruz, qui occupe un poste dirigeant dans un mouvement semi-clandestin, le Nouvel Ordre Européen (ENO). L'ancien professeur de littérature Robert Faurisson, de Vichy, celui qui a été à l'instigation du *Leuchter-Report* et auquel sa négation des crimes nazis contre l'humanité a déjà valu 100 000 francs d'amende. Le professeur américain Arthur Butz, du Texas, auteur du tristement célèbre *Hoax of the Twentieth century** et collaborateur de l'Institute for Historical Review aux Etats-Unis.

D'Allemagne aussi sont venus quelques individus qui ont un nom et un rang dans la hiérarchie néo-nazie. Christa Goerth, de l'Organisation de secours pour les prisonniers politiques nationalistes (HNG). Christian Worch, le correspondant du NSDAP-AO à Hambourg. Le « journaliste » Karl Philipp est là, lui aussi, avec le juriste Wilhelm Stäglich, qui tient une conférence sur la manière dont on peut contourner les lois pour propager le mensonge d'Auschwitz (« un " flou juridique " considérable règne dans ce domaine »). Le « politologue » autoproclamé Udo Walendy, ancien membre du NPD,

---

* « L'escroquerie du XXe siècle » présente l'holocauste comme une invention juive. C'est une réplique du *Mensonge d'Auschwitz*, agrémentée de la théorie de la « conspiration du judaïsme mondial ».

est présent également – c'est même lui qui préside, au nom de Christophersen.

On accueille chaleureusement un invité inattendu venu du Canada. Faurisson lui lance même, cordialement : « Je suis surpris de rencontrer aussi en ce lieu mon très cher ami Ernst Zündel. Si j'avais su que je rencontrerais Ernst Zündel ici, je lui aurais apporté un cadeau. »

Ernst Zündel, le Germano-Canadien qui publie ses textes néo-nazis sous le pseudonyme de « Christoph Friedrich ». Aux procès, il arrive aussi à Zündel de se présenter en tenue de prisonnier de camp de concentration. Il a recopié son numéro de téléphone sur sa casquette – avec un petit insigne : « *Political Prisoner* » – prisonnier politique. Zündel, le technicien de la propagande, se réjouit à présent que Faurisson l'ait qualifié de « très cher ami ». Et le voilà à son tour qui rend hommage au professeur Faurisson, son « maître ». Robert Faurisson est, avec Irving, la star de la manifestation. Faurisson a toujours tenté de se faire passer pour un « homme de gauche », afin de rendre plus crédibles ses thèses révisionnistes. Aujourd'hui, cela ne fonctionne plus aussi bien. En revanche, il se compare volontiers à Galilée*. Dans les milieux néo-nazis, on le considère effectivement comme un génie. Rien d'étonnant à cela : après avoir eu l'idée géniale, en 1988, de

---

* Galilée (1564-1642) découvrit que la terre tourne autour du soleil. Cela lui valut d'être poursuivi et condamné par l'Eglise, pour hérésie. Galilée n'a été réhabilité par l'Eglise qu'en 1992 (!). En utilisant une telle comparaision, Faurisson laisse entendre que la « vérité » qu'il défend s'imposera un jour. Autre comparaison volontiers utilisée, celle entre Napoléon et Hitler. Là encore, on espère que Hitler sera un jour considéré comme un héros du peuple.

nommer Fred Leuchter expert, il a de nouveau quelque chose de neuf à proposer :

« En accord avec Ernst Zündel, nous voulons lancer une campagne internationale. J'ai préparé un document dans ce but. »

Faurisson a prévu des « questions » sur le « mensonge d'Auschwitz », destinées à être envoyées par le plus grand nombre possible d'adeptes, toujours sous la même forme, « à certaines personnalités de la vie publique, des hommes politiques, des juristes et des policiers », pour entretenir la « discussion ».

La rencontre de Haguenau est l'un des nombreux « congrès » où l'on propage le mensonge d'Auschwitz. Et où l'on coordonne la diffusion du mensonge. Ernst Zündel attise le feu :

« A présent, c'est à vous qu'il revient de distribuer les tracts et d'informer vos voisins, pour que nous, en tant qu'Allemands, puissions nous consacrer à d'autres problèmes. »

L'ensemble de cette « session d'automne » se déroule sans heurts. Les policiers, aux écoutes, n'interviennent pas. Même quand Ernst Zündel, sous les applaudissements, lance ses tirades haineuses :

« Et pourquoi nous, Allemands honnêtes, devrions-nous nous vautrer dans cette boue, dans cette porcherie? Ces mensonges diaboliquement grossiers sur notre peuple, ces mensonges répandus par cette juiverie, j'en ai plein les bottes! »

La « session d'automne » s'achève sur un succès. Et tout cela n'aurait sans doute intéressé personne jusqu'à ce jour, si Otto Riehs, le collectionneur de serpents originaire des Sudètes, n'avait pas été un cameraman amateur aussi passionné. Car outre les caméras de l'équipe privée d'Ernst Zündel et les objectifs discrets du groupe d'observation germano-français, l'appareil d'Otto Riehs a lui aussi fixé pour l'éternité ce congrès d'Haguenau. Comme un professionnel, il n'a pas oublié non plus les prises de vue extérieures, ni omis de retenir sur la bande magnétique quelques « plans d'ambiance » de la manifestation.

Otto Riehs avait déjà été bien aimable de me mettre en contact avec le garde du corps du « Führer ». Il allait se révéler une deuxième fois extraordinairement secourable. Contre la promesse de ne « pas faire de bêtise » avec le matériel, et 50 DM pour acheter une nouvelle cassette, je peux copier son enregistrement et « utiliser » les prises de vue. Je me fais aussi remettre un reçu – la méticulosité allemande. A partir de cet instant, j'« utilise »... Je n'ai bien entendu pas la moindre idée de l'opération de surveillance montée par la police.

La diffusion de notre film *La Peste brune* en France, sur Antenne 2, le 12 décembre 1991, est donc une désagréable surprise pour toutes les personnes concernées. La population alsacienne réagit avec colère. L'hôtelier, qui craint pour ses meubles, révèle l'opération policière. Et les nazis ne se voient pas seulement à la télévision : ils apprennent aussi que leur travail de négation de l'holocauste a éveillé l'intérêt des autorités. Mais ce sont les policiers eux-mêmes qui sont le plus étonnés. L'un d'eux explique, en substance, que cette émission a tout mis par terre, et qu'il faut à présent tout reprendre de zéro. Selon une dépêche de l'AFP, datée du 19 décembre 1991, les Renseignements Généraux n'ont à vrai dire rien fait de plus que d'« identifier » comme des « révisionnistes » et des « antisémites » Faurisson, Irving et Christophersen. On peut se demander si de telles opérations sont réellement nécessaires pour obtenir pareils triomphes en matière d'action criminelle. Ce n'était pas, en tout cas, l'opinion de la communauté juive en Alsace. Elle réclame à juste titre que les autorités, à l'avenir, « fassent tout pour empêcher de tels rassemblements contraires au droit français ».

Le professeur Robert Faurisson a beaucoup d'amis à l'étranger – plus qu'en France. L'un d'entre eux est Ahmed Rami, de Stockholm. Il est arrivé en Suède voici près de vingt ans, comme réfugié politique. Rami vient du Maroc. C'est l'un des officiers qui, en 1972, avait projeté un attentat contre le roi Hassan II. Mais le coup échoua. Presque tous furent exécutés, Rami parvint à s'enfuir. Arrivé en Suède, il « poursuit son combat » – « contre d'autres rois », dit-il. Ses propos ne laissèrent guère de doute sur ce qu'il entend par là. Il mène la propagande antisémite. A son arrivée, c'est d'abord sous le manteau de l'« antisionisme », qu'on continue à utiliser à toutes les sauces. Mais au bout de quelque temps, sa station de radio « Radio Islam », qui émet depuis Stockholm, devient un podium pour ceux qui nient l'holocauste et pour les antisémites du monde entier. En 1989, il est condamné à une courte peine de prison à Stockholm pour « incitation à la haine raciale. ». Il y trouve apparemment des voisins de cellule intéressants : il a récemment recommencé à papoter avec de véritables néo-nazis sur « Radio Islam ». L'un de ses invités préférés est Tommy Rydén, qui a choisi de baptiser son groupe néo-nazi *Kreativistens Kyrka* (l'Eglise du créateur). Inspiré par la *Church of the Creator,* ce groupe fait partie du mouvement *Identity.* Le groupe néo-nazi a des contacts étroits avec un mouvement extrémiste de taille réduite, mais dangereux, le VAM (*Vit Ariskt Motstand* – résistance aryenne blanche), qui a lui aussi pour modèle un groupe néo-nazi américain : WAR – « *White Aryan Resistance* », des initiales qui signifient aussi « la guerre ». En Suède, le groupe VAM est composé de 50 à 60 activistes dont certains sont affligés de traits psychopathiques inquiétants – ce qui provoque la démission régulière de ses membres qui ne peuvent plus supporter le comportement de leurs « camarades ». Après plusieurs meurtres, attentats à la bombe, attaques de banque (et même un assaut contre un poste de police), la moitié au moins des cadres du mouvement est en prison. Mais le milieu nazi suédois compte encore suffisamment de monde pour pouvoir mettre deux skinheads à la disposition de Faurisson, au printemps 1992 – ils se sentent manifestement très mal, tous les deux, avec le col et la cravate qu'on leur a demandé de porter pour l'occasion. L'un des deux confirme même peu avant, dans une interview, que des actions terroristes sont prévues : « *Hélas, cela fera aussi couler beaucoup de sang blanc!* » Mais Faurisson proclame, lors de sa propre conférence de presse :

« *Je n'ai pas de contacts avec les néo-nazis!* »

Les skinheads néo-nazis sont debout, un mètre à sa gauche; ils sont là pour le protéger. Ils ne pourront d'ailleurs pas empêcher, un peu plus tard, des antifascistes intrépides de prier énergiquement monsieur Faurisson de quitter spontanément la salle de réunion, à Stockholm. Les deux « gardes du corps » décident de s'éclipser avec Faurisson par la porte de derrière : devant, ils auraient reçu des coups.

Avec la résistance active qui existe dans ce pays libéral qu'est la Suède, il est extrêmement important, pour Rami, d'entretenir au moins de bons contacts avec l'étranger. C'est ce que prouve le quotidien *Expressen*, qui a pris Rami dans le collimateur : il donne, dans ses reportages, des informations sur les contacts internationaux de Rami – avec Kadhafi, en Libye, ou avec les intégristes musulmans au Proche-Orient.

Il faut encore ajouter que Rami a été présenté dans

le journal du NSDAP-AO *The New Order* comme un « *White Power Prisoner* », à côté d'autres activistes néo-nazis, lorsqu'il a purgé sa peine de prison : un martyr de la cause nationale-socialiste. Les contacts de Rami avec le NSDAP-AO passent autant, aujourd'hui, par les « camarades » suédois que par Christian Worch, le correspondant hambourgeois.

Rami sait fort bien utiliser les atteintes aux droits de l'homme commises en Israël contre les Palestiniens. Cela lui attire de précieux soutiens. Lors de son procès, en 1989, deux professeurs d'université viennent témoigner en sa faveur et donner un fondement « scientifique » à la propagande de Rami.

A l'été 1991, je rencontre Ahmed Rami à Stockholm. On arrange une entrevue dans la cafétéria de la télévision suédoise – je fais en sorte que Rami en sache aussi peu que possible à mon sujet. Comme nous sommes déjà en train de monter le film *La Peste brune*, je ne veux plus courir de risque. Après de brèves salutations, nous convenons de parler anglais. Un collègue nous présente, et la caméra tourne.

« Je suis révisionniste », dit-il, de bonne humeur, « et je suis heureux d'être révisionniste. »

Je suis pressé, j'en viens donc directement au fait.

« Mais vous affirmez ne pas avoir de contact avec les néo-nazis.

– Non! » répond-il, et il me regarde de ses yeux bruns étonnés comme si je l'avais accusé d'avoir commis une obscénité. Rami est de petite taille. Il a un visage sympathique, un front où peuvent se creuser des rides profondes quand il a un entretien désagréable. Bon, me dis-je, nous allons l'aider un peu :

« Vous connaissez peut-être le nom d'Ernst Zündel? », lui demandai-je sournoisement, car j'ai des preuves de l'existence de ce contact. Mais Rami ne considère sans doute pas Zündel comme un néo-nazi; il me répond :

« Oui. Mais je ne l'ai jamais rencontré. Quand je suis allé à Munich, il était déjà arrêté. Je ne l'ai jamais rencontré. Mais je le respecte. »

Rami était donc lui aussi au « congrès des révisionnistes » organisé cette année-là par Althans, à Munich, où la police a fort heureusement fait son devoir et a arrêté Ernst Zündel. Mais comme Rami semble ignorer qui est réellement Zündel, je me sens contraint de mettre les points sur les « i ».

« C'est un néo-nazi »! lui dis-je. Rami veut répondre, mais je n'ai pas encore fini : « Et un antisémite! »

Rami s'apprête à défendre Zündel :

« Je vais vous dire quelque chose... » commence-t-il, mais je l'interromps de nouveau, parce que je sais comment on peut lui faire comprendre le plus rapidement possible que Zündel est un néo-nazi :

« Il parle de " juiverie "! »

Rami plisse le front. Il ne semble pas me croire. Ahuri, il demande :

« Vous en êtes sûr? »

Je le suis. Mais je ne suis pas certain qu'il ait vraiment compris. Tout de même, pour lui comme pour moi, l'anglais n'est pas une langue maternelle :

« Vous comprenez ce que je dis?

– Non », répond Rami. Je lui répète donc encore une fois, mot pour mot, ce qu'a dit Zündel à Hagueneau (« ... ces mensonges que cette juiverie a répandus sur nous... ») Mais Rami ne se montre pas impressionné par les écarts de langage de Zündel. Il a à présent un tout autre sujet de réflexion :

« Puis-je vous poser une question : êtes-vous juif?

– Non », dis-je. La moutarde me monte lentement

au nez. Faut-il donc être juif pour trouver répugnante la campagne de haine menée par Zündel? Mais Rami a manifestement décidé de me donner enfin son opinion. Comme il est incapable de le faire en anglais, il se met à parler en suédois. Mon collègue traduit. Rami ne m'accorde pas un regard quand il lui explique :

« Il n'y a pas eu de chambres à gaz, mais on n'a pas le droit de le dire.

– Mais elles ont existé! » dis-je, étonné, quand on me traduit son affirmation. « J'y ai été. Je les ai vues personnellement! »

Rami secoue la tête. Il dresse l'index et se plaint auprès de mon collègue pour cette affirmation impudente :

« Vous pouvez lui dire que je dois avoir le droit de dire qu'il ne dit pas la vérité. Qu'il n'a rien vu. Il ne fait que mentir. Mais je ne veux pas le condamner pour cela. Je le considère comme la victime d'un lavage de cerveau. Je trouve que nous devrions créer un institut de déprogrammation pour aider les victimes du judaïsme. »

Je dévisage mon confrère qui vient de traduire ces mots et m'observe à présent, un peu déconcerté. C'est un gentil Suédois. Il a presque honte de ce qu'il vient de traduire.

Je lui fais un signe. Finissons-en!

Ahmed Rami, qui créerait de si bon cœur un institut de reprogrammation, doit pour l'instant utiliser avec ses amis d'autres trucs pour répandre le mensonge d'Auschwitz parmi le peuple – et il connaît d'ailleurs quelques succès partiels. Un parfait exemple de la tactique des « révisionnistes » nous conduit, une fois de plus, dans la belle Bavière.

Dans un journal d'annonces intitulé *Münchner*

Anzeiger, qui affirme tirer jusqu'à 200 000 exemplaires, on publie le 30 avril 1991, sur une pleine page, l'annonce d'une certaine J.G. Burg-Gesellschaft. Cette société « *présente l'œuvre intégrale de l'essayiste juif J.G. Burg, en liaison avec la réconciliation entre les juifs et les Allemands, et sur la base de la vérité* ». Parallèlement, on publie une longue interview d'Ahmed Rami qui, selon le *Münchner Anzeiger*, touche « *quatre fois par semaine un total de 700 000 auditeurs* » avec « Radio Islam ». C'est sans doute un peu exagéré, mais cela permet tout de même à Rami de donner une interview au cours de laquelle il nie le génocide. Le nom du journaliste qui mène l'entretien est Joachim Gross. Les questions sont lourdement « antifascistes », mais d'une extrême maladresse : « *A vous écouter, on pourrait croire que vous défendez le national-socialisme hitlérien?* » dit Gross quand Rami s'indigne de la « *privation de droits* » qu'on inflige au peuple allemand. Monsieur Gross arrive alors avec ses gros sabots :

« *Ce qui est un fait, c'est que six millions de juifs ont été gazés de manière planifiée, et de sang-froid.* »

Voilà bien la patte des « révisionnistes » : nul n'a jamais affirmé, chacun le sait, que six millions de juifs ont été gazés. Il s'agit des millions de personnes assassinées : gazées, abattues, pendues, frappées à mort, tuées par injections, mortes de faim, « exterminées par le travail », emportées par l'épuisement ou par les épidémies, mais toutes victimes de la « solution finale ». Un génocide administré par l'Etat, que Hitler lui-même avait annoncé et recommandé. Le chiffre de six millions a été donné par les bourreaux eux-mêmes. Adolf Eichmann, pour sa part, se targuait d'aller suivre « *en riant* » ses cinq millions de victimes « *dans la fosse* ».

Mais la tactique des révisionnistes est simple : si l'on peut commencer par prouver que le nombre des personnes *gazées* n'a pas du tout atteint les six millions, on peut affirmer avoir prouvé « la première exagération ». A l'auditeur dont on a ainsi éveillé la méfiance, on présente ensuite une foison de prétendus faits, absolument indémontrables, sinon avec une parfaite mauvaise foi. On mêle à ce flot de fausses informations des données officielles fournies par les institutions sérieuses. Tirées de leur contexte, il est facile de les utiliser pour « prouver » d'autres « contradictions ». L'étape suivante consiste à « démontrer » avec le *Leuchter-Report* l'inexistence des chambres à gaz en tant que telles, et d'atteindre, grâce à d'autres petits calculs du même acabit, un nombre de victimes avoisinant le zéro. Car on ne nie pas encore l'existence des camps de concentration eux-mêmes. Et les révisionnistes sont suffisamment malins pour ne pas négliger la « *mortalité naturelle* » chiffrée entre 40 000 et 300 000 personnes.

C'est ce qui arrive aussi dans cette interview menée par monsieur Gross. Rami « descend » même au chiffre de 15 000 morts à Auschwitz. « *Pourquoi,* demande Gross, le jongleur de chiffres, *les chambres à gaz auraient-elles été inventées?* » Rami s'attendait aussi à cette question :

« *Il y a beaucoup d'argent en jeu. A peine les Israéliens ont-ils retiré leur masque à gaz que l'argent venu d'Allemagne a coulé à flots**. »

Le reporter Gross feint la colère :

« *Je ne peux pas admettre le choix de tels termes.*

---

* Rami se trouve ici en illustre compagnie. Ce type de comparaison a déjà été utilisé par le directeur du *Spiegel*, Rudolf Augstein. En évoquant la « singularité » de la faute allemande, il expliquait, nous l'avons déjà cité : *Les Israéliens, eux aussi, ont [...] un véritable intérêt politique. Ils veulent maintenir éveillé le souvenir de la faute allemande, pour des raisons matérielles et pour assurer leur armement.* »

Les juifs ont tout de même souffert sous Hitler. Quelle que soit la justesse de vos arguments. »

Eh bien voilà. « Quelle que soit la justesse... » : pourrait-on me dire qui est ce journaliste du nom de Joachim Gross ?

Je prends mon téléphone et j'appelle le *Münchner Anzeiger*. Le rédacteur en chef sait immédiatement de quoi il s'agit. On a publié « cela », dit-il avec la grâce bavaroise, parce qu'on trouvait « cela » bon.

« Quoi ?

– Eh bien, cette histoire d'Auschwitz, fait-il, embarrassé.

– Quelle histoire d'Auschwitz ? dis-je.

– Oui, eh bien, euh... que ça n'était pas ainsi.

– Que quoi n'était pas ainsi ?

– Eh bien, cette histoire de gazages.

– Qui est au juste ce monsieur Joachim Gross, est-ce que je peux lui parler ? »

Soulagé, le rédacteur en chef répond que la personne en question est justement absente, mais que c'est un « très bon journaliste », qui écrit pour de grands quotidiens. Tiens donc.

Je m'apprête à raccrocher, mais comme par hasard, j'aperçois à ce moment-là l'adresse de cette étrange *Société J.G. Burg* qui veut travailler « *sur la base de la vérité* » : son siège est à Bad Kissingen ! C'est là qu'habite Otto-Ernst Remer, le garde du corps grognon du Führer ! Celui-là même dont le journal s'appelle *Recht und Wahrheit*, « droit et vérité », et qui se sert si souvent de ce dernier mot pour rebricoler l'histoire. Gross est forcément en relation avec Remer !

Ma dernière petite pièce glisse enfin dans la fente de l'appareil, et je demande au rédacteur en chef de *Münchner Anzeiger* !

« Ce Joachim Gross s'appelle-t-il Karl Philipp, en réalité ? »

Silence.

Touché, coulé.

Il parvient à dire :

« Oui, ça, je ne peux pas vous le dire. J'ignore qui vous êtes. »

Une boucle est bouclée : Philipp (« journaliste ») – Remer (contact au Proche-Orient) – Althans (coordinateur) – Worch (Sécurité, contact avec le NSDAP-AO) – Zündel (finances, propagande) – Irving (prestige) – Faurisson (stratégie) – Rami (« éducateur d'opposition ») – Philipp...

Ce n'est qu'un fil sur la toile de la haine. Un fil parmi des milliers d'autres, situés sur d'autres niveaux, mais visant tous le même objectif. Avec des moyens différents et le même fanatisme.

La liaison entre Ahmed Rami et les néo-nazis suédois n'est qu'un exemple de la parfaite imbrication entre le « révisionnisme » et le terrorisme. Tout passe par les contacts personnels. Mais il existe aussi un réseau souterrain, organisé à l'échelle internationale. A ce niveau-là, par exemple, des terroristes comme l'Italien Roberto Fiore et d'autres sont abrités chez des « camarades » anglais après l'attentat de Bologne. On se fait des amis : bien que Fiore soit recherché en Italie et que *Searchlight* le découvre à Londres, on ne le livre pas. Grâce aux services secrets anglais, le MI6. Les connaissances de Fiore sur les camps de formation du Fatah au Liban paraissent suffisamment importantes aux responsables de la sécurité britanniques pour laisser aux terroristes, à Londres, la possibilité de gérer trois entreprises*.

Cela doit pouvoir s'expliquer!

Les terroristes de droite allemands Walther Kexel et Ulrich Tillmann ont eux aussi été abrités chez leurs « *comrades* » en Angleterre, en 1983, après une série d'attentats contre des installations américaines, et avant d'être arrêtés. Kühnen, en fuite, a été logé chez Mark Frederiksen, à Paris. D'autres terroristes de droite recherchés se réfugient chez leurs « camarades » suisses. « *Safehousing* » est le terme anglais pour dire « abriter ». Le langage des agents secrets. La clandestinité. Comme c'est excitant! La réalité est plus banale : c'est un simple problème d'organisation. On coordonne le « *safehousing* », comme on coordonne les opérations terroristes elles-mêmes. Il existe pour cela des « *linkmen* » – des agents de liaison. L'un d'eux, et pas des moindres, vit à Amsterdam. Nous l'avons déjà rencontré. C'est un combattant expérimenté, un « soldat du Führer ». Il m'a, on s'en souvient, accordé un entretien, à condition de ne pas parler de ses contacts. J'ai accepté. Après un coup de téléphone où je donne le mot de passe dont nous étions convenus, « *13 janvier* », nous décidons d'un rendez-vous.

« Quelles ont été les plus belles années de votre vie? »

Gerrit Et Volsink ne bronche pas. Il paraît pétrifié. Puis il s'arrache à ses souvenirs.

« Ce sont les années de guerre qui m'ont le plus séduit, oui. »

---

* Rapport de *Searchlight*.

Amsterdam, été 1990. L'appartement de Wolsink déborde de mobilier et de fleurs. Il s'est installé sur son divan. Un chien noir passe de temps en temps en se glissant entre nos jambes. Derrière lui gazouille un canari joyeux. J'ai refusé poliment le café. Sur le deuxième divan, juste à côté de Wolsink, s'est installé le *Bereichsleiter* des Pays-Bas, Eite Homann, avec ses croix gammées tatouées; tout près de lui, Michael Kühnen, le « chef », qui a arrangé notre rencontre. Un certain Richard van der Plaas vient de quitter la pièce en toute hâte. Il ne voulait en aucun cas être filmé : c'est un membre dirigeant du mouvement néerlandais *Centrums-Demokraten* qui, comme le Front National français ou les « Républicains » allemands, affirme constamment n'avoir aucune relation avec les néo-nazis, ni aucun membre néo-nazi.

Le calme règne à présent dans le vaste appartement de Wolsink. Je regarde mes notes, où j'ai consigné tout ce que j'ai appris jusqu'alors sur Wolsink. Né en 1926, dans une famille nazie néerlandaise, il participe dès son enfance à des séances paramilitaires. A seize ans, en trichant sur son âge, il s'engage comme volontaire dans la Wehrmacht, volontaire de la SS et collaborateur du Bureau central de la Sécurité du Reich (RSHA). Puis il est membre de la « Division Brandebourg », composée de risque-tout volontaires et de repris de justice violents. Les « Brandebourgeois » sont essentiellement utilisés pour les « commandos suicides » et pour la « lutte contre les partisans »; ils commettent des violences inouïes, notamment à l'Est. Au cours de ces opérations, des villages entiers sont « éliminés ». Pendant l'Offensive des Ardennes, les « Brandebourgeois » sont déposés derrière les lignes, en uniforme des Alliés, pour prendre l'ennemi à revers. Sous la direction du *Gruppenführer SS* Joseph « Sepp » Dietrich, une bonne centaine de prisonniers de guerre américains sont alors exécutés près de Malmedy. Le dernier grade de Wolsink en service actif : *Hauptsturmführer SS* (capitaine).

Wolsink est exactement tel que je me le rappelais. Barbiche à la mousquetaire, oreilles remarquablement décollées et regard pénétrant. Bien qu'il soit, selon ses propres dires, atteint d'une grave maladie au ventre, il a une cigarette à la main et fume avec délectation quand je lui demande :

« Vous avez donc participé aux interventions des " Brandebourgeois ", des opérations clandestines menées, entre autres, sous uniforme étranger, des commandos spéciaux... »

Wolsink hoche la tête :

« Oui, la plupart du temps ».

A côté, Homann et Kühnen, observent, admiratifs, leur modèle, le *Hauptsturmführer SS.* Compte-t-il au nombre des tueurs SS ? Je lui pose la question :

« Avez-vous aussi pratiqué des liquidations ? »

Il penche la tête sur le côté.

« Humm... C'est toujours difficile d'en parler, parce que c'est considéré comme des crimes de guerre. »

Wolsink, qui a certainement toujours présenté à ses « camarades » les exécutions comme des actes héroïques, hésite un peu, à présent. Mais il ne perd pas son sang-froid. Il cherche ses mots :

« Euh... Je ne veux pas m'excuser, mais... »

Sa cigarette se consume sans qu'il la porte à sa bouche. Il grommelle à part, veut changer de sujet. Jusque-là, il m'a toujours regardé directement dans les yeux. A présent, il regarde ailleurs, je ne sais où dans la pièce. Et tout d'un coup, il me fixe de nouveau. Il dit prudemment :

« Si je l'ai fait, c'était seulement... c'était pour nettoyer. Pour préserver la vie de soldats allemands. »

Il hésite un très bref instant, puis ajoute :

« Pour continuer la guerre. »

Wolsink n'a pas été condamné pour participation à des crimes de guerre. Comme il l'écrit lui-même, c'était en raison du « *manque de preuves, du fait que j'avais un faux nom de guerre et une fausse date de naissance**. Sa participation aux opérations des « Brandebourgeois » lui vaut, lors d'un deuxième procès, en 1946, d'être condamné à huit ans de prison. Une année plus tard, il est libéré, « *à condition de participer à la "guerre froide" sous commandement allié* », c'est-à-dire d'utiliser les connaissances qu'il a acquises comme spécialiste de la terreur et du sabotage avec les « Brandebourgeois ». Wolsink écrit : « *J'avais demandé à mon supérieur hiérarchique le plus élevé dans l'après-guerre, le Gruppenführer DIETRICH, l'autorisation de me livrer à cette activité.* » Pour ses nouveaux « employeurs », les Alliés, il entreprend « *diverses opérations en zone soviétique* – selon le modèle des Brandebourgois ». Wolsink est membre du mouvement *Werwolf*, « Loup-garou »**, qui n'obtint pas le succès

---

* Extrait de : *Die Neue Front*, journal clandestin national-socialiste, n° 65.

** Les « loups-garous » étaient des fidèles de Hitler qui, après la fin de la guerre, étaient censés continuer à mener des actions de terreur et de sabotage. Cette opération avait été préparée bien avant la fin de la guerre. Mais les « succès » restèrent bien en deçà des espérances. Le « loup » était par ailleurs le symbole préféré de Hitler, censé unir la force, la solitude et le goût de l'attaque. Les plus proches familiers de Hitler étaient autorisés à l'appeler « Wolf », le loup. Quand il écrivait des articles dans le *Völkischer Beobachter*, son pseudonyme était « Wolf ». Ses quartiers généraux s'appelaient *Wolfschanze*, la queue du loup, et *Wolfschlucht*, la ravine au loup. (Aujourd'hui, le néo-fasciste français Michel Faci, par exemple, se fait appeler « Leloup ».)

espéré lors des opérations de sabotage contre les « occupants ». La mise en place du réseau ODESSA, qui fonctionna en Hollande sous le manteau de la HIAG néerlandaise, n'en fut que plus rapide. Officiellement, Wolsink travaille dans l'hôtellerie. Parallèlement, il organise la fraction néerlandaise de la Jeunesse Viking (*Viking-Jeugd*) et travaille au sein de la *Northern League*, une organisation néo-nazie opérant au niveau international. Pour le reste, il demeure « en retrait ». Mais plus tard, parce qu'il estime que « *le problème nègre et arabe fait courir un trop grand danger à la race* », il entre au NVU (« *Nederlands Volks-Unie* »), dont il démissionne en 1986. Il est lié depuis 1985 à l'ANS-Pays Bas.

Le numéro de la carte du NSDAP-AO détenue par Wolsink est le 688463. Aujourd'hui, Wolsink est le coordinateur et homme de liaison (« *link-man* ») international du milieu néo-fasciste; il a des contacts en Afrique du Sud, en Australie et aux Etats-Unis. Là, son principal correspondant est James K. Warner, en Louisiane. Un membre du Ku Klux Klan. Warner a fondé en 1971 une organisation baptisée NCCC (New Christian Crusade Church). Cette organisation a bientôt été dotée d'un sous-groupe activiste, la CDL (*Christian Defense League).* Ces organisations font partie du mouvement de l'*Identity*. Le CDL a par exemple des contacts avec le néo-nazi « présentable » David Duke, ancien chef du Ku Klux Klan (« *Grand Wizard* »), qui s'est présenté aux élections en Louisiane pour devenir gouverneur, et a récolté 44 % aux primaires, puis 39 % aux élections proprement dites.

Wolsink est aussi membre d'honneur d'un mouvement rigoureusement clandestin, le *British National Socialist Movement* (BNSM). Le chef du cadre secret du *British Movement* s'appelle Danny Tolan, mais on le connaît, même à l'intérieur du mouvement, sous son pseudonyme « O'Dan ». Le *British Movement* a eu une certaine notoriété dans les années soixante, quand son chef, Colin Jordan, a épousé en 1963 Françoise Dior, l'héritière du groupe de luxe français – un mariage qui eut lieu sous un portrait d'Adolf Hitler. Mais le noyau dur du mouvement ne tient pas à la publicité : l'organisation souterraine fondée dans les années quatre-vingts, le BNSM, est activiste, terroriste, et n'admet dans sa structure de cadres que des « *camarades éprouvés* ».

Les opérations internationales – la mise à disposition de mercenaires à l'Irak, par exemple – sont coordonnées par le spécialiste qu'est le « *comrade Wolsink* ».

Wolsink se considère lui-même comme un homme de l'ombre – ce qui explique qu'il ait fallu l'intervention de Kühnen pour qu'il accepte, en traînant les pieds, de m'accorder une interview. Il ne donne pas ses renseignements de bon cœur, et il me semble que je pourrais déjà m'estimer heureux de l'avoir devant ma caméra. Sa « participation » à la guerre froide me paraît intéressante. Notamment parce que Wolsink se qualifie de « soldat du Führer » – il faut qu'il m'explique comment il a pu assumer la contradiction que constituait sa collaboration avec les Alliés :

« Après la guerre, vous avez travaillé pour les Alliés. C'étaient pourtant des ennemis? »

Wolsink me regarde de ses grands yeux bleu délavés, qui paraissent encore plus larges derrière ses lunettes. Pour lui, ça n'est pas illogique :

« Eh bien, la véritable question était la suivante : soit mort, soit libre, en travaillant à peu près dans la même direction...

– Contre le communisme », dis-je en lui coupant la parole. Wolsink opine du chef. Cela va de soi.

« Oui, qu'auriez-vous fait, vous, à vingt et un ou vingt-deux ans? On peut tout de même mieux travailler comme cela. Et puis cela m'a permis de poursuivre sans interruption mon travail national-socialiste. »

Tout comme Klaus Barbie, le « boucher de Lyon », et d'autres hauts gradés de la Gestapo ou spécialistes SS, la « Guerre Froide » anticommuniste a été une planche de salut pour Wolsink. On accepte donc qu'il poursuive ses activités nazies. *Gentleman Agreement* :

« Je n'ai jamais mélangé les deux, et je n'en ai pas eu beaucoup l'occasion, à l'époque. »

Wolsink sourit, suffisant. Le souvenir de sa bonne collaboration avec les « ennemis » l'amuse encore aujourd'hui. Je voudrais savoir à quoi ressemblait son travail. Mais Wolsink ne dit rien :

« Je ne peux pas en parler, vous devez éviter de me poser la question, ça n'est pas possible.

– C'est-à-dire que vous ne pouvez toujours pas parler, aujourd'hui, de ces missions? »

Wolsink ferme les yeux un instant. Puis il secoue la tête.

« Non. Ça n'est pas possible.

– Pourquoi pas?

– Mais vous le comprenez bien, ça continue encore. »

Wolsink affirme pouvoir le prouver. Mais il ne voit aucune raison de *me* le prouver. Il n'est pas disposé à me fournir d'autres renseignements. L'entretien est terminé. Quand je demande, plus tard, à Michael Kühnen, ce que c'est que cette histoire de « Guerre Froide », il hausse les épaules : lui non plus n'en a jamais entendu parler.

Mon enquête n'ira pas plus loin : avec Wolsink, j'ai

atteint la limite de ce qu'un journaliste peut voir. Au-delà, s'il veut expliquer les protections dont profitent les néo-nazis, l'impunité dont semblent jouir les activistes les plus haut placés, la facilité avec laquelle les anciens nazis agissent encore aujourd'hui, il ne peut que tenter de rassembler de petites pièces d'un puzzle mystérieux. Les morceaux du puzzle sont en soi surprenants; leur assemblage, même incomplet, fait apparaître en filigrane de nouveaux morceaux d'un puzzle plus vaste et plus complexe, mais non moins effrayant.

4.

Une « hypothèse »

L'interview avec Wolsink a lieu en juillet 1990. Trois mois plus tard, en octobre 1990, la révélation d'un scandale en Italie va me fournir la première pièce d'un puzzle dont Wolsink ne serait vraisemblablement qu'un minuscule élément. Un puzzle dont les pièces sont éparpillées dans toute l'Europe, et qu'il sera difficile de reconstituer. Parce que aucune des personnes qui pourraient m'aider à le faire n'en a la moindre envie.

Quelques phrases accessoires d'une interview téléphonique que m'accorde enfin, pendant l'été 1991, après plusieurs demandes infructueuses, un haut fonctionnaire allemand de l'Office de Protection de la Constitution, montrent à quel point je touche à un sujet sensible. Mon interview porte sur les rapports de l'Office et des néo-nazis allemands. Mais à la fin de la conversation me vient encore à l'esprit une question que nous avons récemment effleurée, Graeme Atkinson et moi-même. Je demande au responsable de l'Office :

« Dites-moi, pouvons-nous parler rapidement de " Gladio "?

– De quoi?

– " Gladio "! »

Bref silence. Enfin le fonctionnaire répond :

« Oui, enfin, cela n'a strictement rien à voir avec l'extrémisme de droite!

– Vous trouvez? »

Nouveau silence embarrassé. Puis sa voix trahit son agacement :

« Ah, évidemment, d'une certaine manière, ça a... »

Et le fonctionnaire se rappelle tout d'un coup que l'on ne peut « absolument pas aborder ce sujet ». Qu'on ne peut pas faire ça comme cela. Bien que nous ne nous soyons jamais vus, il me donne tout d'un coup du « Mon jeune ami... », et n'en démord pas : il ne veut pas prendre position « là-dessus ».

C'était une réaction spontanée à une question concernant « Gladio ». Mais qu'est-ce donc que ce mystérieux « Gladio »?

Je retourne interroger Graeme Atkinson pour en savoir plus sur cette organisation.

« Tu as le temps? » me demande-t-il. Je hoche la tête sans conviction. Je préfèrerais un résumé rapide.

« OK. Alors essayons de faire aussi court que possible », dit-il, et il se met à raconter :

« Le 17 octobre 1990, en Italie, on révèle l'existence d'une sous-organisation absolument secrète et tout aussi illégale de l'OTAN (Organisation du Traité de l'Atlantique Nord). La sous-organisation a le nom de code de " Gladio " ».

Le juge d'instruction Felice Casson, de Venise, tombe sur cette structure quand il établit un lien entre des faits relevant du terrorisme de droite et l'assassinat d'Aldo Moro par les « Brigades Rouges », d'une part, et des informations alarmantes transmises par les Services

Secrets italiens, de l'autre. Graeme me montre les rapports d'enquête :

« Selon eux, il existe depuis plus de quarante ans une armée secrète de guérilla " anticommuniste " chargée de mener clandestinement des opérations de sabotage, de terreur et des " liquidations " en cas d'agression commise par le Pacte de Varsovie. » Cette troupe forte d'environ mille hommes est composée d'anticommunistes « convaincus », de « patriotes » qui organisent « secrètement » la résistance armée derrière les lignes et « dans la clandestinité ». « Mais ce n'est pas tout, dit Graeme. Felice Casson trouve des éléments indiquant que des membres de cette troupe, les " gladiateurs ", auraient participé à des attentats à la bombe et à l'assassinat d'Aldo Moro. » Les motifs seraient dignes d'un Goebbels : les actions terroristes devaient être mises sur le compte des extrémistes de gauche, pour radicaliser l'exigence d'un « Etat fort ». Graeme ajoute, agacé : « Les groupes de gauche et d'extrême droite avaient été infiltrés. Aldo Moro fut mis " hors circuit " parce qu'il s'efforçait d'instaurer une coopération entre les chrétiens-démocrates et le parti communiste. Dans ces intrigues meurtrières, on trouvait aussi la trace de la loge secrète d'extrême droite P2 *(Propaganda Due)*, déjà mentionnée lors du scandale de la connexion entre la Mafia et le Vatican. »

Je me rappelle cette affaire : la mort mystérieuse du pape libéral Jean-Paul Ier, en 1978, comme les étranges manœuvres financières de son adversaire, l'archevêque Marcinkus, pas encore totalement élucidées aujourd'hui. Marcinkus, ce prélat qui ne pouvait quitter le Vatican parce qu'il aurait immédiatement été arrêté par les autorités italiennes. Le patron de la Banque du Vatican était, la chose est établie, impliqué dans les affaires mafieuses du jongleur financier Michele Sindona. Le pape Jean-Paul Ier avait laissé entendre qu'il comptait mettre un terme à ces agissements; il « mourut » subitement, alors qu'il était en parfaite santé.

« Licio Gelli, le chef de la loge P2, m'explique Graeme, a joué un rôle clef dans cette affaire. »

Je demande à Graeme de répéter :

« Licio Gelli?

– Tout à fait! » dit-il, et il reprend son récit :

« Il y a des années, Gelli a rencontré le chef d'état-major du président américain, Nixon, et le futur commandant de l'OTAN, Alexander Haig. La rencontre a eu lieu au début des années soixante-dix, à l'ambassade américaine de Rome. »

L'un des sujets de la discussion, selon les documents de Graeme, était la nécessité de maintenir coûte que coûte le puissant parti communiste italien à l'écart du gouvernement. La P2 a été chargée de cette mission, moyennant une bonne rémunération, bien entendu. La « Propaganda 2 » a décidé d'encourager les opérations terroristes afin de pouvoir en accuser la gauche politique, de déstabiliser l'Italie et, au bout du compte, de préparer l'Etat pour un coup d'Etat militaire d'extrême droite. Elle a financé le groupe terroriste néo-nazi NAR*.

L'attentat de septembre 1980, à la gare de Bologne – 85 morts, plus de 200 blessés – était l'œuvre de la NAR. Et, nous le savons aujourd'hui, elle était planifiée par les gens de la P2 et de la troupe clandestine " Gladio ". Dans un premier temps, grâce à l'influence de Gelli, les poseurs de bombe n'ont pas été arrêtés. »

Graeme remplit sa tasse de café. Je lui demande :

---

* *Nucleii Armati Rivolutionari* – noyaux armés révolutionnaires.

« Et pourquoi le type de l'Office de Protection de la Constitution ne voulait-il rien me dire ? »

Graeme boit, pose sa tasse et s'allume une cigarette.

« Chaque chose en son temps, dit-il. Jusque-là, tu comprends que la CIA et d'autres services secrets sont impliqués dans cette histoire ? »

Je réfléchis, et j'avoue :

« Pas vraiment, non.

– Qui a organisé la rencontre entre Alexander Haig et Licio Gelli ? Le Père Noël ? C'était la CIA. Et c'est là que l'histoire commence vraiment ! Ces " gladiateurs " n'existent pas seulement en Italie. On en trouve dans la quasi-totalité des Etats d'Europe de l'Ouest. Même en Suisse et en Suède. »

Partout en Europe, on a mis en place des troupes clandestines de ce type, en toute illégalité, financées par l'OTAN, la CIA et les services secrets des pays en question. Ces troupes – comment pourrait-il en être autrement ? –, étaient composées d'anciens combattants SS et de néo-nazis, car ces gens-là, me dit Graeme, « réunissent toutes les conditions nécessaires pour faire partie d'unités de ce genre...

– C'est-à-dire ? »

Graeme énumère :

« Ils doivent être anticommunistes. Savoir manier les armes, avec, si possible, une expérience du combat. Ils doivent avoir des opinions extrêmement patriotiques. Ils doivent être capables de travailler dans la clandestinité. Ils doivent estimer qu'ils accomplissent un acte juste quand ils assassinent, plastiquent et sabotent " pour la patrie ". »

Graeme hausse les sourcils et me lance un regard interrogateur :

« En résumé, cela donne quoi ? »

Je hoche la tête :

« Oui, ça ressemble pas mal au portrait d'un nazi...

– Pas mal ? c'est exactement le profil d'un fasciste. Et qu'ils soient, en plus, antisémites, est parfaitement égal à la CIA.

– Continue ! »

Graeme prend encore une gorgée de café et reprend :

« On n'a pas fait appel aux fascistes dans tous les pays, mais dans la plupart d'entre eux. »

Graeme me montre les coupures de presse qu'il a rassemblées.

Le premier ministre néerlandais Ruud Lubbers a fait savoir qu'il existait une section néerlandaise de « Gladio », et qu'on allait mener de nouvelles enquêtes. Ils peuvent commencer tout de suite avec Wolsink, on dirait qu'il a été taillé sur mesure pour cet emploi. En Grèce, le ministre de la Défense Yannis Varvisiolis a annoncé que la CIA avait mis en place un groupe nommé « Peau de mouton ». Découvert en 1988. On a fait des trouvailles analogues au Portugal, en Turquie et en France. Graeme commente, laconique : « En France, Jean-Pierre Chevènement, le ministre de la Défense de l'époque, a déclaré que la chose " avait été découverte tout récemment ". Heureux ceux qui y croient. Quoi qu'il en soit, c'est en Allemagne, en Belgique et en Suède que l'affaire Gladio, sous le nom " *Stay Behind* ", avait le plus d'analogies avec ce que l'on avait découvert en Italie.

» Mon contact à la CIA, un officier supérieur de la " *Company* ", m'a confirmé qu'un certain " *US-Office of Policy Coordination* " a organisé toute l'affaire avec le chef du Service Fédéral du Renseignement, le BND.

Plus tard, les gladiateurs de " *Stay Behind* " ont aussi été formés et entraînés par le service secret anglais, le SIS. Entraînés au sabotage, au meurtre et aux attentats à l'explosif. »

J'allume à mon tour une cigarette.

« Ce sont de gentils démocrates!

– Les " gladiateurs " allemands avaient même une liste noire de gens à " abattre préventivement " si les Russes arrivaient, ou même menaçaient d'arriver. L'un des personnages de la liste était par exemple Herbert Wehner, l'homme politique social-démocrate. »

Graeme se lève et regarde par la fenêtre de son appartement. Il n'arrête pas de pleuvoir, depuis le début de la matinée. Il se retourne et dit :

« Le plus gros poisson était Klaus Barbie. C'est lui qui recrutait les gladiateurs avant qu'il ne disparaisse en Amérique du Sud. D'une manière générale, les SS constituaient le gros de ces combattants. En Suède, par exemple, on a fait appel à d'anciens volontaires de la Waffen-SS. L'organisation s'appelle " *Sveaborg* ". Elle existe encore aujourd'hui!

» En Belgique, en 1989, une commission d'enquête parlementaire a révélé l'existence d'un groupe clandestin d'extrême droite impliqué dans des affaires de violence, de subversion, de terreur et de meurtres. On a rendu ce groupe responsable de l'assassinat, au début des années quatre-vingt, de 23 personnes – des crimes attribués, à l'époque, à des " terroristes d'extrême gauche "*. L'organisation s'appelait " Groupe G ", avait des ramifications dans la police et l'armée; il suffit de savoir que deux et deux font quatre pour comprendre qui se cachait derrière elle!

---

* Le groupe était connu sous le nom des « Tueurs du Brabant ».

» Tout ce réseau clandestin et illégal, tissé à travers l'Europe, était financé par la CIA, l'OTAN et les services secrets, qui leur fournissaient armes, explosifs et équipement. »

Graeme s'arrête, vérifie que je le suis bien.

« Et tout cela a été dévoilé. Dans toute l'Europe. Bien entendu, personne n'était responsable. Cette bonne vieille *deniability**. On a clamé que ces groupes allaient être dissous, mais rien ne s'est passé ! Rien, à ma connaissance.

– Bon, et en Allemagne ? demandé-je à Graeme. Pourquoi l'Office de Protection bloque-t-il l'information ? Pourquoi ce scandale n'ébranle-t-il pas la république ? Pourquoi ne lit-on pratiquement rien là-dessus dans les journaux ? »

Graeme tire sur sa cigarette et fait nerveusement tomber la cendre. Il se rassoit et dit :

« Je l'ignore. Toutes les personnes concernées ont vraisemblablement été heureuses quand, à l'automne 1990, le conflit du Golfe a fait les grands titres. Le " timing " n'aurait pas pu être mieux choisi. Quelques journaux en ont parlé, le plus souvent avec une nonchalance extraordinaire. Quelques journalistes ont fait des

---

* *Deniability :* capacité de nier. Il s'agit du terme professionnel désignant une méthode fréquemment employée dans les services secrets, pour « mettre à l'abri », si nécessaire, des hommes politiques de haut rang impliqués dans une affaire. On rédige les dossiers et les comptes rendus de telle sorte que l'on ne puisse pas prouver que les personnes concernées n'étaient pas au courant des opérations – illégales. Une pratique antidémocratique, dans la mesure où la personne concernée peut ainsi échapper à sa responsabilité politique, alors qu'elle devrait précisément répondre de ces actes-là. Mais la *deniability* ne règne pas uniquement dans les services secrets : si l'on accepte volontiers les responsabilités, depuis le Vatican jusqu'à la mairie de la plus petite bourgade, on l'assume de moins bon cœur « en cas de problème ».

enquêtes. J'en connais qui les poursuivent encore aujourd'hui et qui n'ont pratiquement rien trouvé. »

Graeme me regarde. Il se lève et me donne une bourrade sur l'épaule. Puis il revient à la fenêtre. Les gouttes d'eau y dégoulinent, poussées par le vent contre la vitre. Graeme se retourne. D'une voix basse, il dit :

« Il a fallu attendre 1945 et la défaite du IIIe Reich pour comprendre à quel point les politiciens " démocrates ", les banquiers " démocrates ", les officiers " démocrates ", les policiers " démocrates ", les universitaires " démocrates " et les industriels " démocrates " avaient encouragé, soutenu et assisté les nazis. Sans ces " démocrates "-là, Hitler ne serait jamais arrivé au pouvoir. Si l'on ne veut pas que cela se répète, il ne faut pas tolérer les ennemis de la démocratie – peu importe qu'il s'agisse de " gladiateurs ", d'agents de services secrets tout-puissants, de " néo-nazis " ou de n'importe quoi d'autre. Tous les démocrates, toutes les victimes, réelles ou potentielles de la terreur nazie doivent le comprendre : parler de démocratie ne suffit pas. Il faut la pratiquer. Cette fois, personne ne pourra dire qu'il n'a pas été prévenu ! »

[illegible]

encore ? Les [illegible] ont [illegible] politiques [illegible] aujourd'hui, et qui n'ont absolument rien résolu.

Gorgone ne regarde [illegible] les autres [illegible] la [illegible] années d'une [illegible], qui se [illegible] les unes contre les autres. Gorgone est informe. D'une [illegible].

Il a fallu attendre 1989 et la [illegible] du mur [illegible] pour comprendre ce que pesaient les [illegible] "démocrates", les [illegible] "droits [illegible]", les [illegible] "[illegible]", les "[illegible]" [illegible] "démocratie" et [illegible] "démocratiques" avoir [illegible] soutenu et [illegible] la [illegible] démocratie. [illegible] Hitler ne serait jamais arrivé au pouvoir. Si l'Europe [illegible] pas [illegible] cela [illegible] qu'il ne faut pas [illegible] les [illegible] de la démocratie [illegible] qu'il s'agisse de [illegible] de "[illegible]" ou de [illegible] d'autre. Tous les démocrates [illegible] ou [illegible] de la [illegible] mais [illegible] parler [illegible] démocratie [illegible]. Cet [illegible] pas été [illegible].

5.

Un baume pour le cœur

(En guise de postface)

Quand nous voulons parler du IIIe Reich, c'est souvent le nom de Hitler que nous prononçons. C'est, en soi, une erreur fondamentale. D'où tenons-nous ce qui se serait passé si Hitler n'avait pas existé? N'y aurait-il eu vraiment aucun autre extrémiste de droite susceptible d'attirer dans son sillage les déçus et les « désorientés »? Nul autre, réellement, n'aurait-il pu parvenir à enthousiasmer les masses avec les méthodes simples et brutales qui caractérisent l'extrémisme de droite? Non, si l'on a pris Hitler trop peu au sérieux, jadis, on a aussi sous-estimé les extrémistes qui l'entouraient. Il en va de même aujourd'hui, lorsqu'on tente, en Allemagne, d'interpréter les tendances fascisantes comme une simple « désorientation ».

Que l'on parle, en Allemagne, de « désorientation » des jeunes extrémistes (une catégorie qui inclut des hommes et femmes de vingt-cinq ans...), ou, en France, de « crise morale » pour expliquer la montée de la haine et de la violence, on semble oublier que cette haine-là va toujours dans le même sens : celui de l'extrême droite. Et que sa cible est toujours la même : l'étranger. En Allemagne, pour la seule année 1992, une douzaine de personnes ont été assassinées par les nazis. Mais pendant que les banalisateurs du phénomène, hommes politiques ou journalistes, continuaient à parler du « problème des demandeurs d'asile », les salauds mettaient le feu aux foyers de réfugiés pour régler le problème à la manière des nazis, et le faisaient presque impunément. La réaction du gouvernement fédéral allemand : on exprime « la colère, l'amertume et la tristesse », on interdit quelques « organisations avancées », et passez muscade! Aujourd'hui, les choses deviennent plus difficiles – pas pour les manipulateurs nazis, qui continuent à mener librement leur besogne, mais pour les demandeurs d'asile.

On avait réagi tout autrement, dans les années soixante-dix, quand c'étaient des hommes politiques et des chevaliers d'industrie qui étaient terrorisés par un mouvement d'extrême gauche, la RAF. A l'époque, on s'était soucié du bien-être des personnes menacées, et l'on avait montré beaucoup plus d'empressement. La police était à tous les coins de rues, je m'en souviens fort bien. On affirma même que l'Etat était en danger – on proclama l'état d'urgence. Une grande partie des activistes arrêtés à l'époque se trouvent, aujourd'hui encore, en prison. Quand le péril de gauche se faisait menaçant, on trouvait aussi d'étranges comparaisons, de celles qui sèment une dangereuse confusion. En 1984, à l'occasion d'une manifestation d'extrême gauche, le chancelier Kohl affirmait : « Il n'y a pas de différence entre la barbarie nazie et la terreur que propage cette racaille. » Aucune différence! – La citation est reprise dans la plaquette *Une décennie allemande,* publiée en 1992 à l'occasion des dix années de pouvoir du chancelier. Ce qui permet de conclure que Kohl et ses conseillers estiment encore aujourd'hui que cette comparaison perfide est justifiée. Cela fait-il partie de la « rénovation intellectuelle et morale » que Kohl a provoquée en dix ans?

Quand les hommes politiques de premier plan se protègent eux-mêmes, mais ne se soucient pas des « gens simples », la démocratie est un mot, pas une réalité. Comment peut-on être assez cynique, en 1992, pour parler comme l'a fait le chancelier Kohl en novembre 1992 d'« état d'urgence » à propos du « problème des demandeurs d'asile », en s'inquiétant non pas des bandes de casseurs d'extrême droite, mais du « flot de demandeurs d'asile » dont l'Allemagne, dit-on, ne vient pas à bout?

L'autre problème semble être, pour quelques-uns, l'« image de l'Allemagne à l'étranger ». Il existe en Europe une poignée de spécialistes de l'Allemagne qui entrent en scène chaque fois qu'il s'agit de sauver l'image de marque de l'Allemagne. « *L'essai de Monsieur Angelo Bolaffi était un baume pour le cœur* », écrit au *Spiegel* un lecteur reconnaissant, en janvier 1993. L'hebdomadaire a en effet publié le 14 décembre un article de ce type, écrit par un « étranger ». Son auteur, le professeur d'université romain Angelo Bolaffi, y écrivait : « *Les temps sont révolus, où l'Europe pouvait punir une Allemagne mal-aimée en se référant simplement à sa culpabilité historique.* » Emporté par l'esprit de l'Europe unie, il s'interroge : « *L'Europe ne devrait-elle pas se demander s'il ne serait pas plus judicieux de suivre l'exemple allemand que de le craindre? Ne serait-il pas plus sensé de tenter de percer le mystère de l'économie allemande et de la stabilité du pays après la Seconde Guerre mondiale, au lieu d'observer constamment les événements avec inquiétude et méfiance?* »

Cela sonne bien. Libéral, ouvert au monde. Mais pourquoi Bolaffi ne dit-il pas ce que le « miracle économique allemand » a de si mystérieux? Car cet « expert de l'Allemagne », comme le qualifie le *Spiegel*, n'ignore tout de même pas que seuls le soutien massif des Etats-Unis et le bon vouloir des Alliés ont permis la reconstruction ultra-rapide de l'Allemagne et la forte croissance économique d'un pays dont on comptait faire un rempart contre le communisme. Accessoirement, le « miracle économique » fut le résultat, outre de l'« ardeur allemande », de l'emploi de nombreux travailleurs immigrés venus d'Italie, d'Espagne et de Turquie. Bolaffi ne décrit pas tout cela dans son essai. Le sur-titre de l'article, « *L'ennemi convoqué* » laisse déjà deviner ce qui le préoccupe. « *Un syndrome antiallemand se propage en Europe – une véritable allergie à la nouvelle réalité de l'Allemagne unifiée* », affirme Bolaffi en introduction. Et il désigne aussitôt les responsables de cette ambiance : « *La gauche européenne, allemande comprise et italienne d'abord, a pris une place singulière dans le cadre de cette orgie de suppositions malveillantes et de pures et simples falsifications.* » Après cette entrée en matière, un petit coup de rabot : « *La gauche témoigne envers l'Allemagne de la même intolérance que l'on manifeste envers Israël. Cette attitude se rapproche dangereusement du racisme.* » Cela aurait pu suffire. Mais Bolaffi, professeur de philosophie politique à l'Université La Sapienza, en rajoute encore : « *On a presque l'impression que la gauche espère que le " péril allemand " si fréquemment invoqué va devenir une réalité.* » Puis Bolaffi désigne une fois pour toutes les véritables responsables de la terreur néo-nazie : « *Nous avons affaire à un cas de prophétie qui provoque elle-même ce qu'elle annonce, de pur masochisme politique qui tente de trouver un ennemi –*

et qui, lorsque c'est possible, le trouve ». Eh bien voilà, tout est clair : tout cela vient de la gauche. Sans la gauche, notamment italienne, cela s'entend, il n'y aurait donc pas de skinheads, pas de néo-nazis, pas de terroristes de droite, pas d'extrémistes de droite au parlement. Ce sont des accusations aberrantes, sans la moindre espèce de preuve. Mais c'est un « *baume pour le cœur* ». Pour quel cœur?

« *Quand on profane le cimetière de Dachau*, confirme Bolaffi, *il y a certainement de quoi être triste et inquiet.* » Après ce qu'il vient d'écrire, j'ai peine à croire que Bolaffi soit réellement touché : ce sont des larmes de crocodile. D'ailleurs, dès le paragraphe suivant, il relativise : « *Et pourtant, les vieilles campagnes de désinformation contre l'Allemagne ne servent à rien – et la haine est encore moins efficace.* »

Quelle désinformation? Est-ce de la désinformation de dire que les droits de l'homme ne sont plus garantis en Allemagne? Est-ce être bolcheviste que de dire que la justice allemande, et pas seulement elle, est aveugle de l'œil droit? Ce n'est pas la haine qui pousse des entreprises japonaises à conseiller à leurs employés de ne marcher dans les rues allemandes qu'en costume sombre, pour ne pas être confondus avec les demandeurs d'asile : c'est la réalité.

Quel jeu jouent donc Bolaffi et ses semblables? Ils déforment, ils banalisent, ils font diversion. En assenant des phrases compassées et odieuses, comme « *et la haine est encore beaucoup moins efficace* ». Car d'où vient-elle, cette haine?

Récemment, Bolaffi le rappelle aussi, 50 000 néofascistes italiens ont parcouru les rues de Rome. En Italie, on a repoussé brutalement les réfugiés albanais. Le mot « fascisme » vient du latin. Le racisme est tout aussi présent en Italie qu'en France ou en Allemagne.

Quant au scandale de « Gladio », s'il a bien pris naissance en Italie, on a appris par la suite que presque tous les autres pays européens avaient leurs propres « gladiateurs »...

La France n'est pas en reste non plus. Le racisme y a aussi fait des morts : de jeunes Français d'origine maghrébine, le plus souvent, assassinés dans les banlieues par d'autres « désorientés », souvent plus âgés, qui maniaient la carabine et auxquels les slogans de l'extrême droite avaient laissé croire que tout était désormais possible. En France aussi, après chaque crime de ce genre, on se penche plus sur le « problème des cités » ou sur le « problème des beurs » que sur le problème du racisme proprement dit.

Bien sûr, on n'a jamais vu, en France, de foyers de réfugiés attaqués au cocktail Molotov sous les ovations des riverains. Mais c'est en France qu'on a employé pour la première fois le mot « détail » pour désigner l'holocauste. En France qu'on a laissé se dérouler une amnistie « froide » des criminels de guerre aux ordres des nazis. En France que l'on attend toujours le jugement d'hommes présumés coupables de crimes de guerre abominables, mais dont le procès est reporté, de grâce en pourvoi, de pourvoi en amnistie. C'est en France, depuis l'amnistie générale, qu'il est interdit de dire qui a torturé et massacré en Algérie – même si les crimes qui y ont été commis n'ont *aucune commune mesure* avec ce qui s'est passé sous le nazisme. C'est en France que l'on peut être condamné plus sévèrement pour avoir volé des pâtisseries que pour avoir tué un voleur de croissants d'origine maghrébine. En France que l'on peut aussi voir, le premier Mai – une date déjà choisie par le IIIe Reich – des jeunes gens bien peignés défiler devant leur « guide » en l'honneur de Jeanne d'Arc. En France que des historiens, pas tous d'extrême droite, tentent de réhabiliter la mémoire des valets du nazisme, de Vichy et de la milice. La liste pourrait continuer, on le sait bien... On est aussi frappé de voir combien les extrêmes droites allemande et française suivent des chemins parallèles depuis dix ans : même travail de sape pour faire éclater les tabous, mêmes glissements du langage pour rendre fréquentable ce qui était odieux et doit le demeurer, volonté de ne plus « jeter de la cendre sur la tête » à l'est du Rhin, « détail » ou « durafour... » à l'ouest : dans les deux cas, la même haine, la même volonté d'effacer, d'écraser une histoire qui pèse trop lourd sur les consciences, de rendre de nouveau le fascisme fréquentable.

La haine ne vient pas d'un pays en particulier, elle est internationale. Tout comme il existe partout des défenseurs professionnels de l'Allemagne, de la trempe d'un Bolaffi. Ce livre provoquera certainement l'intervention de certains d'entre eux. Alors qu'il ne s'agit pas de l'Allemagne, mais de la *politique* allemande. Comprendre cela, ne pas nier la réalité, ne pas crier à l'« antigermanisme » en montrant l'autre du doigt : voilà qui sert réellement la compréhension et l'amitié entre les nations démocratiques. Le but de ce livre est de le faire comprendre, et de mettre en garde contre les extrémistes de droite. Il est dédié à tous ceux qui ne se laissent pas tromper, qui font preuve de courage civique et se préoccupent avant tout d'humanité.

Durant l'hiver 1992, des centaines de milliers de personnes ont manifesté contre la haine, des bougies à la main. Ce sont *elles* qui ont sauvé le prestige de l'Allemagne. Espérons que leurs convictions étaient assez profondes pour que cet esprit-là se traduise aussi en actes politiques.

REMERCIEMENTS

Je voudrais ici remercier ceux qui m'ont aidé, par leur soutien moral et technique, à écrire ce livre. Un gentil collègue, qui a mis sa documentation à ma disposition et m'a rappelé citations et contextes, mais qui demeurera anonyme pour des raisons de sécurité. Les gens des Editions Lattès, qui m'ont convaincu d'écrire un livre à un moment où j'aurais préféré ne plus entendre parler de tout cela. Mon traducteur français. Les deux démocrates dont le moral et le vin chaud ont donné des ailes à mon écriture. Et « *very special thanks to* » Graeme Atkinson, un ami.

LISTE DES INITIALES ET ORGANISATIONS

ADL	Anti-Defamation League of the B'nai B'rith – Organisation juive de lutte contre l'antisémitisme (USA)
AKON	Action Oder-Neiss; organisation avancée du DVU d'extrême droite (D)
ANS/DA	Front d'Action des Socialistes Nationaux/Activistes nationaux (interdit en 1983) (D) (Chili) et autres
ANS/NL	Front d'Action des Socialistes Nationaux / *Gau* des Pays-Bas (NL). Cette organisation avancée du NSDAP-AO existe toujours en Hollande
Antifa	Mouvement antifaciste
AO	Voir NSDAP-AO
AVÖ	Althans Vente et Relations publiques, ou bien : Bureau pour l'Education populaire et les Relations publiques. Cette organisation recoupe pratiquement une organisation dénommée DJBW (Œuvre pour la formation de la jeunesse allemande); dirigée par Ewald Althans. Relations avec la plupart des autres groupes d'extrême droite. Contacts principaux : Zündel, Remer et David Irving
AZA	Action Antisioniste; organisation avancée du NSDAP-AO (D)
B & H	Blood & Honour (GB) (« Sang et honneur » – réseau skinhead ayant des relations avec le National Front, le BNP, la Suède (Sverigedemokraterna, VAM), l'Allemagne (DA, etc.) et d'autres pays
BdV	Union des Expulsés; fédération influente des unions d'expulsés et amicales régionales; contacts avec les sections locales des partis (CDU, CSU et SPD); mais aussi contacts (personnels) avec les REP, le DVU, le FAP... (D)

BFV	Office fédéral de Protection de la Constitution. Service secret chargé de lutter contre les menées anticonstitutionnelles. (D)
BM	British Mouvement; organisation nazie anglaise (GB)
BND	Service Fédéral du Renseignement (service secret extérieur) (D)
BNP	British National Party; parti d'extrême droite; contacts avec les organisations nazies en Allemagne, en France et en Afrique du Sud. (GB)
BNSM	British National Socialist Movement; organisation des cadres du BM, liens avec le NSDAP-AO, le KKK et les néo-nazis en Afrique du Sud. (GB)
BSS	Verara Sverige Svenkst (gardez la Suède suédoise) (slogan nazi), nom du groupe d'éclaireurs des « démocrates suédois »; contacts avec le VAM (S), les REP (D) et le NSDAP-AO (D); (S)
CDL	Christian Defense League; groupe d'extrême droite activiste, adepte de la « religion » de l'*identity*, contacts avec le NSDAP-AO et le KKK; (USA)
CDU	Union chrétienne-démocrate, parti de gouvernement depuis 1983 en Allemagne (D)
CEDADE	Circulo Espanol de Amigos de Europa : organisation néo-nazie avec contacts internationaux. Chef : Pedro Varela (E)
CIA	Central Intelligence Agency (services secrets américains) (USA)
CIC	Counter Intelligence Corps (service secret militaire) (USA)
COBRA	Comittee Objectif entraide et solidarité avec les victimes de la répression antinationaliste; groupe d'aide aux prisonniers d'extrême droite, partenaire de la HNG (D); (F)
COFPAC	Comittee for Free Patriots and Anticommunist Political Prisoners; extrême droite (USA)
COTC	Church of The Creator, « église du créateur », organisation d'extrême droite, qui propage la « religion » de l'identity; contacts dans le monde entier; (USA)
CSU	Union chrétienne-sociale (D – Bavière) (alliée au CDU)
DA	Alternative Allemande; organisation avancée du NSDAP-AO (interdit en décembre 1992) (D)

DDF	Die Deutsche Freiheitsbewegung; groupe d'extrême droite autour d'Ernst-Otto Remer; bons contacts internationaux, notamment avec la Russie et l'Arabie; (D)
DFF	Front des Femmes Allemandes; organisation avancée du NSDAP-AO, presque sans signification. (D)
DL	Ligue Allemande pour le Peuple et la Patrie; anciennement « Alliance Allemande », carrefour des nationalistes allemands insatisfaits et des néo-nazis en quête de carrière; (D)
DNP	Parti germano-national; groupe néo-nazi en relation avec le NL, et le NSDAP-AO; (D)
DSU	Union sociale allemande; parti-frère du CSU en Allemagne de l'Est. (D)
DSVK	Front de protection allemand pour le peuple et la culture, organisation avancée du DVU (D)
DVU	Union Populaire Allemande (D), parti comptant de nombreux membres, sous les ordres du Dr Gerhard Frey; éditeur de journaux et propriétaire immobilier. De nombreux contacts existent avec les néo-nazis, mais Frey traîne volontiers devant les tribunaux ceux qui le traitent de néo-nazi.
EAP	Parti ouvrier européen. Organisation avancée de l'extrémiste de droite américain Lyndon LaRouche. Son réseau a peu de contacts avec les extrémistes de droite, mais de bonnes relations avec l'industrie nucléaire. Les organisations de LaRouche sont actives dans la plupart des pays européens, et disposent de leur propre « service de sécurité » qui travaille avec les méthodes des services secrets.
ENO	Nouvel Ordre Européen; Organisation fantomatique, ayant des « délégués » provenant de divers groupes d'extrême droite européens. Principale activité : établissement de relations, soutien au révisionnisme. L'ENO reste en général dans l'ombre, comme l'un de ses soutiens, le banquier suisse François Genoud; (s'appelle également NOE, NEO) (CH)
FANE	Fédération d'Action Nationale Européenne (interdite) (F), rebaptisée FNE
FAP	Parti ouvrier de la liberté; ce parti néo-nazi a obtenu près de 20 000 voix aux élections européennes de 1989, bien que beaucoup de groupes néo-nazis aient appelé à voter pour les « Républicains » ou pour le DVU; (D)

FAZ	Frankfurter Allgemeine Zeitung
FDJ	Front de la Jeunesse Allemande (organisation de jeunesse de la RDA) (dissoute) (RDA)
FDP	Parti démocratique libre (parti libéral) (D)
FHO	Légion Etrangère Est; service secret sous le IIIe Reich, chargé de l'URSS, prédécesseur du BND (D)
FN	Front National, parti d'extrême droite français dirigé par Jean-Marie Le Pen (F)
FNE	Faisceaux Nationalistes Européens; groupe néo-nazi ayant des contacts avec le BNP, le NSDAP-AO et le BM; impliqué dans des actions terroristes; (F)
FPÖ	Parti Autrichien pour la Liberté; parti d'extrême droite comptant de nombreux membres, en Autriche, autour du convenable Jörg Haider; contacts avec le REP, mais aussi avec les néo-nazis en Autriche. (A)
GndF	Communauté d'opinions du Nouveau Front; intermédiaire entre le NSDAP-AO et les organisations avancées (D), (NL), (B)
GESTAPO	Police secrète du IIIe Reich
HIAG	Communauté d'assistance mutuelle, union fédérale des anciens soldats de la Waffen-SS; fondée à l'origine pour être un service de recherches, il a été infiltré par les gens de l'ODESSA et fait aujourd'hui partie des organisations clefs, ayant des contacts avec la quasi-totalité des groupes d'extrême droite; (D) (NL)
HNG	Hulpkomitee voor Nationalistische politieke Gevangenen : organisation d'extrême droite d'aide aux prisonniers, partenaire de la HNG allemande; (B)
HNG	Organisation d'assistance aux prisonniers politiques nationaux et à leur famille (D). Derrière l'« aide aux prisonniers » se cache l'organisation clef des cadres néo-nazis allemands; liens avec la plupart des autres groupes (D)
HTS	Cercle des Etudiants de Tübingen; association d'étudiants d'extrême droite; contacts avec le milieu néo-nazi (D)
IHR	Institute for Historical Review; cette organisation encourage et anime le révisionnisme; contacts avec tous les groupes et extrémistes importants, sur une base internationale; (USA)

INFAS	Institut des sciences sociales appliquées; Institut de sondage (D)
IOR	Instituto per le Opere Religiose (Banque du Vatican) (I)
JU	Jeune Union (organisation de jeunesse du CDU) (D)
KK	Kreativistens Kyrka; groupe néo-nazi en Suède, adepte de la « religion » de l'*identity*; contacts avec le VAM
NSDAP-AO,	Ahmed Rami et les Sverigedemokraterna; (S)
KKK	Ku Klux Klan (intitulé général pour un réseau « clandestin » d'organisations, avec de nombreux contacts avec les groupes néo-nazis et les terroristes; (USA), (CD), (GB), (F), (D), (S), (N)
KPD	Parti Communiste Allemand (Interdit sous le IIIe Reich, puis de nouveau depuis 1956)
NA	Alternative Nationale; organisation avancée du NSDAP-AO, fondée par des néo-nazis de Berlin-Est
NAR	Nucleii Armati Rivolutionari (noyaux armés révolutionnaires); groupe terroriste d'extrême droite ayant des contacts avec la loge P2 et d'autres personnes que nous ne pouvons citer pour des raisons judiciaires; certains de leurs membres ont participé à l'attentat à la bombe à la gare de Bologne (I)
NCCC	New Christian Crusade Church; organisation de l'*identity* ayant des contacts avec le Ku Klux Klan (USA)
NEK	Commando d'Intervention Nationaliste; groupe de combat néo-nazi paramilitaire en Allemagne de l'Est (D)
NEO	New Europe Order (cf également NEO, NOE) (CH)
NF	National Front; organisation néo-nazie avec contacts au Proche-Orient. (GB)
NF	Nationalistische Front; organisation nationale-révolutionnaire nazie; relations avec les révisionnistes; interdite en 1992 (D)
NL	Liste Nationale; Organisation avancée du NSDAP-AO (D, Hambourg)

NO	Offensive Nationale; installé, à l'origine, dans le sud de l'Allemagne, le NO transféra l'essentiel de ses activités dans l'est de l'Allemagne et en Pologne, jusqu'à son interdiction; contacts avec le NL, NA, REP et DVU (interdit en 1992) (D)
NPD	Parti national-démocratique d'Allemagne; parti d'extrême droite qui eut même des députés aux parlements dans les années cinquante, ce qui assure encore aujourd'hui sa notoriété; pour le reste, malgré des succès partiels (quelques entrées aux conseils municipaux), pratiquement insignifiant par rapport au REP et au DVU; bons contacts, entre autres, avec le HNG (D)
NS	Nationale Sammlung; Kühnen tenta en vain d'entrer au conseil municipal de Langen avec ce parti (interdit en 1989) (D)
NSDAP	Parti national-socialiste allemand des ouvriers; le mouvement de Hitler était constitué par le parti national-socialiste et le DAP (Parti des ouvriers allemand); (IIIe Reich)
NSDAP-AO	Parti national-socialiste allemand des ouvriers – Organisation étrangère et constitutive (USA et autres)
NSDAP-AO	Organisation Etrangère du NSDAP – l'originale (IIIe Reich)
NWD	Résistance Nationale Allemande; organisation-écran de Rainer Sonntag jusqu'à sa mort; organisation avancée du NSDAP-AO (D)
ODESSA	Organisation des Anciens Membres de la SS; ses contacts dans l'économie et dans l'industrie donnent à cette organisation un parfum de roman d'espionnage; (D), (A), (I), (CH), (S), (YUG), (Syrie), (Egypte), (Chili), (Argentine), (Brésil), (Bolivie), (Mexique), etc.
P2	Propaganda Due; loge franc-maçonne secrète d'extrême droite, avec des contacts dans presque toutes les autorités de l'Etat en Italie, ainsi que dans l'industrie, la société, les rotary-clubs, les banques et les médias (on trouve par exemple sous le nº 625, dans la liste des membres, un certain : Dott. BERLUSCONI, SILVIO, MILANO); des contacts existaient (existent ?) avec les groupes terroristes d'extrême droite et le réseau GLADIO de l'OTAN; (I) (Arg ?) (Mex) (Brés.) (USA)

PDS	Parti du Socialisme Démocratique (Successeur du SED) (D-est)
PEU	Union pan-européenne; organisation conservatrice autour de Otto von Habsburg, contacts avec les unions d'extrémistes, le CDU/CSU, mais aussi contacts, le plus souvent personnels, avec les extrémistes de droite. (D)
PNFE	Parti Nationaliste Français et Européen; groupe néo-nazi; contacts avec le FNE, le BNP, le BM et le NSDAP-AO (F)
RAF	Fraction Armée Rouge, organisation terroriste d'extrême gauche (groupe Baader-Meinhoff) (interdite) (D)
REP	Les « Républicains ». Parti d'extrême droite ayant des députés au Parlement européen et des contacts avec la quasi-totalité des groupes d'extrême droite en Allemagne, en France et en Suède; (D)
RG	Renseignements Généraux (F)
RSHA	Bureau central de la Sécurité du Reich; instance suprême des services sécurité nazis (IIIe Reich)
SA	*Sturm-Abteilung*, généralement traduit en France par « section d'assaut ». Troupes paramilitaires nazies. Leur uniforme était une chemise brune, un ceinturon à bandoulière et des bottes. (IIIe Reich) (D)
SED	Parti de l'Unité Socialiste de l'Allemagne (dissous, parti successeur : PDS) (RDA)
SINUS	Institut socio-économique de recherche sur le marché et de recherche sociale (D)
SIS	Secret Intelligence Service (service secret) (GB)
SPD	Parti social-démocrate d'Allemagne (D)
SRP	Parti Socialiste du Reich (interdit en 1952) (D)
SS	Schutz-Staffel (Littéralement : escadron de protection) Garde personnelle de Hitler, qui devint rapidement, sous la direction de Heinrich Himmler, un véritable Etat dans l'Etat, l'organisation la plus puissante et la plus dangereuse sous le IIIe Reich. De la police aux services secrets jusqu'au système des camps, des instituts de dressage au « Lebensborn » jusqu'aux troupes d'élite de la « Waffen SS », la SS dominait presque tous les secteurs importants de l'Etat et de ses citoyens. (IIIe Reich).

SSO	Schutz-Staffel Ost; tentative de quelques néo-nazis d'Allemagne de l'Est pour créer une troupe de combat secrète. (D)
Stasi	Sécurité d'Etat (service secret) (RDA)
T4	Tiergarten 4 (siège de l'organisation pour l'« euthanasie », la « destruction de la vie indigne de vivre », à Berlin (IIIe Reich)
VAM	Vit Ariskt Motstand, « résistance aryenne blanche », groupe néo-nazi ayant des relations avec le NSDAP-AO, Blood & Honour, et « Aryan Nations » (USA) (S)
VAPO	Opposition extraparlementaire fidèle au peuple, organisation avancée du NSDAP-AO en Autriche; (A)
VMO	Vlaamese Militanten Orden; groupe d'activistes néo-nazi avec contacts internationaux; (B)
WAR	White Aryan Resistance : réseau nazi comportant des organisations skinhead dans plusieurs grandes villes (USA)
WJ	Jeunesse Viking; organisation néo-nazie ayant des contacts en Europe (D), (A), (NL), (S), (DK) : apparaît parfois aussi aux réunions de scouts.
WUNS	World Union of National Socialists (DK – siège central), (GB), (D), (A), (I), (F), (E), (Argentine), (Chili), (Bolivie), (USA), (CD) et beaucoup d'autres
ZOG	Jargon nazi pour « Zionist Occupied Governement » (gouvernement sous occupation sioniste)

TABLE DES MATIÈRES

Imprimé en France – Dépôt légal : mars 1993
N° d'édition : 93045 – N° d'impression : 6819G-5